IBM BCS 전략 컨설팅 그룹 편저

한국경제신문

지금까지 기업들을 대상으로 다양한 컨설팅을 수행해 오면서 느낀 점은, 대부분 기업의 최고 경영진들이 중장기적 성장보다는 단기적으로 효과를 볼 수 있는 내부 효율성 증대에 높은 비중을 두고 있다는 점이었다. 항상 이 같은 점에 대해 개인적으로 안타까워하던 중, IBM비즈니스컨설팅서비스(Business Consulting Services : BCS)의 글로벌 파트너인 비벡 카푸르(Vivek Kapur)의 'The Growth Triathlon(비즈니스 성장을 위한 3종 경기)' 이란 글을 접하고, 우리 기업들이 지속적인 성장을 위한 방향성을 정립하는 데 조금이나마 도움이 되었으면 하는 바람으로, 기업의 성장과 혁신에 관련한 IBM의 최근 자료를 발췌해 책으로 출간하기로 마음먹었다.

전세계 글로벌 기업 CEO들의 조사에 따르면 최근 들어 비용절감이나 위기관리보다는 지속적인 성장에 대한 관심이 증대되고 있다. 이와 같은 현상은 비단 해외 기업에 국한된 것이 아니라 국내 기업들에서도 나타나고 있다. 기업 운영의 효율성 증대만으로는 경쟁 시장에서의 성장이 어렵다고 판단되기 때문이다. 그렇다면 점차 성숙되어 가는 시장에서 기업의 지속적인 성장은 가능한 것인가? 이에 대한 해결책이 바로 '비즈니스 모델 혁신'이다. 여기서 언급하는 비즈니스 모델 혁신이란 비즈니스 모델을 구성하는 SPIO(Strategy, Process, IT, Organization), 즉 전략, 프로세스, IT, 조직의 비즈니스 모델 전반에 대한 혁신을 의미한다.

우선 이 책에서는 비즈니스 성장을 성취하기 위한 필수 분야를 정의한 3C모델, 즉 진로(Course), 역량(Capacity), 의지(Conviction)를 소개한다. IBM은 10년 간의 데이터를 보유하고 있는 1,283개 기업을 대상으로 매출 성장과 주주가치 창출 패턴을 분석, 산업 전문가들의 워크숍을 통해 3C 모델을 도출했고, 실제 사례를 기반으로 3C 모델과 성공적 성장 기업 간의 연관 관계를 밝혀보았다. 그리고 이러한 연관 관계를 바탕으로 기업들이 지속적인 성장을 위해 어떠한 관점에서 성장을 준비해야 하는지를 설명한다. 또한 궁극적으로 기업들이 성숙 시장에서 성장하기 위한 비즈니스 모델 혁신의 필요성과 방법, 그리고 추진 방안에 대해서도 면밀히 살펴본다.

IBM은 IBV(Institute for Business Value : 비즈니스가치연구소)라는 조직을 운영하여, 다양한 글로벌 기업들의 CEO를 대상으로 개별 산업 및 산업 간의 이슈와 관련된 전략적인 통찰력을 담은 연구 자료를 제공해 오고 있다. 특히 최근에는 CEO들의 주요 관심사인 지속적 성장이라는 테마를 연구하고 있다. 여기에 수록된 다수의 자료들도 개별적인 IBV의 심층 연구를 통해, 기업 CEO들의 성장의 고민에 대한 해결책으로 제시될 수 있는 보고서들로 구성되어 있다.

이번 편역 작업을 하면서 가장 주안점을 둔 것은 기업들이 시장의 한

계성이나, 경쟁의 심화 등 시장 환경 요인으로 인해 지속적인 성장이 불가능하다는 생각을 비즈니스 모델 혁신을 통해 불식시키는 것이었다. 이러한 비즈니스 모델의 차별화를 통해 경쟁을 최소화함으로써 수익을 극대화하는 '비즈니스 모델 혁신전략'은, 최근 화제가 되고 있는 경쟁자가 없는 신규 시장 창출을 통한 성장을 의미하는 '블루 오션(Blue Ocean) 전략'과 흡사한 개념으로 받아들여질 수 있을 것이다.

이 책의 번역 작업에 참가한 컨설턴트들의 프로젝트 수행 경험은 큰 도움이 되었다. 역자들은 이 책에서 소개된 비즈니스 모델 혁신과 관련된 업무를 실제로 국내 기업을 대상으로 적용한 경험이 있다. 이를 바탕으로 단순한 번역이 아니라 저자가 의도한 바를 자신의 언어로 바꾸어 충실히 전달하고자 노력하였다.

마지막으로 Vivek Kapur, Jeffere Ferris, John Juliano, Saul J. Berman, Peter J. S. Korsten, George Pohle, Shanker Ramamurthy, Steven Foeking 등 IBM BCS Strategy & Change 내 주요 원작자들과 Business Strategy Team 리더인 이건호 이사, 함께 편역 작업에 참가해 주신 Business Strategy Team 컨설턴트 분들에게 깊은 감사를 드린다. 또한 이 책의 출간을 위해서 직, 간접적으로 지원을 아끼지 않으신 IBM BCS Korea의 이성열 대표님께 깊은 감사를 드린다.

2005년 10월

IBM BCS S&C 리더 **김 창 대**

CHAPTER 2

성장 달성을 위한 기업전략

01 급변하는 시장에서의 기업전략 개발

02 내외부 특화를 통한 기업과 산업의 근본적 재설계

CHAPTER 3

성장을 위한 Biz Model 혁신 방안

CHAPTER 1

성공적인 성장 기업의 특성

01

비즈니스 성장을 위한 3종 경기
진로, 역량, 의지를 통한 성장

서론

기업에게는 지난 몇 년 간이 비용절감과 위기관리의 시간이었다고 말할 수 있다. 그러나 최근 들어 다시 비즈니스 성장이 CEO의 관심사가 되었다. 기업들이 성장에 다시 관심을 돌리면서 부딪친 첫번째 질문은 '왜'가 아니고 '어떻게' 다. 과연 어떤 요인들이 성장을 가로막고 있으며, 성장을 이끌어낼 방법은 무엇일까?

IBM비즈니스가치연구소의 새로운 연구조사에 따르면, 성장을 제한하는 요인들은 스스로 만든 것이 많고, 그렇기 때문에 충분히 극복할 수 있다고 본다. 성공적으로 비즈니스 성장을 이룬 회사들은 규모와 산업 간의 경계선, 지역별 특성 등과 관련된 제한 요인들에 대해 개방적인 사고로 대처한다. 기업의 인수합병은 가치를 파괴할 수밖에 없다는 일반적인 상식과 달리, 성공적인 성장 기업들은 기업인수합병을 효과적인 전략으로 활용한다. 또한 성공적인 성장 기업들은 이니셔티브를 가지고 모든 업무를 성공적으로 달성하며, 이런 회사들은 주식시장에서의 성과 측면에서 매분기마다 기대치를 초과하지는 못하더라도, 쇠퇴로부터 극복하기 위한 의지와 복원력을 보유하여 성장 진로로 복귀한다.

지속적인 성장, 그리고 새로운 가치를 창조하려는 기업은 모든 면에서 탁월해야 한다. 3종 경기에서 우승하려면 수영과 사이클링, 달리기 모두 잘 해야 하듯이 비즈니스 성장이라는 게임에서 우승하려면 진로(course)와 역량(capability), 의지(conviction)라는 세 가지 필수 분야에서 탁월해야 한다. 성공적인 성장 기업은 미래에 대해 명확한 시야를 가지고 있다. 과거의 기록에 얽매이지 않으며 제품-시장 포트폴리오를 발전시켜 나간다. 성공을 위한 경쟁력 있는 모델을 구축하며 성장을 지속시킬 수 있는 이니셔티브 강화를 추구함으로써 올바른 진로(성장의 방향)를 설정한다. 성공적인 성장 기업은 자신의 강점을 누구보다 잘 파악하고 있으며, 성장 전략을 수립할 수 있는 운영 모델을 개발한다. 많은 회사들이 훌륭한 계획 수립에만 머무르는 반면 진정으로 성공적인 성장을 이루어낸 회사들은 기업 전체에 걸쳐 계획에 대한 의지를 확고히 하고, 이 의지를 통해 기업의 계획을 현장에서 살아 숨쉬는 행동으로 옮겨간다.

지금부터 귀사가 비즈니스 성장 3종 경기에서 승리할 수 있는 방법에 관한 IBM의 연구조사, 그리고 그 연구조사를 통해 터득한 지혜를 함께 확인해 보도록 하겠다.

성장으로의 복귀

최근 전세계 450여 명의 CEO를 대상으로 실시한 IBM 설문에 따르면, 과반수를 훨씬 넘는 CEO들이 자사의 실적을 추구하기 위한 가장 우선 과제로 성장을 꼽았다.[1] 이는 최근까지의 경향과 확연히 다른 결과였다. 2000년대 초기의 시장붕괴 이후 수년 간 비용 감소와 위기관리에만 신경을 쓰던 기업들이 다시 한번 기업의 성장에 관심을 돌리고 있는 것이다(그림 1 참조).

성장의 정당성은 너무나 당연시된다. 기업 차원에서는 성장이 주주의 가치를 만들고 업무 경력을 쌓아주며 업무를 더욱 보람 있게 만든다. 사회적 차원에서는 경제를 이끌고 일자리를 창출하며 새로운 제품과 서비스를 소개함으로써 삶의 질을 향상한다. 성장을 추구하기 위해 경영진

그림 1 성장이 CEO의 안건으로 다시 등장함

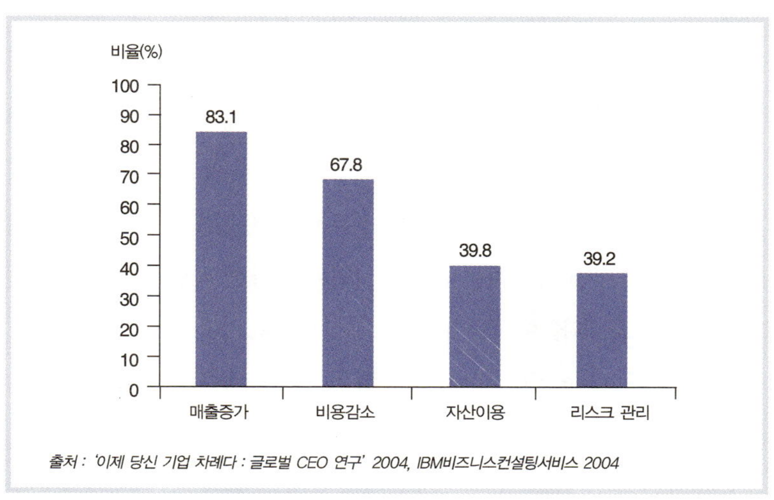

이 풀어야 할 숙제는 '왜'가 아니라 '어떻게'다.

IBM비즈니스가치연구소는 성공적인 기업들이 성장을 달성하고 장기 간 지속하기 위해 무엇을 하는지 알아보기 위해 다음의 세 가지 질문에 초점을 맞춰 연구조사를 세계적으로 실시했다.

- 어떤 회사들이 성공적인 성장 기업들이며 그들에겐 어떤 패턴이 있는가?
- 성공적인 성장 기업들이 타사와 다르게 하는 것은 무엇인가?
- 이런 회사들이 하는 것을 다른 회사들은 어떻게 적용할 수 있을까?

IBM의 연구조사 팀은 이런 질문의 답을 찾기 위해 1994년부터 2003년까지 10년에 걸쳐 1,238개 회사의 성장과 가치 창출 기록을 분석했다. 연구조사에 포함된 회사들은 광범위한 규모, 산업, 지역에 걸쳐 있으며, 전세계 시장 자본의 70%를 차지하고 있다(연구조사 방법 참조).

연구조사 팀은 성공적인 성장 기업들이 다른 기업들과 다르게 하는 것이 무엇인지에 초점을 맞추어 그 중에서 수십 개 기업의 활동을 조사 했다. 이 연구조사에서 '성공적인 성장 회사'란 매출과 주주 총 수익률 (total shareholder return : TSR)의 성장이 동 업계의 중간 값보다 빠른 회사 로 정의했다. 이에 해당하는 413개 기업은 다양한 산업과 지역에 걸친 다양한 기업들이다. 이 413개의 기업에는 Cisco Systems, Vodafone, Procter & Gamble, Countrywide Financial, Starbucks, China Mobile 등이 포함되어 있다.

IBM 연구조사 팀은 이 조사에 근거하여 장기적으로 비즈니스 성장을

연구조사 방법

IBM 연구조사 팀은 S&P Global 1200에 포함된 기업들의 성장과 주주 수익률 실적에 관한 데이터베이스를 만들었다. 연구조사 팀은 2003년 목록 작성부터 시작하여 지난 10년 간 이 목록에서 '탈락'한 기업들을 추가했다. 이 중에는 더 이상 독립 회사로 존재하지 않거나 데이터가 없는 회사도 여럿 있었다. 이 같은 접근 방식은 '생존자 경향'을 어느 정도 완화할 수 있게 하지만 이런 회사들은 여전히 임의로 선택한 회사들보다 성공적인 부류에 속한다. 최종적으로 지난 10년 동안의 완전한 데이터를 가지고 있는 1,238개 기업의 목록을 가지고 조사작업을 했다. 이들 회사를 합치면 연간 매출 성장률의 중간 값(median)이 8.5%, TSR 성장률의 중간 값(median)이 8.8%를 기록했다.

연구조사 팀은 10년 간의 매출성장과 주주 가치 창출의 패턴을 분석해 그 결과를 4개의 지역과 18개의 산업으로 구분했다. 그리고 상세한 파악을 위해 3개 산업(소비재, 정보통신, 전자)을 선택하여 다양한 성공과 실패 결과를 보여주는 약 20개 회사를 산업별로 선택해 연구 사례로 삼았다.

연구조사 팀은 결과가 다양하게 나온 것에 대한 설명을 하기 위하여 가설을 만들고 1차 및 2차 연구를 활용하여 이 회사들을 분석하였으며, 이러한 작업은 각 산업별 전문가에 의해 2번의 워크숍에서 집중적으로 이루어졌다. 이와 같은 과정을 6번의 워크숍에 걸쳐 실시한 결과, 연구조사 팀은 가설을 세밀하게 가다듬을 수 있었고, 이 과정을 통해 결국 앞에서 언급한 '3C' 모델을 산출할 수 있었다.

연구조사 팀은 이 최종 모델에 근거하여 진단하기 위한 채점 기준을 만들고, 이 기준표를 연구조사에 포함된 기업들에 적용하여 이 모델의 성장 및 TSR 결과를 확인했다. 마지막으로, 연구조사 팀은 모든 회사들에 걸쳐 성장경로의 선택을 파악하여 그 패턴을 찾아내고, 전문가들과 함께 각 경로에 필요한 역량을 만들어냈다.

달성하는 것은 3종 경기를 하는 것과 비슷하다는 결론을 내렸다. 1974
년 캘리포니아에서 시작하여 서서히 인기를 얻어 2000년 시드니 올림픽
의 정식 종목으로 자리잡은 3종 경기는 다양한 기술을 총체적으로 활용
하는 것을 필요로 한다. 비즈니스에서도 마찬가지로, 한 종목만 잘 하는
것은 충분하지 않다. 전체적으로 가장 잘 하는 선수만이 우승할 수 있
다. 3종 경기 선수가 우승을 하고자 수영, 사이클링, 달리기의 세 종목
모두 열심히 훈련하듯, 기업도 성공적인 비즈니스를 위해서는 진로, 역
량, 의지의 세 분야에서 열심히 훈련해야만 한다.

성장의 패턴

경영진들은 여러 요인들을 근거로 자신들의 성장 잠재력에 한계가 있다
고 생각하는 경우가 종종 있다. 이러한 요인에는 산업의 성숙 및 지리적
한계, 회사의 규모, 장기적 성장 유지의 어려움 등이 있을 수 있다. 그러
나 이 연구조사가 확실히 보여주는 것은, 이러한 인식이 스스로 만들어
낸 한계에 불과하며 시장의 현실이 아니라는 점이다.

'산업 및 지역의 한계'는 운명이 아니다

성장을 위한 3종 경기의 승자들은 동종업계의 성숙 정도와 지역 한계에
얽매이지 않는다. S&P 1200에 포함된 기업들은 전체 산업과 지역보다
그 기업들이 속한 산업과 지역 내에서 훨씬 큰 폭의 성장을 보여주었다.
고도의 성장을 이룬 기업들은 4개 지역과 18개 산업의 각 지역과 업계

그림 2 고성장 기업들은 큰 격차로 동일 산업 및 지역의 기업들을 앞지르고 있음

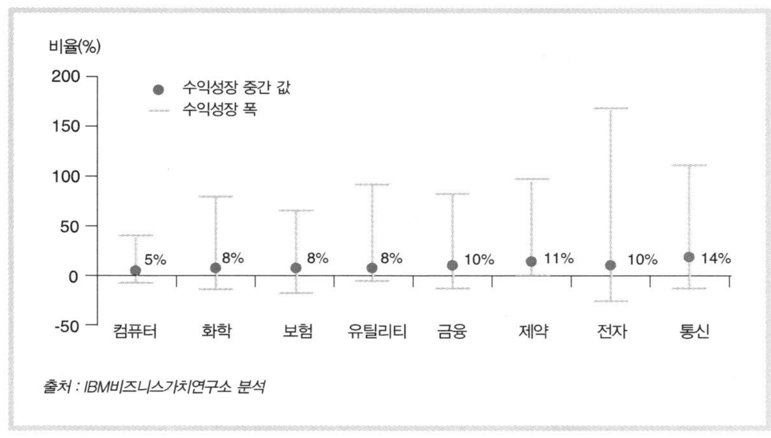

에서 경쟁사들보다 훨씬 좋은 실적을 올렸을 뿐 아니라 큰 격차를 보였다. 예컨대 원래 성장이 더딘 소비재업계와 자동차업계의 고성장 기업들은 원래 성장이 빠른 금융업계와 전자업계 중간 값의 성장률을 앞지르고 있었다(그림 2 참조).

마찬가지로, 느리게 성장하는 일본 시장에서 고성장을 질주하고 있는 기업들은 성장이 빠른 다른 아시아 시장 중간 값의 성장률을 앞지르고 있었다.

여기서 가르쳐주는 교훈은 명확하다. 동일 산업 및 지역 한계는 운명이 아니라는 것이다. 경영진들은 생각하고 있는 것보다 더 욕심을 내도 된다. 성장에 성공하는 회사들은 업계나 지역의 '한계'와 상관없이 야심적인 성장 계획을 설정한다. 이런 회사들은 자신들과 경쟁사들이 보편적으로 예상하는 것 이상의 목표를 잡는다.

성장과 규모 사이에는 함수 관계가 없다

또 다른 일반적 인식은 대기업은 성장이 느리다는 것이다. 우리의 연구 조사에 따르면 그렇지 않은 것으로 나타났다. 그림 3에서 볼 수 있듯이, 100억 달러 이상의 규모를 가진 기업의 매출과 TSR 성장은 소규모 기업보다 빠르거나 적어도 느리지는 않았다. 물론 10억 달러 규모의 회사를 '소규모'라고 이야기하긴 힘들겠지만, 이 데이터는 수십 억 달러 규모의 비즈니스를 운영하는 경영진들에게 큰 격려가 될 수 있다.

기업 인수합병의 영향

대기업의 성장률에 관해 모두가 궁금해하는 질문이 있다. 대기업들은 기

그림 3   대기업들도 작은 기업들만큼 빨리 성장할 수 있음

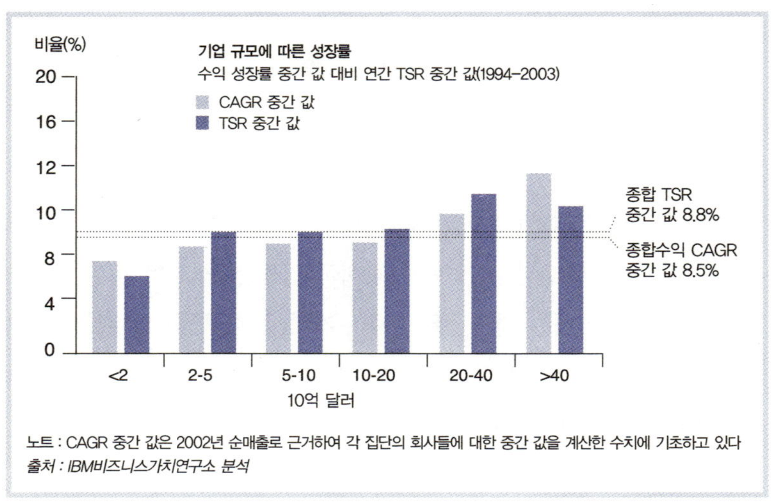

노트 : CAGR 중간 값은 2002년 순매출로 근거하여 각 집단의 회사들에 대한 중간 값을 계산한 수치에 기초하고 있다
출처 : IBM비즈니스가치연구소 분석

업 인수합병을 통해서 성장을 유지하는가? 간단히 말해, 대답은 "그렇다"다. 100억 달러 이상의 매출을 기록하는 기업들은 지난 10년 간 규모가 이보다 작은 기업들보다 50% 더 많은 기업 인수를 했다. 중요한 것은 인수를 통한 이런 성장이 가치 창출에 방해가 되지 않았다는 것이다. 실제로 대기업의 TSR 가치가 10.5% 성장한 것에 비해 규모가 이보다 작은 기업들의 TSR 가치 성장률은 7.2%에 머물렀다. 더 나아가, 성공적인 성장 기업들이 규모와 관계없이 다른 기업들보다 인수의 가능성이 더욱 높다는 것을 발견했다. 우리가 조사한 표본에서는 성공적인 성장 기업들의 지난 10년 간의 기업 인수가 다른 회사들보다 두 배나 많았다.

과거의 몇몇 연구조사는 인수의 비율이 높으면(주로 50% 이상) 가치를 파괴한다고 밝혔다. 그러나 이번 연구조사에서는 인수가 성장과 가치를 이끄는 중요한 역할을 한다고 분석되었다. 왜 이런 차이가 있을까? 기업 인수합병이 이 연구조사의 초점은 아니지만, 더 깊이 생각해 봐야 할 두 가지 전제가 있다. 첫째, 일부 인수합병 연구조사는 단기간, 주로 1년에 걸친 조사결과라는 것이다. 본 조사는 훨씬 장기적인 10년에 걸친 조사였다. 1년의 시간은 인수에서 얻을 수 있는 '완전 주기'의 시각을 얻기에 충분하지 않다. 통합에 따르는 고충을 고려한다면 인수는 1년보다는 훨씬 긴 기간에 걸쳐 더 좋은 결과를 낼 수도 있는 것이다.

둘째, 우리의 연구조사에 따르면 성공적인 소수의 기업들이 더 많은 인수를 한다. 이 기업들은 더 좋은 조건을 찾아서 효과적으로 추진하는 능력이 있다. 이는 인수합병이야말로 우연의 게임이 아니라 기술의 게임이라는 것을 말한다. 또 한 가지 발견한 것은 성공적인 성장 기업들은 자사의 핵심 비즈니스와 밀접해 보이는 기업을 인수했다는 것이다. 한 예로, 다른 회사들보다 해외기업 인수를 적게(약 절반 정도) 했다. 또한 비즈니스 라인이나 브랜드, 자산, 일부 주식만을 인수하기보다는 전체 회사를 인수하는 경향이 50%나 많았다. 연구조사에 따르면 인수합병 기술을 터득하는 기업들은 인수를 활용해 성장의 과제를 성공적으로 달성한다.

시스코 시스템스(Cisco Systems)가 바로 그런 기업 가운데 하나다. 시스코는 여러 해에 걸쳐 인수합병을 활용할 수 있는 꾸준한 역량을 개발해 왔다. 1993년, 시스코가 처음으로 크리센도 커뮤니케이션스(Crescendo Communications)를 인수한다고 발표했을 때에는 모두 회의적인 반응을 보였다. 그러나 그 인수는 탄탄한 전략에 근거했다는 사실이 밝혀졌고 시스코의 매출은 인수가 끝나자마자 치솟았다. 1990년대에 시스코의 인수 프로그램 책임자는 크리센도의 첫 성공으로 인해 향후의 인수가 더욱 쉬워졌다고 말했다.[2]

시스코는 크리센도의 인수를 기반으로 인수 전략에 착수했다. 시스코는 1994-2003년 사이에 80회의 인수를 단행하며[3] 연 40%의 성장과 30%의 TSR 성장을 기록했다. 한 분석가는 시스코의 주주들이 그 전략에 매우 신경 쓰고 있다는 사실을 상기시키며 "전세계가 바라보고 있는 가운데 힘겨운 곡예를 하고 있다"고 비난에 나서기까지 했다.[4] 그렇다면 어떻게 시스코는 이런 비관적인 가능성을 무너뜨릴 수 있었을까? 시스코는 목적을 명확하게 인지하고 지속적인 역량을 구축하며 인수 집행 과정에서 신중을 기했다. 시스코의 인수 거래는 기존의 매출이나 고객층을 흡수하기 위한 것이 아닌, 기술 역량을 획득하는 것에 항상 초점을 맞추고 있었다. 또한 인수를 감당할 수 있는 규모로 제한했다. 1994년 이후, 단 한 건의 인수만이 시스코의 시장 자산의 5%를 초과했고 거의 모든 인수는 시장 자산의 2% 미만이었다.

시스코의 접근방식이 신중히 마련된 전략을 반영하는 반면, 인터넷 회사의 인수가 폭발적이었던 시절의 일부 기업들은 '어떤 값과 어떤 이유건 상관없이' 인수를 추구하는 덫에 빠지곤 했다. 한 예로, 1998–2000년 사이에 시스코의 한 경쟁사는 수십억 달러를 들여 인수를 단행했지만 나중에 이 인수는 실패로 판명되었다. 결국 이렇게 인수한 회사들은 문을 닫거나 구매가보다 훨씬 낮은 가격에 매각되고 말았다.

성공적인 성장 기업은 회복하는 회사다

비즈니스를 다루는 언론에서 성공적인 성장이 천재적인 전략이나 초인적인 선견지명의 결과인 것처럼 다루어지는 경우가 종종 있다. 그러나 현실에서는 대부분의 기업은 물론이고 성공적인 성장 기업마저 한때 고전한다(그림 4 참조). 본 연구조사의 10년 간 업계 중간 값보다 앞서 간 기업들 중에서 6%만이 10년 동안 매년 중간 값보다 좋은 실적을 거두었을 뿐이다. 나머지 94%의 성공적인 성장 기업은 모두 적어도 1년 간 중간 값에 못 미치는 성장을 했고, 72%는 3년 이상 중간 값의 성장률을 밑돌았다. 성장 기업의 특성은 완벽성이 아니라 불완전을 극복하기 위한 용기와 확신이다.

뤼글리(Wrigley Company)의 경우가 이런 회복력을 잘 보여주는 좋은 사례다. 1990년대 뤼글리는 꾸준한 지역적 확장을 통해 성장을 추구했다. 그러나 1990년대 말 비즈니스 결과에 쇠퇴의 기미가 보였다.[5] 1999년에 회사의 리더십을 이전하면서 혁신과 인수를 통해 신제품 시장으로 들어가는 과감한 계획을 수립했다. 뤼글리의 전략 변화는 순조롭지만은 않았다. 그리고 한동안 결과가 경쟁사의 결과에 뒤졌다.[6] 그러나 뤼글리

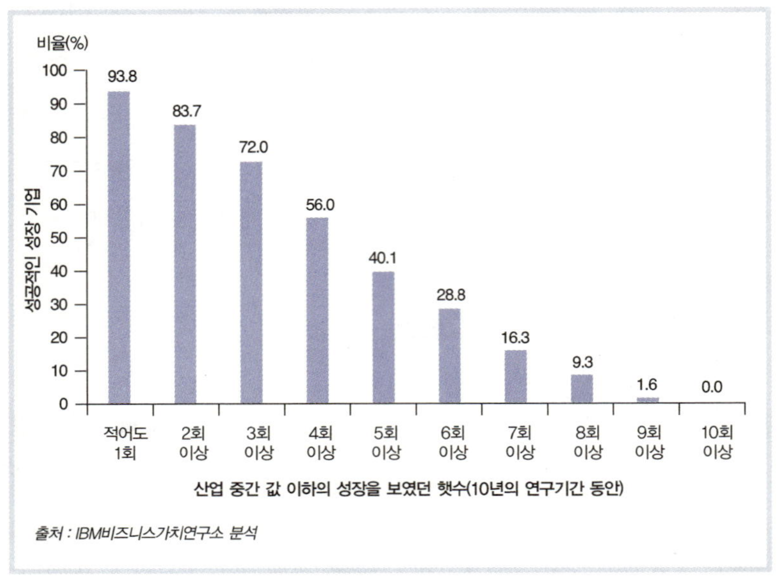

는 2001년까지 시장의 모멘텀과 자신감을 회복했다. 뤼글리의 구세대와 신세대 리더십은 상당히 다른 전략적 방향을 따랐다. 하지만 변화에 대처하는 이 회사의 탄력성이 회복되고, 전체 10년에 걸쳐 성장과 가치 창출 부문에서 업계 경쟁사들을 물리칠 수 있는 능력을 제공하기에 충분했다.

성장은 가치 창출의 가능성을 높여준다

개별 기업에 있어서 성장이란 위험부담이 없다는 것을 의미하지 않는다. 또한 가치 창출을 보장하지도 않는다. S&P 1200에 속한 기업 중에

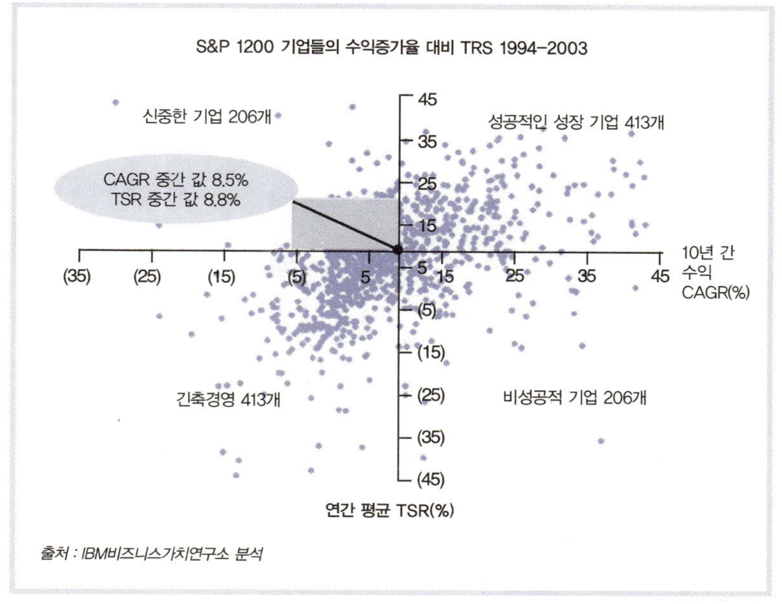

서도 중간 값 이상의 성장을 하면서도 중간 값 이하의 가치 창출을 한 기업은 여럿 있다(그림 5 참조). 이런 '성공하지 못한 성장 기업'은 중간 값 이상의 매출을 기록하면서도 중간 값 이하나, 심지어 마이너스의 주주 수익률을 기록했다.

그러나 평균적으로 성장은 가치 상승과 깊은 관계가 있다. 우리는 성장이 가장 작은 부류의 TSR 성장률은 10년 간 연 1% 이하라는 사실을 발견했다. 그러나 반대로 성장이 가장 큰 부류의 TSR 성장률은 연 16% 이상이었다(그림 6 참조).

실제로 뛰어난 성장은 뛰어난 주주 가치 창출의 가능성을 높여준다(그림 7 참조). 1998년에 실시한 비슷한 성장 조사[7]에서도 성장과 가치 창

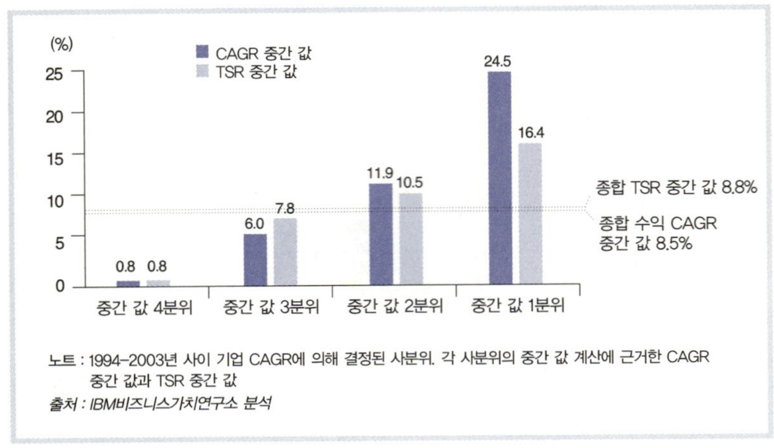

그림 6 성장은 가치를 창출함

노트 : 1994-2003년 사이 기업 CAGR에 의해 결정된 사분위. 각 사분위의 중간 값 계산에 근거한 CAGR 중간 값과 TSR 중간 값
출처 : IBM비즈니스가치연구소 분석

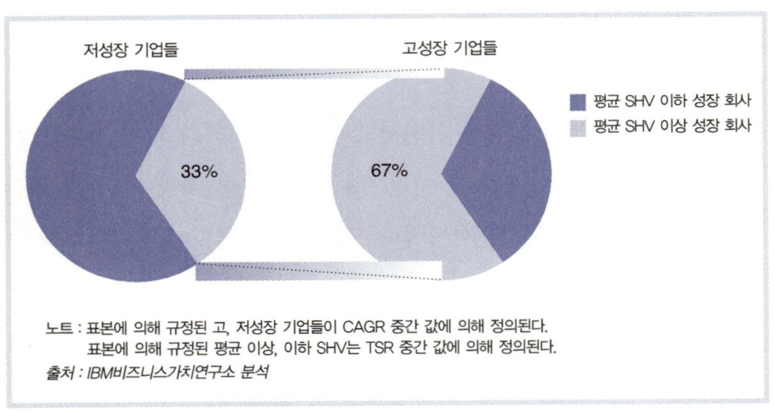

그림 7 중간 값 이상의 성장은 중간 값 이상의 가치 창출의 가능성을 배가함

노트 : 표본에 의해 규정된 고, 저성장 기업들이 CAGR 중간 값에 의해 정의된다. 표본에 의해 규정된 평균 이상, 이하 SHV는 TSR 중간 값에 의해 정의된다.
출처 : IBM비즈니스가치연구소 분석

출 사이의 관계가 확고하고 안정적이라는 사실을 발견한 바 있다. 성공적인 성장 기업들은 비용절감보다는 성장이 장기적으로 위험 부담이 더 적다는 현실을 경험적으로 잘 이해하고 있다. 사실, 가장 큰 위험은 성장에 충분한 모험을 걸지 않는 데에 있다.

성공적인 성장 기업들은 어떻게 위험 감수를 현실에 적용할까? 어떻게 지역과 규모의 한계를 극복할까? 그리고 성장과 가치를 창출하기 위해 어떤 수단을 활용할까? 이에 대해 우리가 발견한 내용에서 해답을 찾아본다.

성공의 공식—진로, 역량, 의지

성장 3종 경기의 우승자들은 다음과 같은 것에 초점을 맞춘다.

- 진로 : 기회의 파악과 선택, 성공적인 모델의 개발, 성장을 지속하기에 충분한 이니셔티브를 만드는 것이다. 자금 조달에 초점을 맞추어야 하며 경영진은 진로를 설정할 때 다음과 같은 질문을 고려해야 한다. '업계가 어디를 향해 가고 있는가? 이러한 미래에서 우리는 어떤 역할을 해야 하는가? 어떻게 성공할 수 있으며, 계속해서 성공을 이어갈 수 있는가?'
- 역량 : 운영 모델을 지원하고 성장 전략의 성공적인 실행을 가능하게 하는 활동, 기술 및 자산을 의미한다. 여기서 경영진이 가져야 할 질문은 '성공하기 위해서 무엇이 필요한가?'다.
- 의지 : 성장 목표를 향해 나아가는 것에 대한 조직 내 믿음, 모멘텀 및 회복성의 창조력을 의미한다. 핵심 질문은 '어떻게 행동을 유발하고 그 분위기를 몰아 실패에서 다시 일어날 수 있을까?'다.

진로 : 성장을 위한 경로는 많다

대부분의 사람들은 분명한 전략적 방향이 성공의 기본이라는 사실에 동의할 것이다. 그러나 진로를 만들어내고 진로에 적응하는 일에 대해서는 의견이 분분하다. 그렇다면 성공적인 성장 기업을 자세히 검토해 보면 무엇을 알 수 있을까? 그런 기업들의 성공에는 어떤 전략적 원칙이 있고, 그 기업들은 어떤 종류의 수단을 활용할까? 성공적인 성장 기업을 검토한 결과 성공적인 진로를 만들고 그 진로에 적응하려면 다음과 같은 네 가지 원칙이 결정적이라는 사실을 발견했다.

1. 미래를 보는 시각을 개발하라

성공적인 성장 기업은 업계와 업계의 방향, 그리고 업계의 새로운 형태나 환경에서 어떻게 가치를 창출할 것인가에 대한 시각이 명확하다. 규제가 바뀌고, 고객들은 새로운 행동 양식을 보이며, 새로운 기술이 확산되고, 새로운 경쟁자가 떠오르게 되어 있다. 성공적인 성장 기업들은 이러한 역학에 관심을 기울이고 이를 어떻게 활용할 것인지에 대한 시각을 가진다. 그럼에도 불구하고 성장 기업들은 자신들이 투시력을 가진 것은 아니라는 사실을 인정하고, 현실에 맞게 자신들의 시각을 재고하는 것에 주저하지 않는다. 우리는 가장 큰 전략적 실패의 일부는 CEO들이 조언을 주의 깊게 받아들이고 과감한 시도를 하지만 미래에 대한 그들의 시각과 다른 방향으로 현실이 전개될 때, 그것을 인식하지 못하거나 그것에 반응하지 못할 때 일어난다는 사실을 발견했다.

성공적인 성장 기업들은 이런 원칙을 실행에 옮기기 위해 여러 수단을 활용한다. 이런 기업들은 :

- 업계에 영향을 미치는 힘을 이해하고, 그 힘이 어떻게 업계의 미래를 조성할지 이해한다.
- 어디서 가치가 창출될 것인지에 대한 비즈니스 사업부와 수석 경영진으로부터의 통찰력을 인정하고 그런 통찰력을 요구한다.
- 불확실한 부분을 인식하고 꾸준히 시각을 재평가한다.
- 기업의 운영 관련 검토와 분리해 산업 및 전략 논의를 하기 위한 내부 포럼을 만든다.

스테이플스(Staples)의 예를 살펴보도록 하자. 스테이플스의 설립자 톰 스템버그(Tom Stemberg)는 사무용품 업계를 살펴보고서 가치사슬의 단계가 많고 비용이 많이 든다는 사실을 깨달았다. 그는 가치사슬을 단축해 이윤을 확보함으로써 고객과 주주에게 엄청난 가치를 만들어줌과 동시에 중소기업에 저렴한 가격으로 더 많은 사무용품과 더 큰 편리를 제공하게 될 미래의 비전을 세웠다. 스테이플스는 자체적인 중앙 유통 센터를 가지고 자사의 매장을 지원하는 모델을 통해 이런 가치 제안을 가능하게 했다. 이 유통 센터는 커다란 운영 규모를 필요로 했지만 중간 상인을 없애고 스테이플스의 이윤이 증가할 수 있도록 해주었다. 또한 비용이 적게 드는 지역의 재고를 통합, 정리하여 비용이 많이 드는 매장의 면적과 인건비를 절감했다. 스테이플스는 이런 모델을 통해 고객이 더 이용하기 편리하고 가까운 위치로 매장을 배치함으로써 차별화를 도모했다.

2. 지속적으로 제품 – 시장 포트폴리오를 발전시켜라

성공적인 성장 기업들은 자사의 제품–시장 포트폴리오를 끊임없이 발전시키는 기업이다. 별로 변화가 없어 보이는 기업일지라도 보이지 않는 곳에서는 부단한 변화를 시도한다. 단지 그들은 자사의 진정한 강점을 이해하고 중심에서 너무 멀어지지 않도록 주의를 기울인다. 실제로 그들은 자신들의 역량을 기존 일반적인 비즈니스 분야에서 벗어나서 활용할 수 있는 기회를 엿보고 있다. 그들은 이 원칙을 현실로 옮기기 위해 여러 활동을 추진한다. 그들은 :

- 상품과 서비스 범주의 현재 정의에 제한되지 않고, 고객에 근거해서 좀더 넓은 시장에 관한 시각을 취합한다.
- 잠재력을 이해하고 회사가 가진 역량의 한계를 존중한다.
- 기회의 매력과 그 적합성에 근거하여 포트폴리오를 재정렬한다.
- 필요에 따라 제휴, 인수, 분리를 고려한다. 거래를 집행하고 통합하는 훌륭한 능력을 갖춘다.
- 내부적인 벤처캐피털 역량과 외부적인 신규 비즈니스 네트워크를 개발한다.

GE(General Electric)는 기업의 규모가 크고 주요 시장에서 이미 상당한 위치를 차지하고 있음에도 불구하고 끊임없이 자사의 포트폴리오를 발전시켜 성장을 유도한다. GE는 경영진과 계열사에게 제품 중심의 시각으로는 찾지 못하는 성장 이니셔티브를 유도하는 방법을 통해 시장에 대한 확대된 시각을 가질 것을 권장한다. GE는 시장 점유율이 10%를 넘으면 인접 상품이나 서비스를 포함할 수 있도록 시장을 더욱 광범위하게 재정의하려는 노력을 자주한다.[8] 이처럼 지속적인 추구와 부단한 에너지가 바로 제조업에서 서비스업으로 성공적으로 전환(예 : 비행기 엔진 제조에서 비행기 엔진 서비스와 융자 서비스로의 전환)한 배경이다. 이러한 사고가 상대적으로 성장이 느린 산업 시장에서마저 GE가 계속 성장할 수 있었던 이유다.

3. 경쟁 모델을 만들어라

성공적인 성장 기업들은 업계 차원의 과감한 비전에도 불구하고 경쟁에 관한 명제에서 눈을 떼지 않고 이런 명제가 어떻게 시장마다, 그리고 거래마다 현장에서 작용하는지에 대한 지대한 관심을 기울인다. 그들은 :

- 고객과 경쟁, 기술에 관한 통찰력을 활용하여 확고한 가치 제안을 창조한다.
- 가치를 전달하고 확보하는 데에 있어서 경쟁사에게 이기는 방법을 결정한다.
- 주변 환경에 영향을 미쳐 게임의 법칙을 바꾼다.

자이링스(Xilinx)와 알테라(Altera)의 예를 살펴보자. 두 회사는 PLD(programmable logic device) 반도체 시장에서 성공적으로 성장하고 있는 회사다. 업계 고객들은 여러 컴퓨팅 응용을 위해 맞춤형 ASIC(application-specific integrated circuit)와 표준 마이크로프로세서 사이에서 선택할 수 있었다. ASIC는 특정 작업에 대한 성능의 최적화가 가능한 맞춤형 칩이다. 그러나 ASIC의 맞춤형 설계는 선행 시간과 투자를 필요로 한다. 표준 마이크로프로세서는 언제든 구입할 수 있고 선행 비용이 들지 않지만 일반적인 논리 방식이므로 특정 응용에 적합하지 않을 수 있다. 알테라는 고객이 겪어야 하는 이러한 타협을 인식하고 양쪽 시장 모두에서 기존의 업체와 경쟁할 수 있는 방법을 찾아냈다. 즉 새로운 기술을 개발해 CPLD(complex programmable logic device)를 만들어낸 것이다. 이 솔루션은 고객들이 필요에 맞게 칩을 설계하고, 이 설계 코드를 제조사로 이전할 수 있게 해주는 간편한 소프트웨어에 근거한 것이다. 고객들은 설계비용을 줄일 수 있고 맞춤형 칩을 시장에 내놓는 시간을 단축할 수 있게 되었다. 이 접근으로 인해 알테라는 기존의 대형 업체와 경쟁을 벌이며 새로운 PLD 시장에서 선두로 나설 수 있게 되었다.[9]

시장이 성숙해짐에 따라 자이링스는 또 다른 신기술인 FPGA(field-programmable gate arrays)를 더욱 높은 차원의 성능으로 고객에게 제공함으로써 경쟁사들을 제칠 수 있는 잠재력을 보았다. 이 기술은 무어의 법칙을 충분히 반영한 것으로서 성능이 크게 향상된 것이다. 자이링스는 또한 업계의 생태계에도 영향을 미쳐 실리콘 제조, 설계 자동화, 시스템 차원 도구, 지적재산권, 설계 서비스 등의 제휴업체와 손잡고 고객에게 완벽한 가치사슬을 전달했다.[10] 이는 성능에 민감한 반응을 보이는 고객들의 많은 관심을 불러모았다. FPGA 분야는 PLD 시장 내에서 CPLD를 대체하여 자이링스의 성장을 주도했다. 반면, 알테라는 이에 대응해 강력한 역량의 FPGA를 개발하고 비용을 더욱 줄이려고 노력했다. PLD 시장에서 코카콜라와 펩시콜라 간의 경쟁과 같은 관계가 계속되면서 두 회사 모두 업계의 선두로 올라서서 고객들을 위한 가치를 창출하고 성공적인 성장을 실현했다.

4. 다수의 성장 이니셔티브를 만들고 유지하라

모든 전략에는 수명이 있다. 성공적인 성장 기업은 자금을 창출하기 위한 지속적인 비용 및 자산 관리가 뒷받침해 주는, 다수의 성장 이니셔티브를 마련함으로써 성장을 지속적으로 추구한다. 이는 하나의 기존 전략이 더 이상 효과가 없을 때 회사로 하여금 포트폴리오에서 다른 전략을 선택할 수 있도록 해준다. 그러나 각 회사는 포트폴리오가 서로 단절된 이니셔티브의 집합이 아니라 이런 이니셔티브가 서로 합쳐지면 더욱 강력한 전체의 모습이 되도록 각별히 신경 써야 한다. 성공적인 성장 기업은 :

- 성장 목표를 달성하기에 충분한 다수의 상호 강화적인 성장 이니셔티브를 만든다.
- 이니셔티브를 각 단계별로 다른 필요를 가지고 있는 개발 단계까지 양성할 관리 시스템을 구축한다.
- 성장 이니셔티브를 위한 자금을 창출하기 위한 비용 및 자산 관리에 지속적인 초점을 유지한다.

IBM 연구조사 팀은 네 가지 일반적인 성장경로를 연구했다. 이들 네 가지 성장경로는 제품 및 서비스 혁신, 고객 친밀도 및 시장 침투, 채널 관리, 신규 시장 및 세계화다. 하나의 업종에 속한 회사들이 몇 가지 특정 경로에 집착하는 경향이 있음을 발견했다. 예컨대 전자산업의 많은 회사들은 제품 및 서비스 혁신의 경로를 따른다(그림 8 참조). 그러나 모든 성장경로는 각 나름대로 성공을 가져올 역량이 있다. 이는 성장의 '유전자 풀(gene pool)'을 확대할 필요가 있다는 점을 강하게 시사한다. 더 큰 전략적 창의성은 '따라 하는' 식의 전략을 피함으로써 성장 유지에 기여할 수 있는 것이다.

잠재력을 향상하는 한 가지 방법은 상호강화적인 이니셔티브를 합치

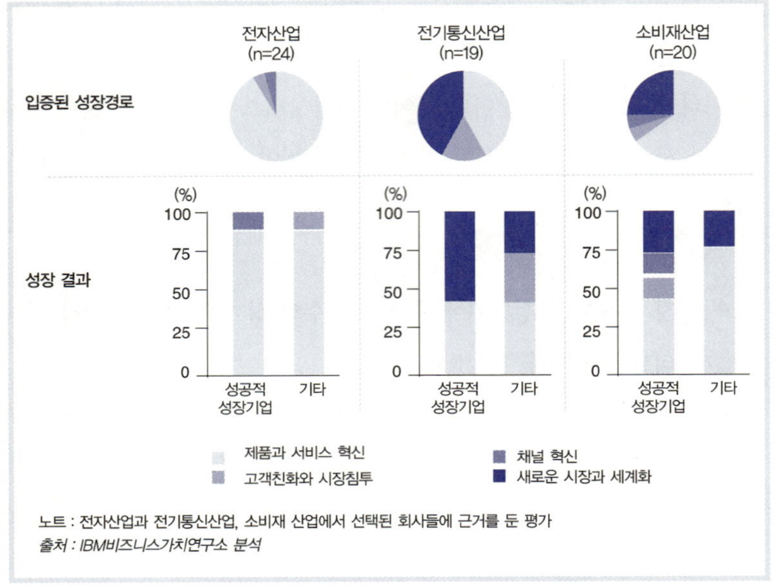

는 것이다. 예를 들어, 전자산업과 정보통신산업의 여러 성공적인 성장 기업들은 혁신과 세계화에 관련된 상호 강화적인 이니셔티브에 대한 좋은 사례다. 노키아(Nokia)는 직원의 39%를 연구개발에 배치한다. 이는 이례적인 혁신 투자일 것이다. 이런 투자를 회수하려면 규모가 있어야 하는데, 노키아는 적극적인 세계화 접근을 통해 규모를 키워서 매출의 절반가량을 미국과 아시아에서 달성하고 있다.[11] 정보통신산업도 마찬가지다. 텔레콤 이탈리아 모바일(Telecom Italia Mobile : TIM)은 이탈리아 내에서 선구적인 기업의 이미지를 유지하며 기타 유럽 지역과 남미로 시장을 확장하고 있다.[12] 이런 기업들은 새로운 시장을 열어주는 법규 변경의 성장 잠재력을 인식하고 있다. 그들에게 있어서 혁신과 세계화의 조화는, 자국에서의 성공은 새로운 시장에서도 적용될 수 있다는 시너지 기회를 제공한다.

당신의 기업은 어떤 경로를 고려해야 할까? 당신이 현재 비즈니스의 잠재력을 최대한 활용할 때가 출발점이라고 생각해도 된다. 여기에는 그림 9의 좌측 하단에 나와 있는 것처럼 시장 침투와 고객 친밀감을 증가하기 위한 활동들이 포함된다. 신제품/서비스 비즈니스로 들어가려는 전략이 성장의 두번째 방향이다. 이와 같은 전략은 기술과 고객의 요구가 급변하여 새로운 제품과 서비스를 위한 기회가 생겼을 때 가장 의미 있다. 이런 상황은 확실한 혁신의 전문성과 기술이 뒷받침될 때 성공률이 가장 높다. 코닥(Kodak)은 고객에게 디지털 이미징 제품과 서비스를 제공할 때 이 경로를 추구한다. 물론 코닥이 현재 직면한 도전은 아날로그 사업 분야의 쇠퇴보다 빠른 속도로, 필름과는 아주 다른 사진 기술을 활용하는 능력을 개발하는 것이다. 코닥은 이지쉐어(EasyShare) 카메라 라인을 통해 이 분야에서 약간의 성공을 실현했다.[13]

현 제품을 새로운 고객층, 지역, 채널에 투입하는 것이 세번째 성장 방향이다. 이는 기존 시장이 포화 상태이고 새로운 고객층과 지역이 등장할 때 가장 효과 있는 방법이다. 급성장하고 있는 미국 내 소수민족을 대상으로 하는 비즈니스, 저소득층 가정을 위한 표준금리 이하의 융자를 제공하는 회사 등장, 한창 개발 중인 중국 시장의 집중 공략, 새로운 고객과 지역 시장을 추구하는 것 등이 좋은 사례다. 이처럼 새로운 고객층과 지역에 맞는 비즈니스를 하려면 채널 혁신이 필요한 경우가 많다. 특히 기술이나 법규의 변화가 기존 채널에서의 탈피를 야기하는 경우가 많다. 제품에 서비스를 추가적으로 제공할

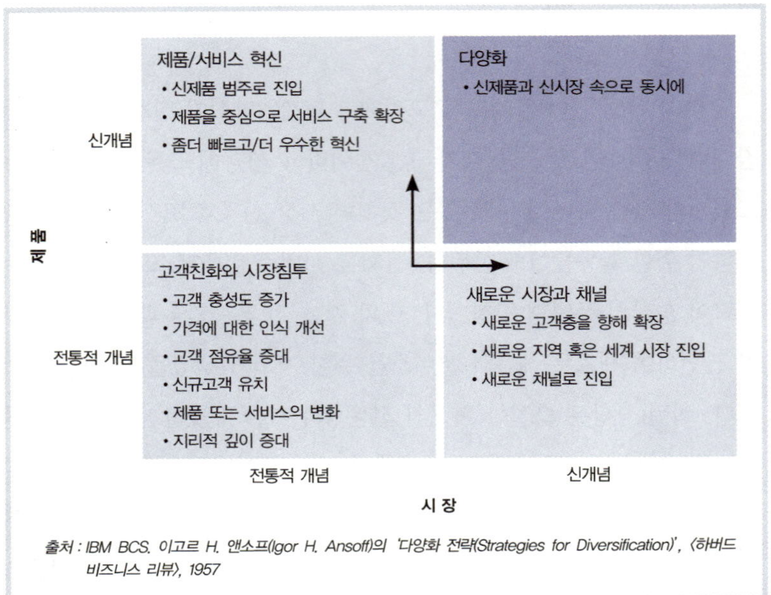

출처 : IBM BCS. 이고르 H. 앤소프(Igor H. Ansoff)의 '다양화 전략(Strategies for Diversification)', 〈하버드 비즈니스 리뷰〉, 1957

때도 종종 보완서비스를 전달할 채널의 개발이 필요하다. 새로운 제품과 새로운 시장으로 동시에 사업을 다각화하는 것은 회사를 더욱 전문 분야에서 멀어지게 하는 것이고 위험 부담을 추가한다. 이런 선택은 고객 행동 패턴이나 기술의 변화가 과거에 별개였던 시장들과 연결되는 경우와 인수합병 대상 회사들이 아주 좋은 가격에 등장한 경우, 인수하는 회사가 탄탄한 통합 경험과 능력을 보유하고 있는 경우에만 고려해야 한다.

프록터 앤 갬블(Procter & Gamble)이 어떻게 다른 성장 이니셔티브를 일관되게 정리하는지를 살펴보자. 우선 P&G는 전통적인 핵심 비즈니스인 세제, 모발관리 제품, 기저귀, 여성용 제품 등에 초점을 맞춘다.

현재 비즈니스의 혁신을 통한 성장을 추구하여 타이드(Tide)와 팬틴
(Pantene)과 같은 브랜드에 정기적인 기술 업그레이드를 내놓고 있다.
또한 이런 핵심 범주에서의 성장을 추구하기 위한 방법으로 새로운 브
랜드 인수를 주저하지 않았다. 그리하여 P&G는 이러한 범주에서 비용
기반을 활용함으로써 우위를 차지한다. P&G가 모발 제품 비즈니스를
주도하기 위하여 클레어롤(Clairol)과 웰라(Wella)를 인수한 것도 이런 차
원이다.

우선 P&G는 기업인수를 활용해 다른 가정용 제품 범주에 뛰어들었
다. 아이암스(Iams) 애완동물 식품 브랜드가 바로 그런 경우다. P&G는
이런 비즈니스에서 자사의 기존 강점을 활용하여 가치를 창출한다.
P&G는 아이암스를 인수한 직후 아이암스의 유통량을 50% 증가시켰으
며 새로운 여러 제품을 출시했다. 이런 조치에 따라 매출액이 16억 달러
로 두 배나 증가했고 이 범주에서 5위에 머물던 브랜드를 1위로 끌어올
렸다.[14, 15] 또한 P&G는 새로운 상품 카테고리도 만들어냈다. 걸레나 빗
자루 대용으로 사용하는 '스위퍼(Swiffer)'가 바로 그런 경우다.

셋째, P&G는 대규모 신흥 지역에 초점을 맞추었다. 한 예로 최근
P&G가 중국 시장 내에서 이룬 성장은 모든 지역 평균 성장의 두 배에
해당하는 것이다.[16] 이런 일련의 성장 이니셔티브는 비용을 감축하고 자
금조달을 만들어내려는 활동이 뒷받침했다. P&G는 1999년에 'Organi-
zation 2005' 프로그램을 통해 공유 서비스 센터(Shared Service Center)를
설립하여 내부 비용을 줄였다.[17] 이러한 전략의 한계에 달한 P&G는 현
재 이런 공유 서비스 센터를 더 큰 규모와 낮은 비용으로 제공할 수 있
는 외부 업체에 아웃소싱하고 있다.

역량 : 성장경로는 역량의 기초에 달려 있다

기업이 어떤 성장경로를 선택하더라도 그 운영 모델과 이를 실현할 수 있는 역량을 정렬하는 것은 절대적으로 중요하다. 그림 10에서 볼 수 있듯이 각 주요 성장경로는 다른 역량들을 필요로 한다. 역량은 전략을 지속시켜 주는 기반이다. 역량은 개인이 아무리 유능하거나 헌신적이라 하더라도 개인의 임시방편적인 노력 이상을 필요로 한다. 성공적인 성장 기업은 역량을 조직적으로 개발해 프로세스, 조직, 기술을 통합함으로써 일관된 강점을 만들어낸다. 그들은 필요한 역량이 회사 밖에 존재할 경우에는 제휴를 추구한다. 이런 기업들은 역량을 개발하고 조화하기 위하여 여러 수단을 활용한다. 그들은 :

- 선택한 성장 전략과 비교하여 운영 모델과 역량의 정의를 내리고, 전략이 발전함에 따라 필요한 변화를 파악하며, 그 차이를 줄인다.
- 기존 권력 구조의 타성을 극복하여 필요한 곳에서 모델을 재조화한다.
- 적시의 적절한 역량을 갖추기 위하여 필요할 경우 제휴와 인수를 고려한다.

예를 들어, 제품 및 서비스 혁신전략을 지원하는 역량에는 다섯 가지가 있다.

- 시장 계획 : 올바른 시장을 선택하고 그 시장에 적합한 제품과 서비스를 개발하는 것.

제품과 서비스 혁신	고객친화와 시장침투	새로운 시장과 세계화	채널 혁신
• 시장 계획	• 고객 전략	• 시장 선택	• 채널 전략
• 포트폴리오 관리	• 제품수명주기 관계 관리	• 세계화 모델	• 회계관리
• 플랫폼 관리	• 고객체험 관리	• 세계화 혁신	• Web 관리
• 파이프라인 관리	• 채널과 파트너 관리	• 세계화 채널 관리	• 솔루션 판매
• 제휴업체 관리	• 상표 관리	• 전세계 고객친화	

출처 : *IBM BCS*

● 포트폴리오 관리 : 개발에 올바른 투자를 하는 것과 투자수익률 (ROI), 전략적 방향, 위험부담 등의 균형을 맞추는 것.

● 플랫폼 관리 : 제품 출시 시기, 지식 재활용, 개발 투자 활용 등을 향상하는 제품 및 프로세스 아키텍처를 만드는 것.

● 파이프라인 관리 : 인력, 프로세스, 기술을 포함하여 개념에서부터 서비스에 이르는 전체 라이프사이클에 걸쳐 속도와 효율성을 추구하는 것.

● 제휴업체 관리 : 제휴업체와 공통의 이득을 얻기 위해 제휴업체의 물리적·지적 자산을 활용하기에 필요한 조직적 역량을 구축하는 것.

IBM비즈니스가치연구소의 연구조사는, 이런 역량을 구축하면 업계의 성과를 뛰어넘는 성장을 할 수 있다는 사실을 보여준다. 그림 11은 그런 예를 보여준다. 탄탄한 혁신 역량을 개발하고 그 역량을 제품 및 혁신전략과 조화하는 전자회사는 항상 경쟁사를 앞선다.[18]

인텔(Intel)이 어떻게 자사의 역량을 개발하여 혁신의 성장경로를 유지했는지 살펴보기로 하자. 1980년대 말 일본 업체들의 경쟁에 밀려 D램 칩 시장에서 물러나야 했던 인텔은 자신들이 논리 회로설계 기술에서는 업계에서 가장 앞서고 있지만 제조 플랫폼에서 밀렸다는 것을 알고 있었다.[19] 인텔의 각 칩 제조공장은 서로 다르기 때문에 각기 다른 프로세스를 필요로 했고 새로운 제품이 출시될 때마다 각 공장은 프로세스를 새로 배워야 했다. 인텔은 이에 대처하기 위해 'Copy Exactly'라는 이니셔티브에 착수했는데,[20] 그 결과 새로운 제품과 프로세스 흐름을 최소의 변형으로 대규모 생산으로 이전하는 것이 가능해졌다.

이 생각은 인텔에 상당한 변화가 있었다는 것을 나타낸다. 현실에서는 똑같이 복사하는 것이 불가능한 경우가 보통이다. 가령, 유럽과 미국의 전압과 주파수 차이가 조절돼야 한다. Copy Exactly는 제어 변경을 기술 이전에 앞서 적용하고, 모든 변경 사항이 1주일 이내에, 또는 승인된 스케줄에 따라 연구개발과 생산 라인에 직접 적용된다. 그 결과 모든 공장에서 제품이 낮은 비용에 빨리 출시되고 품질 문제의 진단과 개선이 빨라질 수 있다. 인텔은 연구개발과 제조를 공통된 하나의 파이프라인으로 통합하면서 이제 모든 설비에 걸쳐 제품 및 프로세스 혁신 패키지를 신속하게 착수할 수 있다.

그 결과 제품 출시 첫 몇 개월 만에 이윤이 만들어지는 이 업계에서 '시간 대비 생산량(time to volume)'은 결정적인 차별 요소 역할을 한다. 오늘날, 경쟁사인 AMD가 설계와 제품에서 인텔을 추격하고 있는데도 인텔이 가진 완벽한 '파이프라인' 역량은 인텔이 여전히 우위를 점할 수 있는 추가 이점을 제고하고 있다.[21]

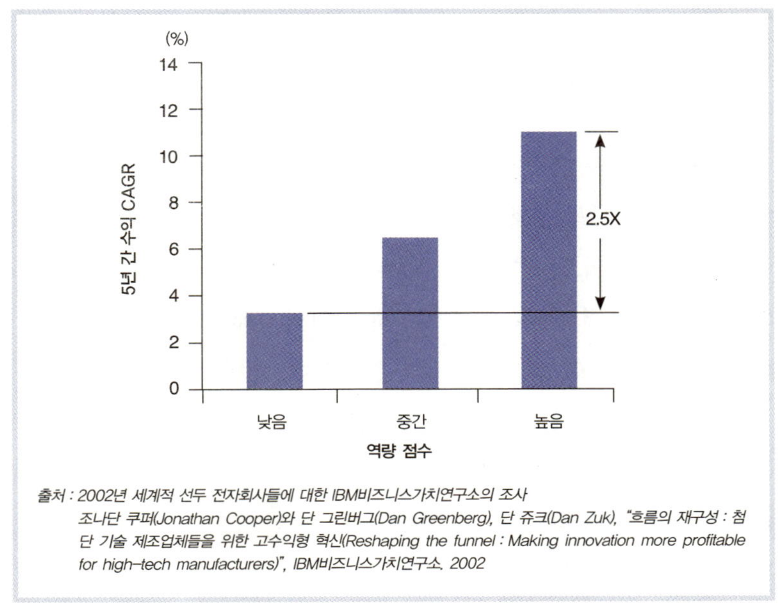

출처 : 2002년 세계적 선두 전자회사들에 대한 IBM비즈니스가치연구소의 조사
조나단 쿠퍼(Jonathan Cooper)와 단 그린버그(Dan Greenberg), 단 쥬크(Dan Zuk), "흐름의 재구성 : 첨단 기술 제조업체들을 위한 고수익형 혁신(Reshaping the funnel : Making innovation more profitable for high-tech manufacturers)", IBM비즈니스가치연구소. 2002

아주 다른 비즈니스인 정보통신업계에서는 스프린트(Sprint)가 고객 친밀감과 시장 침투를 통해 성장을 추구한다는 목표를 세웠다. 스프린트는 훌륭한 서비스를 통해 고객 만족을 향상하고 비용을 절감할 목표를 세웠다. 스프린트는 이 목표를 신속하게 달성하기 위해 전략적 제휴업체를[22] 활용하고 고객 위주의 여러 이니셔티브를 구비한 변화 프로그램을 마련했다. 이런 이니셔티브에는 서비스 처리와 프로세스의 향상된 세분화와 재설계, 고객들을 위한 셀프서비스 선택의 증가와 이를 가능하게 하기 위한 응용프로그램 재정비, 통화 경로 프로세스 업그레이드와 사원 데스크톱 기술 업그레이드를 통한 통화처리 시간 단축 등이 포함된다. 스프린트는 이 프로그램의 결과로 3년 동안 5억 5,000만 달러의

고객 서비스 비용을 절감하면서 고객 만족을 극적으로 향상시킬 것을 기대하고 있다.[23] 스프린트는 동시에 이런 향상된 역량을 가지고 최고 우선 과제, 즉 고객 만족 향상, 새로운 수입원 확보, 효율적이고 탄력적인 운영을 향해 나아갈 수 있다.

끝으로, 채널 혁신 경로를 지원하기 위해 역량을 개발하는 스타벅스(Starbucks)의 활동을 살펴보도록 하겠다. 스타벅스는 두 가지 목표를 정립했다. 하나는 업소 확대이고, 다른 하나는 식품점에서의 존재 확립이다. 스타벅스는 첫번째 목표를 지원하기 위해 대부분의 업소를 광범위한 유통 네트워크로 옮기고 기존의 음식 판매, 서비스, 지원 인력을 요식업계의 주요 업체인 시스코와 제휴했다. 그리고 두번째 목표를 실현하기 위해 크래프트 식품(Kraft Foods)과 제휴하여 원두커피와 분쇄 원두커피를 식품점에서 판매 유통시키고 있다. 또한 starbucks.com이라는 사이트를 통해 고객과의 상호작용 매체로서의 웹 관리 역량을 강화해 나감으로써 커피 애호가들에게 스타벅스의 고객 카드를 활용하도록 하고 있다.

의지 : 믿어도 될까?

진로와 역량은 성공적인 성장을 위한 필수 조건이지만 이것만으로는 충분하지 않다. 성장을 향한 회사의 결단을 말과 행동으로 보여줄 필요가 있기 때문이다. 지속적이고 성공적인 성장을 위해 변화가 필요하다는 것은 거부할 수 없는 현실이다. 수많은 계획이 의도한 결과를 만들어내지 못하는 이유가 바로 여기에 있다. 변화는 고통스러울 수 있고, 조직들이 변화를 거부하는 경우도 많다. 성공적인 성장 기업은 변화의 필요에 부응하는 문화를 조장하고, 열정을 지니고 진행하며, 변화가 정착되도록 주의를 게을리하지 않는다. 이런 기업들은 불가피한 문제가 발생하면 다시 회복하는 복원력을 보여준다. 그들은 여러 수단을 활용해 의지를 조직 깊숙이 정착시킨다. 그들은 :

- 감동적인 목적과 야심적인 목표를 만든다.
- 믿을 만하고 일관된 성장 전략을 직원들과 투자자들에게 이해시킨다.
- 시장 이니셔티브와 역량 이니셔티브에 맞는 효과적인 측정방법과 인센티브 시스템을 수립한다.
- 전략과 성과에 관한 솔직하고 사실에 근거한 토론을 장려하고 이런 토론을 지원할 경영 포럼과 프로세스를 만든다.
- 조직적 제약을 경계하고 이런 제약을 제거하기 위해 민첩하게 대응한다.

앞에서 살펴봤듯이 스테이플스는 획기적인 통찰력과 운영 모델을 통해 거대한 경쟁적 가치를 이끌어냈다. 그러나 시장이 성숙해지고 유사 경쟁업체가 등장함에 따라 스테이플스는 운영에 초점을 맞춘 모델에서 고객 관리 요소를 향상시키는 모델로 발전시켜야 할 필요를 인식했다. 그리하여 진지하고 조화된 노력으로 올바른 사업 헌장을 마련해 회사 주변의 가장 훌륭한 인력을 개입시켰다. 이러한 노력은 높은 부가가치의 고객 서비스를 중심으로 기업 문화를 변화시켰다. 프로그램은 모든 직원이 고객 서비스와 영업에 최우선적으로 초점을 맞추는 비전을 반영했다.[24] 스테이플스는 직원 인센티브 시스템과 사원교육을 재설계함으로써 고객 서비스를 향한 변화를 지원했다. 이런 변화의 결과, 스테이플스는 변화된 환경에서 계속 번창했다. 다름 아닌, 위에서부터 헌신적으로 장애물을 극복하려는 리더십의 의지 덕분이었다.

조직적 제약을 파악하고 극복하는 이 능력은 성장을 이끌어내는 데에 있어 가장 간과하고 있는 부분 가운데 하나이지만 가장 결정적인 요소 중의 하나다. 전세계에서 여러 계열사를 운영하는 한 기술 회사의 사례를 살펴보겠다. 이 회사는 광범위하고 세계적인 규모의 거래를 통한 차별 전략을 추구하고 있다. 이 회사는 성공과 실패 내용을 분석하다가 측정방법과 인센티브가 대부분 단일 비즈니스와 단일 국가에서의 성과를 중심으로 되어 있다는 사실을 발견했다. 여러 국가와 여러 계열사가 관계된 가장 큰 규모의 거래는 이런 장애물을 극복하기 위해 필요한 고위경영진의 적극적인 후원이 함께 했다. 그러나 그 수가 훨씬 많은 중간 규모의 거래(실제로 이 회사의 파격적인 성장을 이끌 수 있는 거래)들은 궁지에 몰리고 있었다. 어떤 경우에서는 거래가 이루어지려면 13명의 국가와 비즈니스 P&L 개별 소유주들로부터 승인받아야 했다. 각 소유주는 그 거래를 오로지 자신의 비즈니스에 어떤 이득이 되는가에 근거해 판단했다. 그리고 누구든지 거부할 수 있는 상황이었고, 실제로 몇 명은 그 거래를 거부했다. 그 거래는 결국 승인을 받았는데, 그 거래를 추진하던 사람들의 피땀 어린 노력이 아니었으면 불가능했다. 이 기업은 이제 이런 문제를 검토하고 해결하기 위한 조치에 나섰다. 얼마나 적극적으로 이 문제를 해결하느냐가 이 회사의 성장에 중요한 요소로 작용할 것이다.

이는 기업을 인수하고 매각하거나, 체스 게임의 말을 옮기면서 깊은 사고에 빠지거나, 세인의 관심을 받는 신제품을 자랑스럽게 내세우거나, 상하이에 새로 설비를 세우는 등의 전설적인 비즈니스맨이나 비전을 가진 CEO가 하는 매혹적인 일과는 거리가 멀다. 하지만 조직적 제약을 파악하고 극복하는 능력은 잠재력을 현실로 바꾸고 훌륭한 전략을 실질적인 성장으로 전환하는 데에 필수적인 요소다. 반면에 이 능력은 현실을 있는 그대로 바라보는 솔직한 문화를 필요로 한다. 앤디 그로브(Andy Grove)는 인텔의 CEO로 재직할 당시 '건설적 대결'이라는 문화를 도입했다. 이 문화는 모호한 것을 지양하고 문제를 있는 그대로 다루는 것을 지향했다. 그는 직원들에게 서로의 가설에 의문을 제기할 것을 권장하고 심지어 인텔의 제품과 프로젝트에 대해 매니저들이 얼마나 잘 알고 있는지를 알아보기 위해 그들을 문초하기까지 했다. 그로브는 '폭발 리뷰'라고 알려져 있는 상세한 견해를 작성해 지적인 정체에 있는 매니저들을 일깨우고자 했다. 약간은 전투적인 그로브의 방식은 근거 없는 기대를 접고 사실에 근거한 논의를 높이 평가하는 문화가 인텔에 정착되도록 만들었다.[25] 실행상의 실수로 인해 성과가 좋지 못한 2004년, 인텔의 CEO 크레이그 배럿(Craig Barret)이 아주 솔직한 발표를 할 수 있었던 것도 이런 문화에서 기인한다.

3C의 결합과 적용

지금까지는 3C를 개별적으로 살펴보았다. 그렇다면 성공적인 성장 기업들은 3C를 어떻게 결합하여 실천하고 있을까?

높은 3C 성적

우리는 성숙도 평가의 과정에서 성공적인 성장 기업들은 3C의 전체 점수가 높을 뿐 아니라 3C의 각 종목에서도 점수가 높고 다른 회사들보다 각 종목의 점수 차이가 많지 않는다는 사실을 발견했다(그림12 참조). 이는 성장이 어려운 이유를 설명한다. 즉 비즈니스에서 성공하려면 3종 경기와 마찬가지로 항상 경기의 세 가지 모든 종목에서 뛰어나야 한다. 다시 말해, 진로, 역량, 의지는 성장을 달성하고 장기적으로 유지하는 데 똑같이 기본적이라는 것이다. 훌륭한 전략이 지속된 기간 안에 취약한 역량을 대신해 주지 않을 것이다. 마찬가지로 전략과 역량이 훌륭하게 합쳐졌다고 해도 회사가 그 의지를 실질적이라고 신뢰하지 않거나 경영진이 자신들의 의도를 실천으로 옮기지 못한다면 성장으로 이끌 수 없다.

이번에는 AT&T 와이어리스(AT&T Wireless)의 경우를 살펴보자. 이 회사는 업계 부문에서 가장 효과적인 전략을 개발했다고 평가할 수 있다. 그러나 역량과 의지에서 저조했다. 이동통신 산업의 개발 초기에 AT&T 와이어리스는 스펙트럼을 적극적으로 매입해 미국 내 시장에서 광범위한 존재를 확립하고 AT&T 와이어리스(AWE) 브랜드를 구축함으로써 왕성한 성장을 하기 위한 진로를 설정했다. 그리고 앞서 있는 자사의 네트워크 확보율을 토대로 로밍 수수료를 부과하지 않는 요금제도를 제공할 수 있는 잠재력이 있다는 사실을 인식했다. 그리하여 미국 최초로 소개한 '전국 단일 요금' 플랜을 통해 빠른 속도로 시장을 점유했다.[26]

탄탄한 성장을 향한 위치를 확립하고 실제로 상당한 시장을 점유했는

'3C' 득점(10점 만점)	성공적 성장 기업	기타
진로	7.9	5.2
역량	7.9	5.3
의지	8.2	4.6
3C 전체 득점 평균	8.0	5.0
'3C' 득점 표준 편차	0.8	1.5

노트 : 전자산업, 전기통신 산업, 소비재 산업의 기업들 중 60개 사들의 표본을 기초로 한 집계

출처 : IBM비즈니스가치연구소 분석

데도 불구하고 AT&T 와이어리스는 사용량 증가를 지원할 네트워크와 고객 서비스에 관한 역량을 최대한 개발하지 못했다. 진정한 전국 서비스를 지원하기 위한 충분한 네트워크를 구축하는 일에서 경쟁업체에 뒤졌고, 대신 주요 시장의 네트워크를 다른 제공업체에 의존했다. AWE는 품질이 떨어지고 불평이 늘기 시작했을 때 이에 대한 준비가 되어 있지 않았다.[27]

시간이 흐르면서 AWE가 이 브랜드의 원래 설립회사 매코 셀룰러(McCaw Cellular)로부터 물려받은 강한 의지도 줄었다. AT&T의 간섭이 늘고 리더십이 여러 차례 변경되면서 회사의 도전정신도 사라졌다. 또한 직원들이 회사를 떠나기 시작했으며 결국엔 애초의 진로에 대한 회사의 의지도 사라져갔다. 2003년, 이제는 AT&T에서 분리해 독립 회사가 된 AWE는 번호 이동성 실행의 저조함과 같은 눈에 띄는 고객 서비스 문제로 비틀거렸다. 성장 속도는 떨어지고 주주 수익률

은 마이너스로 돌아섰다. 결국 2004년 AWE는 싱귤러(Cingular)에 인수되고 말았다.

3C의 조화

3C는 전체적으로 일관되게 조화되어야 효과적일 수 있다. 성공적인 성장 기업인 P&G는 각 C를 통합된 방식으로 개발하기 위해 노력한다. P&G는 1990년대 말 세계적인 규모의 브랜드 개발, 혁신, 시장구축 능력의 강점에 근거해 새로운 진로를 추구하기로 결정했다. 그리하여 식품과 같은 변동이 적은 품목에서 벗어나 혁신에 대한 수익이 높고 세계적인 규모로 사업할 수 있는 미용 및 건강관리 제품과 같은 품목으로 포트폴리오를 서서히 이전했다.

P&G는 이런 품목의 시장에서 성공하려면 제품 소개의 속도가 빨라야 한다는 것을 깨닫고 회사의 이런 역량을 강화하기 위한 합리화를 추구했다. 또한 1999년에는 'Organization 2005'[28] 이니셔티브에 착수해 조직의 경계에 제한을 받지 않으면서 세계적으로 혁신을 주도하기 위한 권한을 국가별 지부장에서 새로 설립된 Global Business Unit으로 이전했다. 이 재조화는 혁신을 더욱 신속하게 추진하려는 P&G 목표의 핵심이면서, 오랜 기간 자리잡은 P&G의 경영구조를 근본부터 바꾸어놓기도 했다. 이 재조화와 관련한 대규모 인원재배치로 인해 CEO 더크 예이거(Durk Jager)의 임기가 단축되고 경영이 흔들렸다.[29]

그러나 새로운 경영진은 이 이니셔티브를 밀고나가겠다는 의지를 보여주었다. 그로부터 5년이 지난 지금, 그런 과감한 변화는 성공적이었다는 것이 확실해졌다. P&G는 통합된 계열사의 우수한 혁신성과 자사의Market Development Organization(MDO)이 가진 세계적 범위와 규모를 결합하고 있다. P&G는 또한 성장 목표를 달성하기 위해선 현재 자사의 실험실에서 만들어내는 신제품 이상의 제품 개발을 도모해야 한다는 사실을 깨달았다. 따라서 제품 혁신의 절반을 외부의 아이디어에서 가져오는 독특한 진로를 도입했다. 그것에 필요한 역량을 개발하기 위해서는 학회와 경쟁사의 아이디어마저 수용하는 외부 제휴업체들의 네트워크를 형성했다. 이를 위해서 자신들의 독특한 역량을 소중히 여기는, 자부심이 많은 연구개발의 문화를 바꿀 의지가 필요했다. 연구개발의 신임 책임자는, 가장 좋은 아이디어는 반드시 회사 내에서 나올 필요가 없다고 명백히 밝혔다.[30] 그 가시적인 증거가 2001년 P&G가 출시하여 청소용품 시장의 지각을 흔들어놓은 스위퍼(Swiffer)다. 이는 일본의 경쟁사 유니참(Uni-Charm)의 기술을 도입해 성공한 것이었다.[31]

하지만 이 성공은 결코 특이한 경우가 아니었다. 그 후에도 P&G 경영진은 경쟁사인 클로락스와 손잡고 클로락스가 개발한 기술을 상품으로 개발하며 새로운 방식으로 자사의 기술을 활용하는 신기원을 이루었다. 이런 사례들은 '단독' 개발을 고집하던 연구개발 문화와는 거리가 있다. 이런 변화의 결과는 너무나 명백하다. P&G는 이 연구조사 기간 10년 동안 연간 주주 수익률 15%를 달성하며 업계의 선두를 달렸다. 뿐만 아니라, 지난 3년 동안의 실수를 수정하고 매년 성장의 가속도를 붙였다. 오늘날의 P&G는 업계의 대표적인 선두 위치를 지키고 있는 가운데, 내부적으로는 포트폴리오와 조직적인 차원에서 10년 전의 P&G와 아주 다른 모습을 보이고 있다.

3C의 발전

어떠한 시장에서건 영원히 성공적인 비즈니스 모델은 없다. 모든 성공 경로는 언젠가는 효력이 떨어지게 마련이고 따라서 수정이 필요하다. 성공적인 성장 기업은 처음부터 3C를 조화할 뿐만 아니라 지속적으로 발전시킨다.

또 다른 성공적인 성장 기업 보다폰(Vodafone)은 이런 점을 잘 보여주고 있다. 보다폰은 1990년대에 '이동통신만을' 다루겠다는 자사의 비즈니스 모델을 전세계적으로 확산시키는 일에 적극적이었다. 또한 인수를 위주로 한 진로를 주요 이동통신 시장에서 추구했다. 보다폰은 성숙한 시장의 기존 업체와 신흥 시장의 신규 업체를 인수했다. 이와 동시에 인수한 사업 중에서 이동통신만을 다룬다는 전략에 부합하지 않는 사업에서 손을 떼었다. 보다폰은 인수를 위주로 한 전략을 이루기 위해 세계적인 대규모 인수를 찾아내고 실행할 수 있는 뛰어난 역량을 개발했다. 인수한 회사에서 CFO의 역할을 활용해 재무 통합 및 비용과 재무 통제를 시도했다. 보다폰의 재무 통합 성공에 대해 투자자들은 긍정적인 반응을 보였으며 평가가 상승되어 차후의 인수를 위한 자금을 제공해 주었다.[32]

경영진은 인수를 통해 보다폰의 성장 문화를 추구하려는 의지를 보여주었다. 그리고 직원의 관심과 성장 과제의 연계를 자유롭게 실시했다. 그러나 이제 게임의 패턴은 바뀌었고, 보다폰은 3C의 각 종목에서 자사의 모델을 대폭 발전시키는 중이다. 보다폰은 인수 전략의 '공백'을 메워나가고 있었다는 점을 인식하면서 진로를 정복에서 통합으로 전환한 것이다. 이제는 기술, 조달, 고객 등을 더욱 세계적으로 활용하기 위하여 구축한 세계적 규모를 활용하는 방법을 찾고 있다. 새로운 진로는 새로운 역량을 필요로 한다. 따라서 보다폰은 기술 플랫폼을 모든 시장에 걸쳐 통합하고, 전화기 모델을 합쳐서 공급업체에 대한 영향력을 더욱 잘 활용하고 있는 것이다. 일부 장애물을 극복하기 위한 어려움에도 불구하고, 경영진은 신임 CEO의 지휘 하에 인수 거래에 맞추던 회사의 초점을 운영으로 맞추려고 노력하고 있다. 그리고 이런 변화를 실현하려는 결의를 표명함으로써 회사의 의지를 명확히 보여주고 있다.

보다폰의 지난 10년은 50%에 육박하는 연평균 성장률과 16%의 연간 주주 수익률을 보여준 성공적인 기간이었다. 최근의 변화는 아직도 진행 중인 가운데, 아직 그 노력의 결과가 나오지 않았지만 보다폰의 재정비 의지와 조심스러운 실행은 지속적이고 성공적인 성장을 위한 필수 요소다.

출발

출발 신호는 이미 울렸다. 성장 3종 경기는 이미 진행 중이다. 귀사는 어떤 위치에 있는가? 성공하기 위해 귀사에 필요한 것은 무엇인가? 다음과 같은 사항들을 확인해 보기 바란다.

- 성장 기업들이 사용하는 3C 모델과 비교한 귀사의 위치 파악.
- 미래와 미래의 기회에 관한 시각 개발.
- 제품 시장 포트폴리오와 이니셔티브 발전.

- 경쟁력 있는 모델 개발.
- 역량을 파악하고 그 역량을 기회와 조화.
- 전략을 말과 행동으로 실행.

진단 그 자체가 진단에 사용되는 생각의 힘보다 특별히 더 효과적이지는 않을 것이다. 또한 현재 위치를 파악하는 데에 있어서 더 잘 할 수 있는 다른 사람은 없을 것이다. 따라서 아래의 질문들에 대해 잠시 생각해 보는 것이 도움이 될 것이다. 이 질문들은 우리의 성장 진단에 사용되는 질문의 약식에 불과하지만 귀사가 현명한 판단을 내리는 데 도움이 될 것으로 믿는다.

3C	원칙과 수행의 수단	점수(1~10)
진로	1. 업계의 미래 및 어느 부문에서 가치가 창출될 것인지에 대한 독특한 시각을 가지고 있는가? • 조직은 업계에 영향을 미치는 주요 힘과 이런 힘이 어떻게 미래를 만들어나갈지에 대해 파악하고 있는가? • 경영진은 어디서 가치가 창출될 것인지에 대한 통찰력을 소유, 요구, 인식하고 있는가? • 불확실성의 주요 포인트가 파악되었는가? 이런 포인트를 정기적으로 재평가해야 할 프로세스가 있는가? • 운영 검토와는 별도로 업계와 전략에 관한 논의를 하기 위한 경영 포럼이 마련되어 있는가?	
	2. 업계의 미래와 귀사의 역량에 근거해 제품-시장 포트폴리오를 충분히 발전시키고 있는가? • 제품과 서비스 범주의 정의에 제한을 받지 않는 개방적이고 고객에 근거한 시장관점의 시각을 취하는가? • 귀사의 독특한 역량에 관한 경영진의 동의가 있는가? • 시장 매력도와 귀사의 역량과의 적합성에 근거하여 귀사의 제품-시장 포트폴리오를 재검토해 보았는가? • 필요하다면 제휴, 인수, 분리 등을 고려하고 있는가? 거래를 실행하고 통합할 수 있는 확실한 능력이 있는가?	

진로	• 내부적인 벤처캐피털 역량이나 외부적인 신규 비즈니스 네트워크를 가지고 있는가?	
	3. 가치를 창출하고 확보하는 경쟁적 모델을 가지고 있는가? • 귀하의 비즈니스는 고객, 경쟁, 기술 통찰력을 정기적으로 사용해 가치 제안을 검토하고 만들어내는가? • 귀사는 왜 귀사의 고객 가치 제안이 경쟁사보다 우수한지 명확하게 설명할 수 있는가? • 환경(기술, 법안, 고객 등)에 영향을 미치는 귀사의 메커니즘이 효과적인가?	
	4. 귀사의 성장은 지속이 가능한가? 강화 가능한 여러 가지 성장경로와 이런 경로를 실천하기 위한 지속적인 비용 활동이 있는가? • 성장 목표를 달성하기 위해 충분한 다수의 성장경로를 가지고 있는가? 특별한 분석을 통해야만 이 질문에 대한 해답을 얻을 수 있는가? • 사고방식, 측정 방법, 인센티브, 인력 등 충분히 차별화된 초기 단계, 확대 단계, 성숙 이니셔티브를 관리하는가? • 귀사의 비용 및 자산 활동은 성장 이니셔티브의 자금 조달을 위해 충분한가?	
역량	**5. 귀사의 역량은 성장 전략과 조화되어 있으며 성장 전략을 지원할 수 있을 만큼 적절히 향상되고 있는가?** • 성장 전략과 비교한 운영 모델과 역량에 관한 명확한 시각을 가지고 있는가? 귀사의 역량은 전략 변화를 지원하기 위해 적합한 속도로 발전하고 있는가? • 귀사는 새로운 역량을 지원하기 위해 발전하고 있는가? 아니면 방해하고 있는가? • 역량 개발을 가속화하기 위해 제휴와 인수를 검토해 보았는가?	
의지	**6. 성장에 관한 다짐을 말과 행동으로 보여주고 있는가?** • 조직이 귀하를 믿고 있는가? 조직은 신속히 대응하고 있는가? • 고무적인 목적과 야심찬 목표를 가지고 있는가? 그 목적과 목표는 확실한 것인가? • 직원과 투자자에게 믿을 수 있고 일관된 성장 전략을 이해시키고 있는가? • 시장과 역량 이니셔티브와 비교하는 효과적인 측정 방법과 인센티브가 있는가? • 전략과 성과에 관한 솔직하고 사실에 근거한 토론 문화가 있는가? • 현장의 변화 속도에 관해 귀를 기울이고 있는가? 제약을 없애기 위해 재빠르고 효과적인 행동을 보이고 있는가?	

● **비벡 카푸르(Vivek Kapur)**
IBM BCS Strategy and Change 분야의 파트너. IBM BCS의 Global Growth Initiative를 이끌고 있으며, 주요 클라이언트의 경영진과 협조하여 변화 프로그램을 개발·배치하고 있다.

● **제프리 페리스(Jeffere Ferris)**
IBM BCS의 Strategy and Change 컨설턴트

● **존 줄리아노(John Juliano)**
IBM BCS의 Strategy & Operations 컨설턴트

참고문헌

1   '당신의 차례 : 글로벌 CEO 연구2004(Your Turn : The Global CEO Study)' 2004.

2   에드 폴슨(Ed Paulson), '시스코의 내부 : 지속적인 M&A 성장의 실제 이야기(Inside Cisco : The Real Story of Sustained M&A Growth),' 존 윌리 앤 선즈(John Wiley and Sons). 2001.

3   시스코 시스템(Cisco SYstem), '기업인수 개요(Acquisition Summary),' http://www.cisco.com/en/us/about/ac49/ac0/ac1/about_cisco_acquisition_years_list.html.

4   에드 폴슨, '시스코의 내부 : 지속적인 M&A 성장의 실제 이야기(Inside Cisco : The Real Story of Sustained M&A Growth),' 존 윌리 앤 선즈(John Wiley and Sons).

5   '리글리는 경쟁자들이 여러 번 되새겨야 할 뉴스거리를 제공한다(Wigley Gives Rivals News to Chew on),' 파이낸셜 타임즈(Financial Times), 1999년 10월 16일.

6   '리글리는 3개 브랜드에 700억 달러로 규모로 재도약했다(Wigley Rebound with $70B for 3 brands),' 브랜드위크(Brandweek), 2003년 4월 21일.

7   비벡 카푸르, '성장과 가치 창조(Creating growth and value),' IBM BCS. 1998년.

8   크리스찬 W. 부스(Christian W. Buss), '잭 웰치는 코를 얻어 맞은 게 한두 번이 아니다 : 당신까지 그럴 필요가 있을까(Jack Welch took more than one punch in the nose; You don't have to),' 비즈니스 리뷰(The Business Review), 2003년 5월 30일.

9 '알테라는 20년에 걸친 혁신을 기념한다(Altera Celebrate 20 Years of Innvation),' PR 뉴스와이어(PR Newswire), 2003년 6월 20일.

10 자이링스(Xilinx). '기업개관(Company overview),' http://www.xilinx.com/company/about/overview.html.

11 노키아 2003년 연보(Nokia 2003 annual report).

12 텔레콤 이탈리아 모바일 2003년 연보(Telecom Italia Mobile 2003 annual report).

13 벤 도빈(Ben Dobbin), '디지털카메라 시장에서 성장하는 코닥(Kodak growing in digital camera market),' BizReport.com, 2004년 8월 6일, http://www.bizrereport.com/news/7776/

14 잭 네프(Jack Neff), 'P&G는 아이암스가 애완동물용 식품 업계에 있어서 최고라고 주장한다 : 브랜드 영업이 4분기에 거대한 퓨리나를 추월했다'('P&G claims lams is top dog in pet food : Brand sales overtake giant Purina in Q4),' 어드버타이징 에이지(Advertising Age) 2003년 3월 10일.

15 P&G 2003년 연보(Procter & Gamble 2003 annual report).

16 찬드라 숍하나(Chandra Shobhana), 'P&G는 이윤의 40% 증가를 발표할 준비를 하고 있다 : 중국의 판매신장과 기업인수가 수익 촉진을 초래한다(P&G ready to post 40% profit rise : Gales growth in Chaina, acquisition drive earning spurt),' 블룸버그 뉴스(Bloomberg News), 2004년 8월 2일.

17 클리프 피알레(Cliff Peale), 'P&G는 구조조정 시간을 단축한다(P&G cuts restructuring time') 신시내티 인콰이어러(The Cincinnati Enquirer), 2002년 12월 13일.

18 조나단 쿠퍼(Jonathan Cooper)와 단 그린버그(Dan Greenberg), 단 쥬크(Dan Zuk), '흐름의 재구성 : 첨단 기술 제조업체들을 위한 고수익형 혁신(Reshaping the funnel : Making innovation more profitable for high-tech manufacturers)', IBM비즈니스가치연구소. 2002년.

19 커크 라덴도르프(Kirk Ladendorf), '인텔의 아키텍처가 그로브를 한 걸음 물러서게 했다. 비전을 가진 경영자는 회장으로서 더 장기적인 시야를 갖게 될 것이다. 사장이 CEO의 업무를 수행할 것이다(Intel architect Grove to step down. Visionary leader will take more long-term view as chairman; president will take CEO job),' 오스틴 아메리칸 스테이트먼트(Austin American-Statement), 1998년 3월 27일.

20 '36세의 인텔 : CPU 사업(Intel at 36 : the CPU Business),' 펀더먼털 리뷰(Fundamental Review), 킨티쉐프 연구소(Kintisheff Research). 2004년 6월 17일.

21 커크 라덴도르프(Kirk Ladendorf), '인텔의 아키텍처가 그로브를 한 걸음 물러서게 했다. 비전을 가진 경영자는 회장으로서 더 장기적인 시야를 갖게 될 것이다. 사장이 CEO의 업무를 수행할 것이다(Intel architect Grove to step down. Visionary leader will take more long-term

view as chairman; president will take CEO job),' 오스틴 아메리칸 스테이트먼트(Austin American-Statement), 1998년 3월 27일.

22 에프라임 슈바르츠(Ephraim Schwartz), 'IBM이 스프린트와 거대한 거래를 낚다(IBM lands huge Sprint deal),' 인포월드(Infoworld). 2004년 2월 4일. http://www.infoworld.com/article /04/02/04/HNbigblue_1.html.

23 IBM. 'IBM과 스프린트는 포괄적인 비즈니스 협정을 발표했다(IBM and Sprint announced comprehensive business agreements),' 2004년 2월 4일. http://www-1.ibm.com/industries /telecom/doc/content/news/pressrelease/1005755102.html.

24 토마스G. 스템버그(Thomas G. Stemberg), '성공을 향한 스테플즈 : 단지 10년 만에 사업계획에서 수십억 달러 사업으로(Staples for Success : From Business Plan to Billion–Dollar Business in Just a Decade)' 노리지 익스체인지(Knowledge Exchange). 1996년.

25 커크 라덴도르프(Kirk Ladendorf), '인텔의 아키텍처가 그로브를 한 걸음 물러서게 했다. 비전을 가진 경영자는 회장으로서 더 장기적인 시야를 갖게 될 것이다.사장이 CEO의 업무를 수행할 것이다(Intel architect Grove to step down. Visionary leader will take more long–term view as chairman; president will take CEO job),' 오스틴 아메리칸 스테이트먼트 (Austin American–Statement), 1998년 3월 27일.

26 단 리치맨(Dan Richman), 'AT&T 와이어리스의 몰락(The fall of AT&T Wireless),' 시애틀 포스트–인텔리젠서(SeattlePost–Intelligencer), 2004년9월 21일. http://seattlepi.new-source.com/business/191742_att21.html.

27 ibid.

28 '무디스는 P&G의 장기 신용등급을 하향 조정했다(최상급에서 Aa3으로) 단기 신용등급은 프라임–1, 안정 전망(Moody's downgrades long term rating of Procter & Gamble(Senior to Aa3)–Confirms short term rating at prime–1–Outlook stable),' 무디스 투자 서비스 출판부. 2001년 10월 19일.

29 에미리 넬슨(Emily Nelson), '재활치료는 P&G에 고통을 요구한다. 신임 CEO의 첫번째 과업 중 하나는 사기를 회복하고, 세계화의 대격변의 와중에 발생한 경영의 틈새를 메워주는 데 있다(Rehab takes toll on Procter & Gamble. One of first tasks for new CEO is to boost morale, plug management holes in wake of globalization upheval),' 월스트리트 저널 (The Wall Street Journal), 2000년 9월. 1일.

30 'P&G – AG 라플리는 어떻게 보수주의적 기업이란 요새에 대변혁을 일으키고 있는가'(P&G – How AG Lafley is revolutionizing a bastion of corporate conservatism),' 비즈니스위크(BusinessWeek), 2003년 7월 7일.

31 '일본은 P&G에 있어 신제품의 보고다(Japan proves new-product gold mine for P&G),' 니케이위클리(Nikkei Weekly), 2004년 7월. 12일.

32 '보다폰 40억 파운드의 수익 달성 발표하다(Vodafone posts £4bn profit),' BBC 온라인 뉴스(BBC News Online). 2001년 5월. 29일. http://news.bbc.co.uk/1/business/1356896.stm.

02

뉴 밀레니엄 시대의 기업전략

기업전략

전세계적으로 기업들은, 더욱 크고 강하며 혁신적인 경쟁자의 등장으로 해마다 더 힘겨운 경주를 벌이고 있다. 거기다가 전자 거래의 출현, 세계화, 급진적 기술, 혁신, 산업 간 통합 등에 따라 이런 경주의 규칙마저 지속적으로 변하고 있다. 때론 다른 분야의 경쟁자들이 그들의 강점, 기술, 시장에 대한 새로운 접근법을 가지고 당신이 하고 있는 경주에 갑작스레 뛰어들 뿐 아니라, 많은 경우 금세 선도 업체로 성장하기도 한다.

그럼에도 불구하고, 이 같은 경쟁 구도 하에서 오랫동안 선두를 유지하고 주주와 직원들을 위해 현저한 가치를 창출하는 기업도 존재한다. 이를 위해 기업은, 경쟁에서 유리한 위치를 유지하고 변화를 예측하며 계속해서 선두를 점하는 데에 도움이 될 전략이 필요하다.

경주의 규칙은 간단하다.

- 기업들의 경쟁 우위는 일시적이다.
- 오늘의 경쟁 우위는 내일의 경쟁 요건이다.
- 경쟁 우위를 가지지 못하는 회사는 기껏해야 제로 수익을 기대할 수 있을 뿐이다.

새로운 기업전략

많은 기업들이 여러 가지 이유 때문에 그 동안 전략을 충분히 개발하지 않았다. 가끔씩 완벽하지 못한 전략이 효과적인 경우도 있다. 심지어 뚜렷한 전략 없이도 뛰어난 아이디어 한 가지가 사업을 이끌고갈 수도 있다. 또 경영진의 직관과 조직의 의지가 일시적으로 전략을 대신하는 경우도 있다. 그러나 업계 선두 주자들은 오늘날과 같이 빠른 속도로 진행되는 비즈니스를 수행함에 있어 철저한 사고와 계획을 통해 업계의 향후 라이프 사이클과 선두 위치를 빼앗길 위험에 대비해야 한다. 오늘날의 환경에서는 5년 전만 해도 불가능했던 완벽한 전략적 관점대로 회사를 이끌어나갈 수 있다. 기술의 진보와 세계적인 탈규제화, 제품과 금융 시장에 대한 통제 완화로 기업전략을 실행하는 데에 새로운 융통성을 발휘할 수 있게 되었다. 이런 형태의 전략적 구조를 실행하는 핵심은 기업의 각 기능 분야가 접하고 있는 광범위한 전략 및 전술적 문제점에 경쟁력과 이해도를 갖춘 관리자다. 또한 이러한 관리자는 다기능 프로세스로부터의 가치 창출을 통해 전략을 실행할 수 있는 능력을 지니

고 있다. 효과적인 전략 개발 프로세스는 이러한 총괄 경영적인 시각
(general management perspective)을 재창조해 주며, 비즈니스와 기업 내
최고 경영자들의 총괄 경영학습 역량을 구축해 준다.

전략이란 무엇인가?

전략이란 기업의 비즈니스 가치를 미래까지 유지하고 성장시키기 위해
수행하는 일련의 활동을 말한다. 전략은 1950년대의 전통적인 재무 기획
에서부터 1990년대의 자산 관리까지 오랜 세월에 걸쳐 진화해 왔다. IBM
BCS의 전략 실무자들은 남들보다 한 걸음 앞선 위치를 유지하기 위해,
사고 리더십(thought leadership)에 대한 투자를 통해 지속적으로 전략 어프
로치를 구축하고 다듬고 있다.

전략적 변화(Strategic Change)는 뉴밀레니엄을 위한 접근법인 동시에,
IBM BCS 전략 부문의 이름이기도 하다.

그림 1 전략 발전 단계

	전략 발전 단계	대표적인 도구	
1950년대	• 재무기획	• 재무 비율	
1960년대	• 장기적 계획	• 학습 곡선	• 성장–점유율 매트릭스
1970년대	• 전략적 계획	• 전략적 사업	• 마케팅 전략이 수익에 미치는 영향
1980년대	• 전략적 경영	• Five Force	• 가치사슬
1990년대	• 전략적 변화	• 핵심 역량	• 시나리오 분석

경쟁의 장 재설계

오늘날처럼 경쟁이 치열한 시장에서 지속적인 가치를 창출하려면 대부분 혁신적 전략이 필요하다. 혁신적 전략이란 기업이 경쟁하고 있는 업계의 규칙을 바꿈으로써 승자가 되고, 이를 통해 지속적인 가치를 크게 높임으로써 보상받는 전략이라고 할 수 있다. 혁신적인 기회는 회사의 입장에서 커다란 변화와 위험을 의미하기 때문에 이를 파악하기는 어려운 일이다. 물론 실행하기는 그보다도 더 어렵다. 이것이 바로 혁신이 시장에서 커다란 보상을 받는 이유다.

이러한 맥락에서 당대 전략가의 임무란 회사의 가치를 꾸준히 추구하고 달성하기 위한 지속적인 관리 프로세스를 체계화하는 것이라고 할 수 있다. 경영진이 사업에 대해 폭넓은 시각을 갖고 회사가 활용할 수 있는 여러 가지 가치 창출 기회를 일목요연하게 평가하지 못하는 경우가 너무도 많다.

혁신 달성하기

변화에는 점진적 변화, 근본적 변화, 전환적 변화, 이렇게 세 가지 등급이 있다.

점진적 변화는 '블로킹과 태클링'을 더 잘하는 것이다. 근본적 변화는, 이를테면 새로운 선수와 새로운 경기를 펼치는 것이라 할 수 있다. 전환적 변화에서는 회사 내부와 업계 두 가지 부문 전반에 걸쳐 게임을 재정의한다. 이러한 회사는 우위를 선점하고 유지하기 위하여 통상적인 경쟁적 균형을 깨뜨린다.

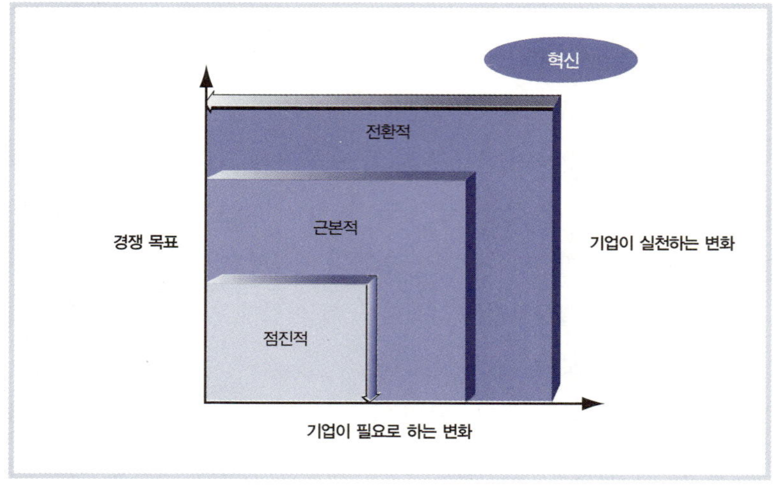

전략에 대한 우리의 접근법은 다음 여섯 가지 핵심 원칙을 바탕으로
한다.

1. 기업 전반에 걸쳐 가치를 발견할 것
2. 신속한 실행을 도모할 것
3. 업계 고유의 전문성을 도입할 것
4. 고객 지향적일 것
5. 글로벌한 마인드를 가질 것
6. 전략적 경영 역량을 창출할 것

이들 원칙을 얼마나 폭넓고 빠르게 실행하느냐에 따라 혁신적 전략을
가능성의 영역으로 가져다놓을 수 있다. 이 같은 수준에 이르기 위한 첫

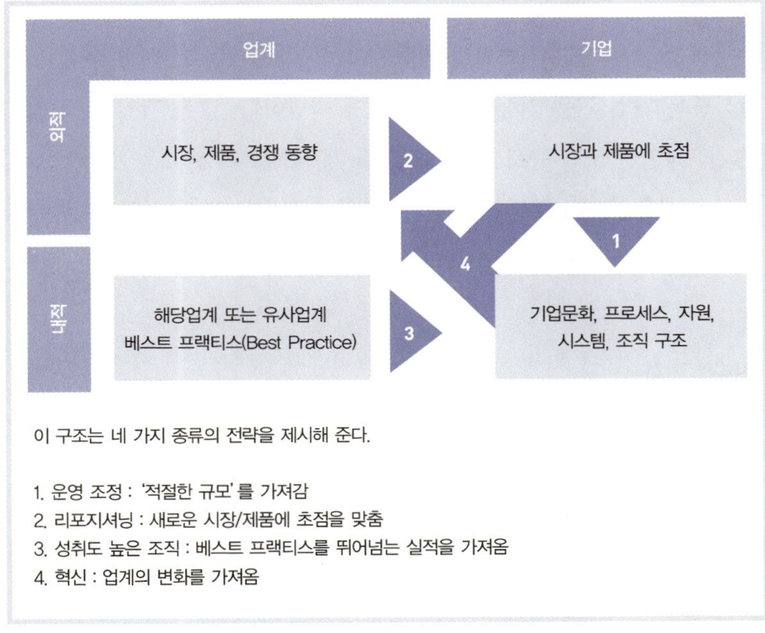

번째 중요한 단계는 기업 자신의 시각뿐 아니라 기업이 속한 업계의 폭넓은 시각(고객, 고객의 고객, 최종 사용자, 경쟁사, 공급업체, 신규 진입 가능성이 있는 업체 등)으로 외적, 내적 문제점을 이해하는 것이다. 종합적인 이해를 통해 얻은 사실 기반의 통찰력은 전략적 사고의 좋은 기초가 될 수 있다.

그림 3은 이렇게 종합적으로 이해한 내용을 네 개의 범주로 구조화시켜 보여주며, 각각의 현재와 미래 상태를 자세히 설명해 준다. 이 프레임워크는 기업의 경쟁 상황을 철저히 검토할 수 있는 편리한 방법일 뿐만 아니라, 중요한 전략들을 도출하는 데 근간이 된다.

점진적 변화

운영의 조정은 점진적 변화를 내포한다. 이 같은 전략은 시장 현실에 부합하도록 기업을 운영하지 못한 기업에 적합하다. 많은 기업이 지난 10년 간 '적합한 조직 규모(right-sizing)'란 제목으로 이 전략을 채택했으나, 사실은 비용절감이 주된 목표였다. 또한 일부 기업만이 시장/제품 관점과 운영을 일치시키는 방법을 터득했다.

근본적 변화

사람들이 '전략'이라고 이야기할 때는 대부분 리포지셔닝을 의미한다. 뒤에서 소개할 전통적인 시장/제품 매트릭스는 세 가지 리포지셔닝 옵션을 설명해 준다. 세 가지 리포지셔닝 전략은 시장이나 제품 또는 두 가지 모두를 비교적 안정적으로 유지시켜 준다. 대부분의 기업들이 이 중 하나의 전략을 실행하는 데에 집중하지만 이들 전략이 상호 배타적인 것은 아니다. 이 세 가지 전략은 개별적으로도 각각 기업의 근본적 변화를 의미한다. 전략으로서의 리포지셔닝은 그에 걸맞은 운영상의 조정도 함께 이끌어내게 된다. 실제로 리포지셔닝 전략이 실패하는 경우 이것은 전략 개발상의 사실적, 분석적, 개념적 오류라기보다는 실행 또는 추진 상의 오류인 경우가 더 많다. 높은 성과를 가져오는 조직으로 변화하는 것 또한 근본적인 변화가 필요하다. 이미 잘 알려져 있는 바와 같이 TQM과 BPM을 실행하려는 노력이 대부분 실패했다는 사실은 세 가지 전략 실행이 얼마나 어려운지를 보여준다.

운영 조정, 시장/제품 리포지셔닝, 성취도 높은 조직은 각각 또는 복합적으로 가치 창출 전략으로 활용될 수 있다. 이는 해당 기업이 어떤 시기에 놓여 있는가에 따라 달라지며, 모든 경우에 혁신이 필요한 것은 아니다. 근본적 변화는 근본적인 가치 창출로 이어질 수 있다.

전환적 변화

혁신은 전환적이다. 위에서 언급한 세 전략의 경우 업계에서의 경쟁 상황이 어느 정도 고정되어 있다고 가정되었다. 이 같은 전략들은 이런 상황을 제대로 이해하고 잘 대처하며, 더 나아가 상황을 예측할 수 있는 것까지를 의미한다. 반면 혁신적 전략에서는 다른 세 가지 전략을 혼합하고 규칙과 업계의 경쟁 상황을 바꾸어버리겠다는 기업가적 열정이 필요하다.

기업이 현재의 업계 관행을 뛰어넘는 핵심 역량을 구축하고 새롭고 대안적인 시장/제품 기회를 창출한다는 점에서 혁신적 전략은 '자원에 기반한' 경우가 많다. 아래 소개하는 혁신적 전략(새로운 시장과 새로운 제품)은 엄밀히 말해 리포지셔닝이 아니라 완전히 새로운 사업이라고 할 수 있다. 경험상 이 같은 과정을 자연발생적으로 진행시키기는 매우 어렵다. 전략적 정합도 및 경제적 편익 등의 측면에서 증명해 보여야 한다는 부담감이 크기는 하지만, 합병이 더 나은 결과를 가져오기도 한다. 획득한 시장과 제품이 해당 기업에 새로운 것일 경우, 전략적 정합도는 낮은 반면 경제적 예측은 여러 가지 불확실한 가정에 따라 크게 달라진다.

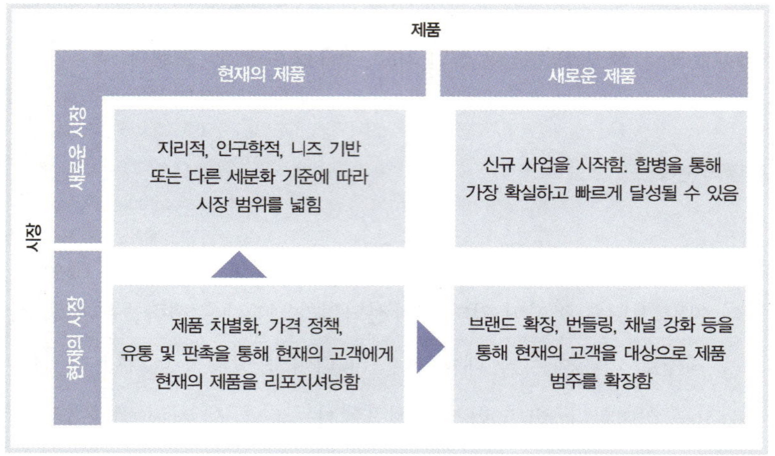

혁신적 전략의 예는 다음과 같다.

- 도요타(Toyota) : 린 생산 시스템(lean production system)
- 프리토레이(Frito-Lay) : 종단 간 공급 체인 관리와 진보적인 기술 활용
- 인텔(Intel) : 빠른 속도의 제품 개발
- 아마존닷컴(Amozon.com) : 인터넷 기반 유통 채널

위의 사례 각각에서, 기업들은 명확한 비전을 가지고 주주를 대신해 경제적 이익을 달성하겠다는 의도로 자원을 개발했다. 점진적, 근본적, 전환적 전략 목표에 동의만 한다고 전부가 아니다. 그 목표를 달성하기 위해 취할 수 있는 대안적인 경로는 여러 가지이기 때문이다. 초기의 주요 난관은 경영진 사이에 공통적인 전략적 비전을 수립하는 것이다.

급변하는 시장에서의 이탈

현재 안정적으로 운영되고 있는 많은 비즈니스들이 맞게 될 미래를 생각해 보자. 아마도 새로운 테크놀로지와 숙련된 기술로 무장한 신규 경쟁사들이 업종과 지리적/문화적 경계를 넘어 기존과는 전혀 다른 제품과 서비스를 고객들에게 제시할 것이다. 기술 혁신, 정보 접근성의 증대, 똑똑한 소비자의 출현으로 인해 이 같은 현상은 이미 생겨나고 있다. 그렇다면 과도기에 있는 업계의 경영자들은 어떻게 해야 회사를 경쟁력 있게 포지셔닝시킬 수 있을까?

업계에 대한 분석과 예측이라는 전통적인 방법은 아직 존재하지도 않는 테크놀로지를 바탕으로 하는 제품에 대한 고객 수요가 어떠할지를

그림 5 고성장 기업들은 큰 격차로 동일 산업 및 지역의 기업들을 앞지르고 있음

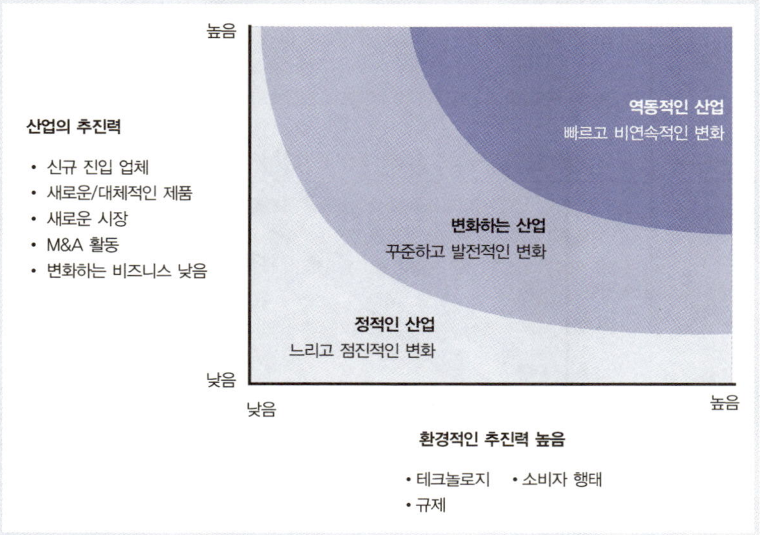

전혀 예측할 수 없다. 빠르게 변화하는 환경에서 전략적으로 계획을 수립하려면 새로운 접근법이 필요하다.

기업들이 해당 업계의 미래에 대한 새로운 비전을 수립할 때, 기존 기업들처럼 단순히 현재의 강점과 동향만을 살펴보는 전통적인 방식보다는 '시나리오 가시화(Scenario Envisioning)'라는 새 접근법이 유용할 것이다.

시나리오 가시화는 의사 결정자들로 하여금 업계의 동인(driving forces)이 어떤 의외의 방식으로 결합할 수 있는지를 다시금 생각해 보게 만드는 미래에 기반한 비전 접근법이다. 이 새로운 미래형 모델에서 경영자들은 현재의 전략을 테스트하고 다른 옵션을 개발 및 탐색해 본다. 또 현재의 경쟁자가 예상하지 못하는 조건에서 사업을 운영 및 이해해 보는 연습을 할 수도 있다. 이와 동시에 미래에 조직이 성공할 확률을

그림 6 **전통적인 전략 기획과 미래형 비전 기반 전략 기획**

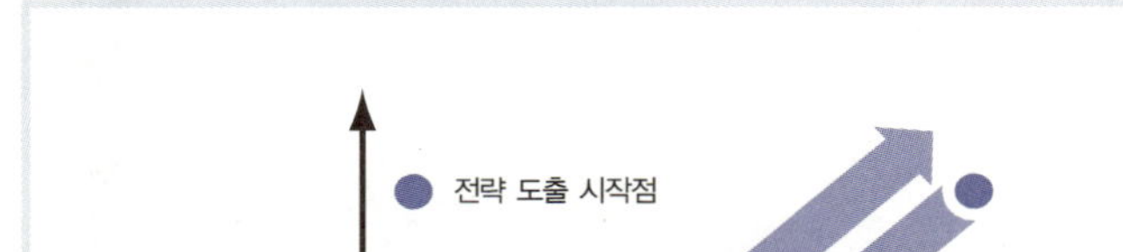

 지속적인 성장을 위한 비즈니스 모델 혁신전략

높일 수 있는 의사 결정들을 하는 것이다.

많은 관리자가 경제와 지정학적 동향에 대해 이미 형성된 세계관을 가지고 시나리오 프로젝트를 시작하려 한다. 그러나 이와 대조적으로 시나리오 가시화는 회사의 미래 시장에 대해 현재의 모습과 현저히 다른, 그러나 가능성 높은 그림을 그려낸다. 이러한 비전은 최적의 전략 옵션을 개발하는 기초가 된다.

비전 수립

효과적인 전략은 회사의 유지/성장 모습을 구체적이고 일관되게 그리는 비전과 밀접히 연관되어 있다. 이 같은 비전은 경영진에게 이해되고 공유된다.

그림 7 **전통적인 전략 기획과 미래형 비전 기반 전략 기획**

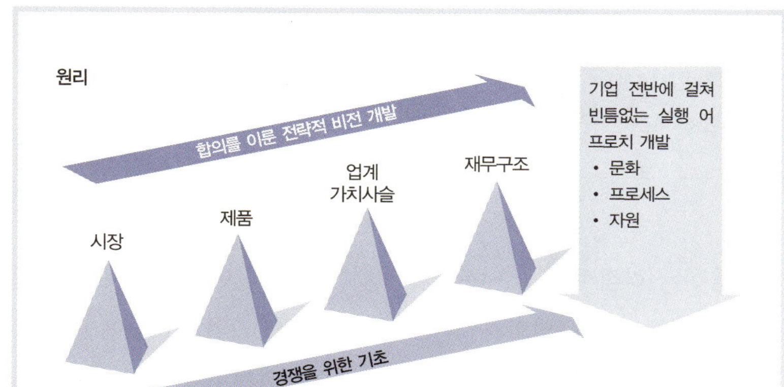

경쟁적 포지셔닝

어디서 경쟁할 것인가?

- 시장(예 : 고객 세분화와 타깃 설정, 시장 점유율 목표)
- 제품(특히 포트폴리오 수명주기 관리와 마진 목표)
- 채널(예 : 부가가치 채널, 전자 상거래)

어떻게 경쟁할 것인가?

- 업계 가치사슬(예 : 공급업체 전략, 기업의 영역, 채널 전략)
- 재무 구조(예 : 현금흐름 전략)

내부적 경쟁력

- 문화(예 : 기업 내의 사람들이 기업에 대해 가지고 있는 신념체계)
- 핵심 프로세스(예 : 기업이 가치를 창출하기 위해 수행하는 중심적인 연계 업무 활동)
- 사람, 자본, 기술(예 : 기업의 기본적인 자원)
- 시스템과 기술(특히 고객에 대한 이해, 의사 결정 지원, 성과 평가, 기타 정보 기반 시스템)
- 조직 구조

유용한 전략적 비전을 제시한다는 것은 기업의 미래 모습에 대한 상세한 설명을 뜻한다. 말하자면 미래 특정 시점의 기업의 모습에 대해 단어와 숫자로 그림을 그리는 것이다. 여기에는 측정 가능한 재무적 목표치를 요약해서 포함시키는데, 이 목표치가 달성되었을 경우 회사는 매력적인 비즈니스 개체(투자자들이 다른 곳에 투자함으로써 달성할 수 있는 이익과 비교해서)로 남을 수 있는 상당한 경제적 가치를 창출함으로써 전략적인 성공을 보장받을 수 있게 된다.

비전의 제시는 기본적으로 승리를 위해 필요한 것들에 대한 설명을 수반한다. 훌륭한 전략적 비전 선언문은 길이에 상관없이 다음과 같은 내용이 구체적으로 담겨 있어야 한다.

경제적 목표
- 기간(예 : 2005년에 우리는 어떻게 될 것이다)
- 재무적 목표(예 : 매년 주주 자본의 20% 수익 달성)

비전을 행동으로

성공하는 전략적 비전을 구체화하는 일은 매우 중요하지만 신속하게 실행되지 않는다면 비전만으로는 긍정적인 결과를 이끌어낼 수 없다. 경험에 비춰볼 때, 성공적인 전략 실행은 전략팀의 선별과 함께 시작된다. 이 팀에는 주요 의사 결정자, 실무자, 전략적 방향에 상당한 영향력을 가지고 있는 사람들이 포함되어야 한다. 또한 경영진은 조직 전체가 사업을 수행함에 있어 비전의 영향을 받을 수 있도록 집중적으로 비전을 전파해야 한다. 이와 같은 커뮤니케이션은 이해를 쌓고 합의를 이끌어내며 책임감을 갖도록 만든다.

비전을 수립하고 전달하는 단계에서는, 조직 내의 전 계층에 있는 주요 실행 주체들이 실무적 목표 및 실행 계획 수립에 참여해야 한다.

여러 분야의 실무진들이 모여 구성된 프로젝트팀에서는 기업이 새로운 전략을 통해 성공에 이르기 위해 해야 할 일들을 일 단위로 정의한다. 그런 다음 이들은 각자의 위치에서 자신이 직접 수립에 참여했던 전략을 이루기 위해 실무적 지표와 목표를 가지고 계획을 실행에 옮기게되는 것이다.

성공적인 전략에서 이 '최전선(frontline)' 계획은 전략의 경제적 모델과 향후 5년 간 그 전략으로부터 기대되는 투자와 수익을 요약한 사업계획으로 통합된다.

이와 동시에 성공적인 기업들은 경쟁사와 시장 상황이 빠르게 변화할수 있기 때문에, 변화를 재빨리 이해하고 그에 빠르게 적응할 수 있도록, 경영 관리 전반의 프로세스의 초점을 재구성하는 작업을 전략 개발에 포함시켜야 한다는 것을 이해한다. 공고한 전략 개발 과정은 기업의 지속적인 전략적 경영으로 이어져야 한다.

경영진 차원에서 올바른 전략적 사고를 공유하고 있더라도 관리상의 실수가 전략 실행의 미완성 또는 오류로 이어질 수 있다. 올바른 전략적 사고와 실행 성공은 서로 무관한 것이 아니다. 좋은 전략적 사고는 실무적 경험을 요하고, 실행의 성공 여부는 초기의 전략 개발 과정 중에 표면화되는 주요 이슈들과 연관 있다. 또한 전략적 변화 실행은 기업 내의 사람들이 각자의 행동을 바꾸도록 해야 함을 의미한다. 주요 성과 지표를 통해 행동 변화를 조기에 파악, 측정, 보상해 주는 것이 중요하다. 게다가 이러한 지표는 회사의 경쟁 목표뿐 아니라 가치 동인과도 연계돼야 한다.

전략 컨설팅은 전략 수립 프로세스가 솔루션의 정확성 만큼이나 중요함을 뜻한다.

전통적으로 전략적 검토를 거쳐 가치의 근원을 파악하는 기업들은 시장 평가(새로 진입할 시장, 좀더 나은 시장 세분화, 글로벌 전략까지)와 제품 평가(제품 믹스와 포트폴리오, 새로운 기술, 시장에서의 더 나은 제품 포지셔닝) 에 초점을 맞추는 경향이 있다. 이 두 가지 가치 창출 영역은 여전히 매우 중요하지만, 경험상 최대의 가치 창출 기회는 다른 곳에 있는 경우도 있다.

가치를 창출하는 전략 개발

가치를 창출하는 전략 개발에 대해 우리가 취하는 접근법의 바탕에는 다음 세 가지 주된 신념이 있다.

첫째, 많은 기업이 이 두 영역을 독립적으로 운영하지만, 전략과 재무 사이에는 본질적인 연관성이 있다. 사실, 전략은 재무성과에서 핵심적인 역할을 한다.

둘째, 전략은 선택에 관한 것이다. 기업은 현재의 시장 가운데 어디에 투자를 할지, 지금 또는 앞으로 어디서 경쟁을 할지, 어떻게 우위를 개발하고 유지할 것인지 의식적으로 선택한다. 각각의 선택에 따라 다른 가치 결과가 나온다. 기업이 어떤 전략을 고려할 때는 다른 전략에 비해 더 많은 가치를 만들어낼 수 있는지를 기준으로 평가해야 한다.

셋째, 가치는 기업이 전략과 실무적 운영 관리 사이의 결정적인 격차를 극복할 때 창출된다. 다시 말해, 가치를 극대화하고자 하는 목표로 전략을 개발하고, 조직을 정비하며, 직원들이 이런 전략들을 실천에 옮기도록 집중시킬 때 가치가 창출된다는 것이다.

이들 신념은 가치 관리에 대한 우리의 접근법을 대변해 준다. 가치 지표만을 바탕으로 하는 기타 접근법들과는 달리, 전략을 중심으로 하면 서도 다섯 가지 상호 지원적 가치 프로세스를 통한 전략적, 재무적, 실무적 기획을 통합하고 있다. 원하는 사업성과를 달성하려면 이런 프로세스를 모두 다루어야 한다.

● 기업의 전략과 목표 — 비전, 목표, 전략을 가치와 연계함.
● 자원 할당과 기획 자원을 할애하여 필요한 경쟁력을 개발하고 비생산적인 용도로 사용되는 자본을 거두어 들임.
● 보상 시스템 정비
● 성과 관리 실무적 실행 관리
● 가치 커뮤니케이션 핵심적인 가치 메시지 강화

우리는 가치 실현 전략의 개발을 돕기 위해 다양한 기법을 사용한다.

● 가치 동인 민감도 분석(Value driver sensitivity analysis)과 외부 벤치마킹은 가장 적합한 초기 개선 영역을 파악하는 데 도움을 준다.
● 가치 매핑(Value mapping)은 사업(또는 투자한 시장 분야)의 가치와 투자 자본 사이의 관계를 나타낸다(이것은 내부적 기획과 기업 및 사업 단위성과에 대한 시장 예측 두 가지 모두를 이용해서 수행되는 것이 보통이다). 이것은 투자 대비 수익의 관점에서 강점과 약점을 강조하고 현재의 성과와 기대하는 성과 사이의 격차에 초점을 맞춘다.

이 격차를 좁히기 위해 기업들은 전략에 대한 옵션을 생성 및 평가함

그림 8 가치 동인 민감도 분석 예시

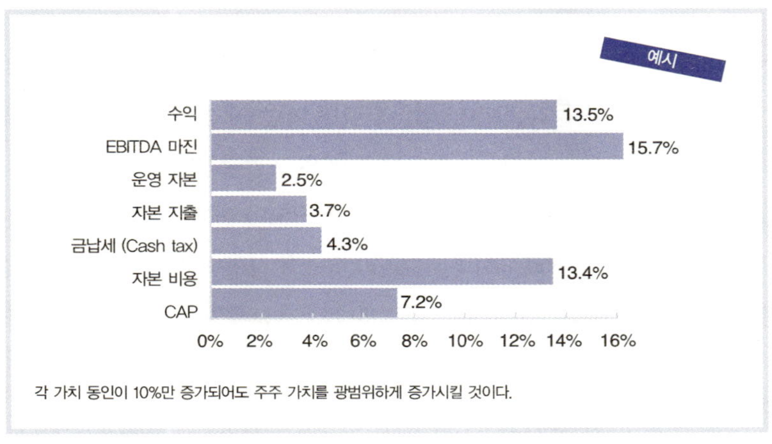

그림 9 가치 매핑 예시

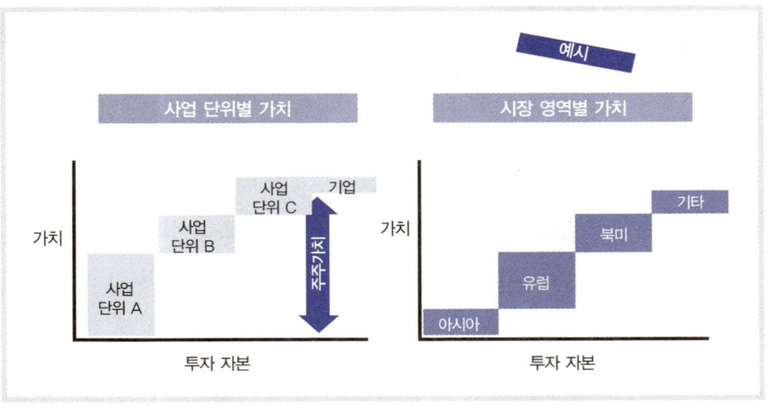

으로써 전략을 실천할 수 있는 아이디어를 파악해야 한다. 그리고 예상되는 가치 영향력에 따라 이러한 아이디어의 우선순위를 정하고 자금을 투자해야 한다.

전략 개발의 틀

IBM BCS의 전략 구성 어프로치는 더 나은 전략을 개발하고 실행하기 위해 고위 임원진들과 함께 작업하면서 쌓아온 다년 간의 축적된 경험을 모으고 다듬은 결과다. 이 접근법은 매우 포괄적인데, 그것은 제한된 접근법을 억지스럽게 갖다 붙인다고 해서 최고의 결과가 나오지는 않는다는 사실을 배웠기 때문이다. 모든 고객사의 상황이 저마다 다르기 때문에, 우리는 모든 전략 설정이 독특하다는 사실을 인식하고 있다. 따라서 우리의 접근법은 각 상황에 맞추어 적용할 수 있는 융통성을 갖고 있다. 전략 구성 어프로치는 전략적 탐색, 의사 결정, 참여, 행동, 학습을 위한 틀의 역할을 한다. 이것은 다음과 같이 다섯 단계로 나누어진다.

1) 동원(Mobilization) 단계—프로젝트를 성공적으로, 시의 적절하게 완수할 확률을 크게 높이기 위해 준비하고 계획한다.
2) 상황 평가(Situation assessment) 단계—고객사의 고위 경영진들이 현재 및 미래 상황에 대한 평가를 완료하고 이를 공유한다.
3) 전략 개발(Strategy development) 단계—고객사를 위해 커다란 가치를 창출하는 전략 옵션과 구체적인 전략 아이디어가 무엇인지 정의한다.
4) 실행 기획(Implementation planning) 단계—결정적인 성공 요소를 판단하고 전략적 아이디어의 실행을 위한 변화 프로그램을 구축한다.
5) 학습(Learning) 단계—주요 성과 지표들을 활용해서 전략적 관리 프로세스를 실시간으로 측정 및 적용한다.

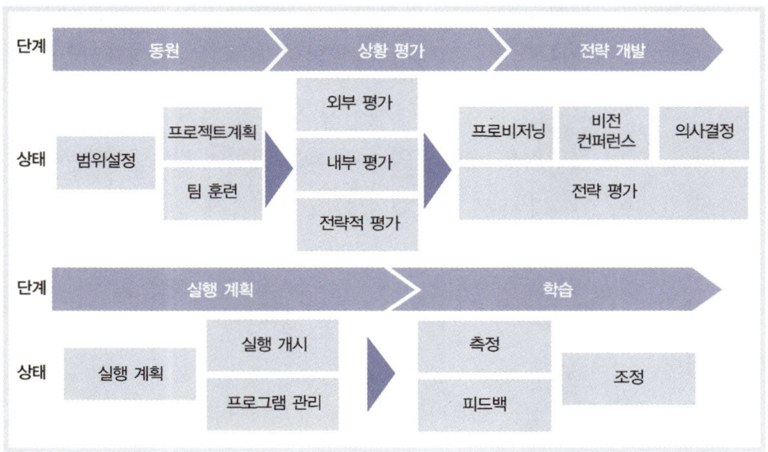

전략 구성 어프로치는 프로젝트 진행을 직접 구체화시킴은 물론, 유용한 전략 개발 활동 및 도구를 위한 창고 역할을 한다.

그러나 훌륭한 전략을 개발하는 일은 그렇게 단순치 않다. 그러므로 진정한 가치는 이 방법론이 바탕으로 하고 있는 혁신적 전략 접근법에 있다고 할 수 있다. 승리하는 사업 전략을 개발 및 실행하기 위해 고위 경영팀과 함께 작업할 때 이 접근법이 활용된다. 이것은 또한 주주들을 위한 최상의 대안에 초점을 맞춘 승리 전략을 창출 및 실행하려면 우리가 어떻게 사고하고 클라이언트와 함께 협력해야 하는가에 대한 모델이기도 하다.

전략 구성을 위한 전략적 자원 구축

시장, 제품, 가치사슬이 점점 더 복잡해지자 전통적으로 기업들은 노동적인 해결법에 대한 고전적인 방식으로 대응해 왔다. 즉 일시적인 규모의 경제에서 위안을 찾는 것이다. 이 때문에 편협한 전문가들로 붐비는 고도로 '기능적인' 조직이 탄생되었다. 많은 조직도 상에 그 직책이 나타나 있긴 하지만 많은 대기업 내에서 일반 관리자의 수가 부족하다. 이런 전형적인 접근법의 문제점은 기업이 갖는 고객 위주의 시각이 고객의 요구에 대한 빠르고 효과적인 대응에 초점을 맞추는 프로세스 기반(예 : 다기능적) 조직을 옹호한다는 점이다. 정작 필요한 것은 구체적인 시장 세그먼트에 전문성을 가진 기능적 '일반론자' 들인데 말이다.

우리의 전략 구성 접근법에서는 다기능 팀의 관리자들을 통합하여 새로운 전략적 비전을 개발 및 실행한다. 이 과정에서 관리자들은 자신의 일반 관리 스킬을 개발하고 다듬어, 전략을 계속적으로 업데이트하고 개선한다. 이것은 리포지셔닝, 시나리오 가시화, 또는 어떤 다른 종류의 전략을 통해서도 가능하다.

이 같은 경영 스킬이 전 조직에 확장되면 기업은 경영 프로세스를 재평가하여 전략을 위한 임무와 권한(예 : 수익 창출)을 가급적 최우선시 할 수 있도록 한다. 이 모델에서 경영진들은 일상적인 의사결정을 내리지 않는다. 대신 조직 내에서 다음에 나타날 경쟁 기회에 맞설 전략적 자원을 구축한다.

● **사울 J. 버만(Saul J. Berman)**

IBM BCS의 파트너이자 전략 변화 솔루션 글로벌 전략 및 비즈니스 개발 임원. 미국, 일본, 유럽, 호주 등지에서 대기업과 신규 조직들의 고위 임원들에게 자문을 제공하는 등 20년 이상의 컨설팅 경력을 갖고 있다. 주요 업계 및 전략 기획 컨퍼런스에 강사로 초빙되고 있다.

● **피터 J. S. 콜스턴(Peter J. S. Korsten)**

IBM BCS 파트너로 IBM비즈니스가치연구소 EMEA 리더. 20년 이상의 경력을 가진 그는 소비재, 산업재/제조, 은행, 하이텍, 통신, 농업 및 사회 서비스 등 폭넓은 산업 분야에 걸쳐 유럽 국가들과 미국 등지에서 일해 왔다. 전략 및 운영 프로젝트뿐 아니라 e비즈니스 사고 리더십과 방법론 개발을 집중적으로 다루고 있다.

CHAPTER 2

성장 달성을 위한 기업전략

급변하는 시장에서의 기업전략 개발

01

현존하는 많은 기업들의 미래를 생각해 보자. 새로운 기술로 무장된 신생 기업들은 그들의 고객들에게 대체 상품과 서비스를 제공하기 위해 산업적, 지역적, 문화적 경계를 뛰어넘고 있다. 이것은 기술의 개혁과 정보에 대한 보다 용이한 접근성과 좀더 세분화된 소비자들 때문에 발생되는 현상이다.

영화와 TV 프로그램, 테마 파크와 같은 전통적인 엔터테인먼트 산업의 성공적인 기업인 Ithuriel Productions를 예로 들어보자.[1] 이 기업은 새롭게 부상하고 있는 쌍방향 엔터테인먼트 산업에(interactive entertainment) 대한 경쟁의 심화에 직면하고 있다.

서론

이 글은 이 업계의 미래에 대한 새로운 비전을 개발하기 위해 사용될 혁신적인 기술인 'Scenario Envisioning'을 기업의 중역들이 어떻게 적용하는지 보여주기 위해 Ithuriel Productions를 예로 든 것이다. Ithuriel Productions는 새롭게 부상하는 경쟁자들을 직면하여 기업의 주요 문제점을 부각시키기 위해 'Scenario Envisioning'을 활용했다. '차세대 고객들에게 가정에서 하이테크 쌍방향 엔터테인먼트 이 제공될 때 우리 시장에 어떠한 일이 벌어질 것인가?'

'Scenario Envisioning' 접근 방식이 사용되기 전, 기업의 전략은 현재 성공적인 제작물과 비슷한 영화와 TV쇼를 제작하고 영화와 TV쇼 배급 전문회사를 획득하는 것이었다. 'Scenario Envisioning'의 결과로서 Ithuriel은 이 업계의 미래가 가야 할 여러 가지 가능한 방향을 재고하고 그 기업의 전략을 그에 따라 변경했다. 그 새로운 전략은 다음과 같다.

- 기존의 영화, TV프로그램 배급사와 값비싼 입찰 경쟁을 포기한다.
- TV 시리즈와 영화의 모방을 최소화한다.
- 최첨단 쌍방향 소프트웨어 능력을 갖춘 파트너를 찾는다.
- 쌍방향 엔터테인먼트를 제작·배급하는, 소프트웨어 기술과 능력을 갖춘 여러 소기업을 인수한다.

'Scenario Envisioning'은 변화하고 있는 산업의 미래를 설계하는 기업들을 지원하기 위해 개발되었다. 의사결정권자들은 산업 추진력을 놀라운 방법으로 결합하는 방법을 재고하기 위해 'Scenario Envisioning’을 사용하고 있다. 그들은 미래의 이 새로운 모델에서 현재의 전략을 시험하고 다른 옵션을 개발하고 탐구한다. 기업의 중역들은 현재의 경쟁자들이 예상하지 못하는 상황에서 그들의 비즈니스를 운영하고 이해하며, 오늘과 내일의 성공을 위한 조직의 기회를 확대하는 결정을 하고 있다.

급변하는 시장에서의 기획의 복잡성

미래 때문에 당황하고 있는가? 미디어 비즈니스가 진화해 가고 있는 바와 같이 과거와 현재의 경제 모델 사이의 근본적인 대립과 미디어 기업들이 가치를 창조하기 위해 함께 일하는 방법이 밝혀졌다. 몇 년 전 기획입안자들은 그러한 산업 변화를 ‘불연속(discontinuity)’이라고 부르거나 기존의 트렌드를 변화시켜왔다. 좀더 서술적인 단어는 ‘컨버전스’다. 그것은 두 가지 이상의 산업이나 기술이 충돌할 때 새로운 형태의 고객 가치와 제품을 창조하는 일종의 ‘불연속’이다. 이러한 현상은 이미 많은 시장을 재정의했고 모든 산업을 변형시키고 있다. 오늘날 전략 구상 업무를 맡고 있는 중역들은 이들 산업의 불확실한 미래에 직면해 있다.

엔터테인먼트 산업의 새로운 모습

일부는 ‘컨버전스’가 엔터테인먼트 산업에서 크게 발전할 것이라고 믿고 있다. 가정에는 광대역 TV가 들어설 것이다. 가정과 세계를 연결하는 실질적으로 무한대의 쌍방향 TV다. 소비자의 엔터테인먼트 적 즐거움을 더하는 것은 인터넷과 비디오 게임, 가상현실과 같은 새로운 기술이다. 엔터테인먼트 산업을 개혁하기 위해 이들 기술이 어떻게 결합될 것인가?

현재의 대중 엔터테인먼트는 블록버스터 영화와 네트워크 TV다. 지금은 가상현실 게임이 소수만이 즐기는 게임이다. 그러나 디지털 기술과 영화, 제한 없는 TV 연결의 '컨버전스'가 이 산업의 변혁을 가능하게 할 수 있을 것인가? 그럴 수 있다면 향후 10년 간의 엔터테인먼트 산업은 어떤 모습을 하고 있을까?

금융 산업의 변혁

금융 산업에서 지점은행은 거래 서비스 센터로서의 역할은 줄고 금융서비스의 원스톱 숍으로서의 역할은 더 커지고 있다. 이제 은행고객들은 고객화된 금융 데이터를 얻고, 퇴직연금을 계획하며, 주식에 투자하고 있다. 하지만 은행은 서로 경쟁하는 관계가 아니다. 그들의 우수 고객들은 컴퓨터 마우스를 단지 몇 번 클릭함으로써 인터넷을 통해 전세계의 금융서비스 회사를 쉽게 접속할 수 있다. 사실상 은행 산업은 이미 금융서비스 산업과 통합되고 있을 뿐 아니라 세계시장에서 전통적인 규제한계를 뛰어넘고 있다. 은행이 정보 지향적인 산업이 되고 있기 때문에, 결과적으로 아마존 닷컴과 같은 인터넷 소매업체와 마이크로소프트와 같은 정보기술 거대 기업과 경쟁을 하게 될 것인가?

동영상 실시간 온라인 신문

신문출판은 인터넷, TV 엔터테인먼트 , 케이블TV, 온라인 커뮤니티 기술과 충돌하고 있다. 2005년도 날짜의 신문이 오늘날의 업종별 기업안내와 그 주간의 모든 TV 상업 광고물과 같이 많은 광고를 제공하는 CD나 DVD와 함께 독자에게 배달될 수 있을 것인가? 전통적인 신문은 그들의 풍부한 구독자들을 구독자들이 요구하는 주제에 관해 온라인으로 정보를 즉시 전송할 수 있는 디지털 신문에 빼앗길 것인가? 미래의 신문은 구독자들이 그 내용을 계획하고 분석하고 편집하는 데 더 큰 역할을 하게 됨에 따라 계속적으로 실시간으로 갱신될 수 있을 것인가?

우리가 알고 있는 바와 같이 '컨버전스' 는 급속히 진화하는 기술, 새로운 경쟁자에 의한 혁신적인 서비스 제공, 세계시장에서의 변화하는 고객의 취향 등의 상호작용에 의해 그 원동력을 얻고 있다. 산업분석과 예측의 전통적인 방법은 아직 존재하지 않는 기술에 기초한 제품을 고객들이 요구할 것이라고 기대할 수 없다. 그렇다면 변화하는 산업계에서 중역들은 그들의 기업이 경쟁적 우의를 갖게 하기 위해 어떻게 해야만 하는가?

다음에서 우리는 엔터테인먼트 산업계의 주요 기업인 Ithuriel Productions가 미래의 고객이, 자사가 기술과 능력이 없어 제공할 수 없는 엔터테인먼트에 이끌릴 수 있다는 것을 깨닫고 얼마나 경각심을 갖게 되었는지 알게 될 것이다. 우리는 급변하는 환경 속에서 Scenario Envisioning 접근방법을 전략적 기획에 적용함으로써 이 기업의 중역들이 어떻게 반응을 했는지 알 수 있다.

그러나 이 기업이 그 길을 걸어가기에 앞서 경영자들은 미래의 진정한 경쟁자가 단지 수십년 동안 경쟁관계에 있었던 기존 영화 스튜디오가 아니라 하이테크 능력과 독특한 창의력을 가진 기업들의 제휴관계라는 것을 깨닫게 되었다. 엔터테인먼트 산업계에서 갑자기 성공한 이들 경쟁자가 현재는 조그마한 위협에 불과하지만, 어느 날 하나의 산업으로 발전할 수 있을 것이다. 초기에 작은 시장이 결과적으로 전통적인 산업구조를 붕괴시키는 비즈니스로 성장하는 이러한 종류의 사례는 클레이튼 M. 크리스텐슨(Clayton M. Christensen)이 쓴 《혁신가의 딜레마(The Innovator's Dilemma)》에 자세히 나와 있다. 지금 시장을 지배하는 기업들과 그들을 대체하고자 하는 신생기업들 사이의 경쟁 잠재력이 확실한 상황에서 Ithuriel은 미래 경쟁구도에 대한 '지도'가 필요했다. Scenario Envisioning은 산업 '컨버전스'에 대한 위기를 극복할 수 있는 준비를 가능하게 했다. 지금 이 순간 다른 산업에서도 전세계적으로 이와 유사한 '전투'가 벌어지고 있다.

산업 변화에 대처하는 전략

Ithuriel Productions는 거대복합 엔터테인먼트 전문기업이다. 이 회사는 전통적인 매스마켓 엔터테인먼트 산업의 선도적인 기업으로 잘 알려져 있다. 이 기업은 훌륭한 배우와 스릴 넘치는 특수효과, 극적인 스토리 등을 효과적으로 결합하는 방법을 잘 알고 있다. 이 회사에는 세 가지의 주요 부서가 있다. 영화, TV, 테마파크가 그 부서들이다. 이 기업의 브랜드와 제품은 전세계에서 인정받고 있다.

엔터테인먼트 산업이 영화와 TV를 통해 세계인들에게 스토리를 말해 주는 예술에 정통할지라도 최근에 그 산업의 젊은 고객들이 새로운 미디어인 쌍방향 엔터테인먼트의 유혹에 이끌리고 있다. Ithuriel Productions의 중역들은 인터넷과 비디오 게임에서의 쌍방향 활동이 보다 더 복잡해지고 있다는 것을 알고 있다. 이 새롭게 도입되고 있는 쌍방향 엔터테인먼트는 과거 무성영화에서 대화가 있는 영화로 바뀌었듯이, 전통적인 엔터테인먼트로부터 많은 관객들을 빼앗아갈 수 있을 것인가?

Ithuriel Productions의 중역들은 새로운 기술과 엔터테인먼트에 대한 소비자 태도의 변화가 향후 10년 동안 시장을 변화시킬 수 있다는 사실에 점차 관심을 높이고 있다. 하지만 그들이 이 문제들을 검토하기 위해 계획을 세우기 전, 그들은 미래의 돌파구를 바라보는 미래의 시나리오가 필요했다. 그것은 단지 과거와 현재 트렌드의 제품만을 원하는 것은 아니었다. 오직 이러한 새로운 맥락 내에서 그들은 선택적 전략을 개발할 수 있었다. 그렇게 한 후에야 그들은 자신이 효율적으로 반응할 수 있게 되었다.

기획의 변경과 개발, 확장

전통적인 기업의 기획에 전형적인 것처럼 단지 기존의 강점과 트렌드만을 바라보기보다는 Ithuriel Productions는 Scenario Envisioning을 사용하면서 장기적인 계획을 세우기 위해 창조적인 접근방법을 적용했다. Ithuriel Productions의 중역팀과 컨설턴트들은 먼저 변모된 미래 산업을 상상하고 새로운 비전의 여러 가지 관점을 연구하기 위해 분명하게 다른 시장 시나리오를 개발했다. 엔터테인먼트 산업을 위한 이 미래 시나리오는 특정적인 비즈니스 결과를 실험하기 위해 사용되었다. 사실상

이러한 시나리오들은 미래 시장에 대한 '시운전을 위한 모의 비행장치'
로서 사용되었다. 이 시나리오는 세계적으로 변화하는 고객 성향과 같
은 시장 조건을 흉내 냈다. 거기에는 미래의 비즈니스 시스템, 핵심 엔
터테인먼트 산업 내부와 외부로부터 가능한 경쟁 활동, Ithuriel Produc-
tions에 이용 가능한 옵션 전략, 옵션을 행사하기 위해 필요한 능력, 비
즈니스 단위의 능력 차이, 그 차이를 극복하기 위해 취해야 할 조치 등
이 포함되어 있었다.

Ithuriel Productions의 시나리오에 기초를 둔 전략형성 과정은 중역
들로 하여금 여러 가지 비전통적 미래 환경에서 사업을 하는 것이 어떠
한가를 경험할 수 있도록 해주었다. 그런 후 그들은 많은 대체 투자 옵
션과 전략 행동을 시도하기 위해 시나리오를 사용했다. 그들이 발견하
고 결정한 중요한 사항들은 다음과 같다.

● 가치사슬에 따른 힘의 이동—현재 진행 중인 콘텐츠의 디지털화
  와 함께 대부분의 시나리오는 콘텐츠 제작과 콘텐츠 프레젠테이션
  에 높은 중요성을 두고 있다(개인용 비디오 레코더, 미디어 가이드, 미디
  어 플레이어 등을 포함하여). 비교적으로 유통 능력의 가치는 가정 내
  여가 환경 속에서 오랫동안 감소되어왔다. 이것은 광대역 TV와 인
  터넷이 '유통이 하나의 상품이 될 수 있는' 개방적 사용자 환경으
  로 리드할 수 있기 때문이다. 양자택일로 전통적이고 일방적인 유
  통의 가치는 기술이 고객과 쌍방향 엔터테인먼트 제공자 사이에
  새로운 광폭 채널을 개방함에 따라 줄어들 것이다.

이 잠재적 결과는 Ithuriel Productions의 현 전통적인 TV 프로그램 공급의 수직적 통합 전략을 위협할 수 있다. 그러므로 중역팀은 성장을 위한 이러한 접근방법을 포기하기로 결정했다. 경쟁자에 훨씬 앞서 산업 트렌드를 이해함으로써 Ithuriel Productions는 쌍방향 엔터테인먼트 시장에서 경쟁하기 위해 필요한 기술과 능력에 투자를 앞서서 시작한 것이다.

- 새로운 채널—복잡한 아케이드 게임과 새로운 에듀테인먼트와 인포테인먼트 같은 가정 외 엔터테인먼트가 모델화된 시나리오 중 하나에서 매우 중요한 것이 되었다. 이러한 분야를 고려함에 따라서 Ithuriel Productions의 중역들은 미래의 상품과 서비스에 대한 잠재적 비즈니스 세그먼트와 혁신적 모델에 접근할 수 있었다. 이로 인해 그들의 전반적인 전략에 새로운 차원의 옵션을 첨가할 수 있게 되었다.

- 새로운 기회—Ithuriel Productions가 추구하기로 결정한 시나리오 옵션 중 하나는 '새로운 미디어(New Media)' 라고 부른다(디지털 콘텐츠 제작, 인터넷을 통한 소프트웨어 중심적인 액세스 디바이스의 분배와 프레젠테이션). 현재 능력의 차이를 극복하기 위해 필요한 기회와 요구되는 능력, 능력의 차이, 그리고 잠재적인 행동 조치들에 대한 자세한 평가가 수행되었다. 중역들은 중요한 능력과 잠재적 제휴를 위해 선택 기준을 가진 기업들의 자세한 프로필을 개발했다. Ithuriel Productions는 현재 이 분야에서 기회와 합작투자/인수 가능성을 모색하고 있다.

성장을 위한 이 새로운 접근방식은 영화제작과 TV 프로그램 배급사를 인수하고자 하는 회사의 기본 계획과는 크게 다르다. 이 전략은 장기적인 라이벌 관계에서 경쟁을 기대하는 전략이다. Ithuriel Productions는 이 발전하는 산업에 대한 독특한 통찰력을 가지고 있을 뿐 아니라, 미래를 위해 자사를 유리하게 포지셔닝한 것이다.

새로운 영역 개발 : Scenario Envisioning의 이점

대부분의 관리자들은 시나리오 프로젝트가 경제적 · 지리적 트렌드의 통합된 세계 비전으로 시작하기를 기대했다. 이와는 대조적으로 Scenario Envisioning은 현재와 분명히 다른 그러나 아주 가능성 있는 회사의 미래시장을 고객화한다. 그러므로 관리자들은 새로운 시장에서 영업을 하고 새로운 니즈를 가진 고객에게 봉사하는 일이 어떤 것인지 경험하게 된다.

또 다른 잘 알려진 시나리오 방법은 컴퓨터화된 수치의 작업을 통해 가장 가능성 있는 미래를 예측 가능하게 한다. Scenario Envisioning은 미래를 시나리오 가능성으로 바라보며 다른 접근방법을 더 자세히 알게 해준다. 그 가능성이란 비즈니스나 시장에서 갖게 되는 가능성이다. Scenario Envisioning은 개인의 시나리오 가능성에 등급을 매기거나 예측하려고 시도하지 않는다. 대신에 관리자들은 각각의 시나리오에서 운영해 보는 것이 어떤 것인지를 배우게 된다.

Scenario Envisioning 학습과정은 관리자들이 그들의 특별한 고객과 시장에 영향을 주기 위해 정치적, 기술적, 경제적, 사회적 활동력을 여러 가지 방식으로 결합하는 방법을 상상하는 데 참여하면서 시작된다. 그러나 Scenario Envisioning은 단순히 산업 분석의 복잡한 버전이 아니다. 단순히 과거나 현재의 트렌드를 추정하는 것 대신에 Scenario Envisioning은 모르는 것을 연구한다. 기초 기술, 아직 발명되지 않은 제품에 대한 고객 반응 가능성, 잠재적 규제 활동, 가능한 경쟁적 주도권 등이 연구 내용에 포함된다. 이러한 알지 못하는 것들을 상상적으로, 그러나 논리적인 방법으로 결합함으로써 Scenario Envisioning은 선택적인 미래를 전망하는 것을 가능하게 해준다. 하나의 학습 기술로서 Scenario Envisioning은 다음과 같이 많은 이점을 가지고 있다.

- 경영자들이 산업의 가치사슬에서 주요 변화의 가능한 결과를 경험하고, 산업 간의 경계가 재정의되고 새로운 참여자가 시장 진입을 시도할 때 야기될 경쟁적 환경을 경험할 수 있도록 하는 시나리오를 창출해 낸다.

- 관리자들은 고객 성향의 변화, 기술 진보, 제휴와 합병, 잠재적 경쟁 활동 등을 포함하는 여러 가지 조건 하에 운영에 관한 결정을 시험하기 위해 그들이 개발한 시나리오를 사용할 수 있다.

- 기업들이 재포지셔닝 대안에 대해 청사진을 그리는 것을 가능하게 한다. 이러한 접근방법은 증가하는 경제적 잠재력을 가진 산업의 세그먼트와 감소하는 경제적 잠재력을 가진 세그먼트를 확인하기 위해 시나리오 개발과 가치사슬 변화 분석을 결합하게 된다. 이 기술은 산업들이 여러 가지 시나리오로 변모될 수 있는 방법을 계획할 수 있다. 이 새로운 미래의 그림을 하나의 길잡이로 사용하면서 관리자들은 매우 매력적인 비즈니스 세그먼트로 들어가고 덜 매력

Scenario Envisioning을 누가 사용할 수 있는가?

- 미래를 이해하고자 하는 조직의 지도자들, 그리고 경쟁자보다 더 빠르고 더 깊은 통찰력을 갖기를 원하며 빠른 의사결정을 원하는 지도자들.
- 기업 재포지셔닝, 전략적 비전 설정, 재발명 주도권 등을 시작하는 경영자들.
- 다른 경쟁적 미래 속에서 현재와 잠재적 결정의 결과를 시험할 필요가 있으며, 합병과 인수, 연구와 개발, 마케팅, 제조, 판매 등에 관여하는 관리자들.
- 기획 사이클의 일환으로 그들의 조직이 직면한 대안적 미래를 묘사하고 평가하고 의사소통할 필요가 있는 직원들.
- 부상하는 기술과 잠재적 경쟁 조건을 점검하기를 원하는 기업 개발 관리자들.
- 고객의 니즈보다 빠른 변화를 도모해야 하는 제품과 서비스 마케터들.
- 합병과 인수, 합작 투자, 전략적 제휴를 통합하고 조정하며, 이러한 투자에 대한 결과와 이점을 분명히 알아야 할 필요가 있는 중역들.

Scenario Envisioning의 특이점은 무엇인가?

- 과거와 미래의 트렌드를 추정하는 전통적인 예측이나 산업 분석과 독립적인 미래 시나리오를 개발한다.
- 시나리오의 진화과정을 따라 가능화(enabling) 이벤트를 확인하고 평가함으로써 톱–다운 접근방법으로 미래를 현재와 연결시킨다.
- 시나리오 개발과 전략 구축의 다양한 요소들, 즉 가치사슬 분석, 경쟁 분석, 능력 평가, 전략 옵션 개발과 선택 등을 연결시킨다.
- 예측과정이라기보다는 학습과정이다.

적인 비즈니스 세그먼트로부터 나가기 위한 행동 계획을 세우게 된다.

- 관리자들이 '경쟁적 통찰 능력'을 개발할 수 있도록 교육한다. 즉

그들은 가능한 미래의 경쟁적 조건 하에서 기업 운영을 경험하게 되는 것이다.

Scenario Envisioning : 업데이트된 전략 기획 어프로치

IBM은 발전하는 산업계에 속한 기업들과 함께 일하면서 10단계 접근방법을 개발했다. 이 접근방법은 혁신적인데, 비전통적인 산업과 시장 가능성을 미리 볼 수 있게 해준다.

Phase 1 : 미래 산업 시나리오를 개발한다

광범위한 전문가 산업 지식과 연구에 바탕을 둔, 미래에 관한 혁신적인 가설이 연구와 검토를 위해 설정되었다. 시나리오팀은 과거와 현재의 트렌드로부터 얻어지는 논리적 미래의 이 이론을 분명하게 다른 시나리오로 전환한다. 예를 들어 Ithuriel Productions는 가정 내 엔터테인먼트 배급 기술에서 변화하는 고객의 선택과 광대역 TV 프로그램 사이의 상호작용에 기초한 네 가지 시나리오를 개발했다.

- Step 1 : 시나리오가 개발된 광범위한 미래 산업과 시장 환경을 정의한다. 예를 들어 은행산업에서 더 광범위한 환경이 금융서비스 또는 개인정보 서비스일 수도 있다.
- Step 2 : 이 산업과 시장 환경을 구체화할 가장 강력한 힘을 확인한다. 예를 들어 여러분의 산업에서 어떠한 고객과 규정, 사회, 법

률, 기술의 변화가 가장 강력한 영향력을 행사할 수 있으며, 행사
할 수 있었는가? 이것들이 전세계적으로 어떻게 상호작용을 하는
가? 이들 중에서 가장 불확실한 것은 어느 것인가?

● Step 3 : 가장 강력한 힘의 경계 매개 변수들(불확실성의 범위)을 확
인한다. 예를 들어 규정이 가장 강력한 힘 중의 하나라면 그 산업
의 규제가 강화될 수 있는 것인가, 아니면 완전히 규제를 철폐해야
하는 것인가?

● Step 4 : 가장 강력하고 불확실한 힘들이 어떻게 상호작용되는지
를 설명하는 논리적이고 혁신적인 가설을 개발한다. 예를 들어
은행산업의 주요 세그먼트가 규제 철폐와 고객 기술 능력의 증가
로 인해 성장하고 있는 온라인 개인 자산 구축 산업으로 진화될
것인가?

● Step 5 : 가장 높은 영향력을 가진 몇 가지 예측할 수 없는 중요한
힘들이 어떻게 상호작용하는지 보여주는 시나리오들을 개발한다.
매트릭스 모델을 사용하여 두 개 이상의 예측 불가능한 조건들의
상호작용이 많은 분명한 가능성을 만들어낸다. 목표는 시장 조건
의 포괄적인 스펙트럼을 포함하는 것이다.

● Step 6 : 요구되는 이벤트가 발생할 수 있도록 만드는 실행가능성
을 평가함으로써 시나리오의 신뢰성을 시험한다. 예를 들어 오늘
날의 젊은이들이 상호작용 게임에 빠르게 적응해 나가는 것처럼,
이러한 형태의 엔터테인먼트 시장이 성숙단계에 이를 때까지 계속
해서 성장할 것인가?

● Step 7 : 시나리오의 진화과정을 구상한다. 예를 들어 광섬유 케이
블에 의해 광대역 TV프로그램을 가정에 공급하는 것이 수년 동안

이루어지지 않을 수도 있다. 한편, 직접방송위성 TV, 고속 DSL 전화 라인, 케이블 모뎀과 같은 다양한 대체 기술이 발전할 수 있다.

Phase 2 : 경제 잠재력 평가와 전략 옵션 정의

가치사슬과 경쟁의 원동력과 같은 시나리오의 주요 비즈니스 결과들이 모의실험될 수 있다. 시장의 잠재적 진화과정을 검토함으로써 의사결정 권자들은 어떠한 조치가 기업을 보다 유리한 위치에 올려놓게 될 것인지 예상할 수 있다. Ithuriel Productions의 경제적 잠재력은 두 가지 가능성 있는 시나리오에서 엔터테인먼트 배급으로부터 엔터테인먼트 콘텐츠 제작과 최종사용자 프레젠테이션 디바이스로 바뀌었다.

경제적 잠재력이 평가되면 시나리오에서 회사의 능력 사전 점검과 능력 차이를 기초하여 최적의 전략 옵션이 개발된다. 예를 들어 두 가지 시나리오에서 Ithuriel Productions에 가장 좋은 옵션은 상호작용 콘텐츠를 개발하는 것과 제품 브랜드를 개선시키는 것이었다. 그 결과, 회사는 수직적 통합의 현재 전략을 영화와 TV쇼에서와 같이 전통적인 비상호작용적인 엔터테인먼트 콘텐츠로 변경할 것을 고려하고 있다.

- Step 8 : 시나리오의 진화 과정에 의해 창출된 새로운 가치사슬과 새로운 경쟁 원동력과 같은 비즈니스 결과를 모의실험할 수 있다. 이렇게 함으로써 여러분 산업의 어떤 세그먼트가 이익 잠재력을 증가시켜왔고, 어떤 형태의 시장 참여자가 이익을 거두어 들이는지 확인할 수 있다.
- Step 9 : 회사의 능력을 평가하고, 여러 가지 시나리오에서 경쟁을

시나리오 기획에 대한 설명

시나리오 기획은 40년 이상 학습도구로 사용되어왔다. 시나리오 기획은 1950년대에 군사 비밀 무기로서 시작되었다. 그 당시 시나리오는 미국 정부를 위해 RAND 연구소에 의해 수행된 전략 연구의 일환으로써 허만 칸(Herman Kahn)에 의해 개발되었다. '생각할 수 없는 것을 생각하라'는 칸의 연구와 관련되어 가장 빈번하게 사용되는 명언이다.

1960년대 말에 로얄 더치/셀 시나리오들은 오일 산업에서 '생각할 수 없는' 구조적 변화를 고려했다. OPEC의 구성이 1970년대 중반 오일 가격 폭등을 점화했을 때, 셀의 중역들은 그들의 시나리오 기획을 진지하게 고려하기 시작했다. 셀은 시나리오 작업을 계속해서 개발하고 진화시켰다. 수년 간에 걸쳐 이 관리자들은 시나리오 접근방법이 학습을 개발하고 의사결정권자들의 사고방식을 변경시킬 정도로 성공적일 것이라고 반복적으로 경고했다. 현재 셀의 관리자들은 중요한 결정을 내리기 전에 시나리오 대안들을 정기적으로 고려하고 있다.

오일 위기가 있은 후, 셀의 성공에 대한 소문이 퍼지자 시나리오 기획은 일시적으로 유행을 탔다. 소수의 기업들이 발생 가능성이 많은 미래를 결정하기 위해 시나리오를 사용했다. 이것은 그 기술을 잘못 사용하는 것이다. 시나리오 접근방법은 중역들이 가능한 미래의 일부를 조사하는 것을 도울 수는 있지만 그러한 미래가 실제로 실현될 것이라고 예측할 수는 없다. 이 잘못된 프로젝트가 우리에게 '시나리오는 예측하는 데 사용될 수 없다'는 가치 있는 교훈을 주었다. 최근 전략 관리 기술과 관련하여 수행된 시나리오 기획은 미래의 불확실한 분야를 탐구하고자 하는 중역들에게 의사결정 지지와 학습 경험으로서 가치가 있다고 입증되었다.

하기 위해 필요한 능력을 회사의 능력과 비교해 본다. 회사의 능력 차이를 확인하고 그것을 극복하기 위한 잠재적 해결책을 개발한다.

- Step 10 : 각각의 시나리오에서 성공적으로 경쟁하기 위해 최적의 전략 옵션의 포트폴리오를 개발하고 우선순위를 매기고 선택하고, 그것들을 현재의 방향과 비교한다. 이로 인해 회사는 잠재적 미래를 예행 연습할 수 있을 것이다.

Ithuriel Productions의 단계별 구상

Ithuriel Productions[2]는 IBM BCS에게 산업 발전의 과정을 회사가 시연해 보이는 것을 도와달라고 요청했다. 회사는 엔터테인먼트에 대한 새로운 기술과 소비자 태도의 변화가 향후 10년 간에 걸쳐 세계시장에 영향을 줄 수 있다는 사실을 잘 알고 있었지만 회사는 전략 옵션을 개발하기 위해 엔터테인먼트 산업이 어떻게 보여야 하는지 좀더 분명한 구상을 필요로 했다. Scenario Envisioning은 다음을 위해 설계되었다.

- 산업과 시장 발전의 단기 및 중기, 장기 과정
- 새로운 시장 기회
- 주요 신규 참여자들의 경쟁 활동으로부터의 위협
- 중장기 미래에 효율적으로 경쟁하기 위해 요구되는 기술
- 기업의 현재 능력과 여러 가지 시나리오에서 가지게 되는 기업의 능력 차이
- 그러한 차이를 채우기 위한 특별 투자나 제휴

- 단기 및 장기를 위한 가장 좋은 전략 옵션

Ithuriel Productions의 Scenario Envisioning 팀에는 고급 임원과 참모, 라인 관리자, IBM BCS 컨설턴트들이 포함되어 있었다.

Phase 1 : 미래 산업 시나리오 개발

Step 1 : 미래 산업과 시장 환경을 정의한다. 앞서 언급한 바와 같이 Ithuriel은 3개 주요 부서로 나뉘어 있다. 영화와 TV, 테마 파크가 그것들이다. 놀랄 것도 없이 경영자들은 이 산업이 주로 이 시장들로 구성되어 있다고 보는 경향이 있다. 그러나 시나리오팀은 고객들에게 새로운 제품을 제공하기 위해 발생하고 있는 극적인 기술 컨버전스를 참작하면서 전체적인 여가 엔터테인먼트 환경을 둘러싸고 있는 미래 산업에 대한 시각을 확대했다. 매스마켓 엔터테인먼트 옵션은 온라인 서비스, 실제 또는 참여 프로그램과 비디오 게임과 같은 새로운 비즈니스뿐 아니라 영화와 TV쇼와 같은 가정 내 및 가정 외 전통적인 엔터테인먼트를 포함한다. Ithuriel 테마파크의 유명한 경쟁자들은 다음과 같다.

- 소니 메트레온 : 샌프란시스코에 있는 일종의 엔터테인먼트 센터이며 기술 마켓플레이스다. 4층 건물에 건평이 32,500 평방미터다. 메트레온에는 15개의 극장과 IMAX 영화관 하나, 세 곳의 쌍방향 영업소, 9곳의 식당, 그리고 세계적 규모의 쇼핑센터들이 들어서 있다.
- 플레이디엄 : 캐나다에 소재하며, 엔터테인먼트 센터들의 소개에

앞장서고 있다. 토론토, 밴쿠버, 에드먼톤에는 약 200개의 비디오 게임과 시뮬레이터, 고-카트 트랙과 같은 실외 놀이시설들을 가진 플레이디엄이 있다. 플레이디엄은 캐나다에 전국적으로 50개의 게임 센터를 운영하고 있다.

- 유니버셜 시티워크 : 올란도 할리우드와 오사카 일본에 있는 유니버셜 테마파크 밖에 있으며, 도보 여행자에겐 산책의 목적지다. 입장이 무료인 이 시티워크의 내부에는 수십 개의 상점과 식당, 클럽들이 있다. 종합 패키지는 영화와 식사, 멀티-클럽 패키지 등을 포함한다.

Step 2 : 이 산업과 시장을 형성하는 가장 강력한 힘을 확인한다. Scenario Envisioning은 미래의 환경을 구체화할 수백 가지 영향 요소를 근본적인 힘으로 조직하기 위해 설계된다. 인구통계와 같이 어떤 것들은 예측 가능하다. 그러나 어떤 것들은 소비자 성향과 같이 그렇지 못하다. Scenario Envisioning은 연구에 가장 큰 영향력을 제공하는 힘만을 선택한다. 그 과정은 분명히 예측 가능하고 높은 영향력을 가진 것들을 분리한다. 이 분야는 운영과 단기 기획에 관한 것이다. 그림 1은 이 활동에 사용된 프레임워크다. Ithuriel의 산업과 관계가 있는 가장 강력한 힘은 다음과 같다.

- 콘텐츠와 배급, 최종 사용자 프레젠테이션에서의 기술개발
- 소비자 성향
- 정부 콘텐츠와 산업 규제

영향의 수준 \ 불확실성의 수준	하	중	상
고	핵심적인 기획 문제	가까운 미래의 시나리오 추진자	장기 미래 시나리오 추진자
중	중요한 기획 문제	현재의 운영과 기획 문제	가까운 미래의 시나리오 추진자
하	점검해야 할 문제	점검해야 할 문제	점검 : 영향 재평가

Step 3 : 주요 힘의 경계 매개 변수를 확인한다. 분명하게 다른 시나리오를 구상하기 위해 이 강력하고 불확실한 힘은 그들의 극한 가능성, 즉 그들의 경계 매개 변수의 관점에서 표현된다. 팀은 아래와 같은 차원을 제안했다.

- 콘텐츠 기술은 낮은 영향(전통적인 영화나 TV쇼, 상호작용 컴퓨터/TV 엔터테인먼트의 제한된 개발)에서부터 높은 영향(새로운 상호작용으로 컴퓨터에 의해 제작되는 형태, TV와 컴퓨터 엔터테인먼트의 통합)을 주는 것까지 다양하다.
- 가정 엔터테인먼트 배급 기술은 매스마켓을 향한 일–대–다수 방

송(현재의 TV와 케이블 방송 서비스)으로부터 개별 소비자와 함께 일－
대－일 광대역 통신(고속 데이터 액세스, 위성 무선 방송)까지 다양하다.

- 프레젠테이션 기술은 제한된 고객화 능력과 정교성(전통적인 TV 세트, VCR, 놀이공원)에서부터 정교화된 고객화 능력(개인화된 비디오 레코더, 프로그래밍 가이드, 인공지능을 가진 비디오 게임 플랫폼)까지 다양하다.
- 매스마켓에서 소비자행동은 수동적인 것('couch potato'의 국가)에서부터 능동적인 것(모험적이고 호기심 강한 자극 추구자의 국가)에 이르기까지 다양하다.
- 콘텐츠와 산업구조의 정부 통제는 엄격한 규제에서 규제 철폐에 이르기까지 다양하다.

Step 4 : 가장 강력하고 불확실한 힘들이 어떻게 상호작용을 하는지 설명하는 논리적이고 혁신적인 가설을 설정한다. Ithuriel Productions 시나리오팀의 신선한 통찰력은 쌍방향 광대역 통신과 쌍방향 기술의 출현이 능동적인 엔터테인먼트를 위한 새로운 고객의 수요를 자극한다면, 콘텐츠 기술이 더 상호작용적이고 높은 영향을 주기 위해 새로운 형태를 취하게 될 것이라는 점이 당연하다는 사실을 알게 되었다. 사람들은 실베스터 스텔론같은 영화배우를 보여주는 영화만으로는 만족하지 않을 것이다. 미래에는 사람들 자신이 가상현실에서 그러한 영화배우가 되기를 원할 것이다.

시나리오팀의 의도는 '돌파' 가설을 창출하는 것이었다. 그것은 이 산업의 미래 방향에 대해 전통적인 사고의 경계선을 파괴하는 것이다.

먼저 그들은 인구통계가 더 이상 소비자를 정의하지 않는다는 것을 깨달았다. 지금은 그들의 사고방식이 그것들을 설명하고 있다. 이 단계의 마지막에 팀의 작업가설은 새로운 여가산업의 발전이 가정에서 낮은 비용의 쌍방향 광대역 통신의 이용가능성과 단지 보는 것으로 만족하지 않고, 실제 행동하고 상호작용을 원하는 소비자들에 의해 크게 구체화될 것이라는 점이다.

Step 5 : 일련의 시나리오를 구상한다. 두 가지 가장 강력한 불확실성의 상호작용에 의해 네 가지 시나리오가 창출된다. 그 두 가지는 가정에의 배급 기술과 소비자 성향이다.

- 오늘날의 세계—수동적인 소비자/방송 기술
- 자극을 찾아서—능동적인 소비자/방송 기술
- 완벽한on-demand 서비스—수동적인 소비자/광대역 기술
- 용감한 새로운 세계—능동적인 소비자/광대역 기술

Ithuriel Productions 시나리오팀은 이러한 네 가지 독특한 미래를 위한 비즈니스 환경을 구축한다.

- 오늘날의 세계—대다수의 가정 엔터테인먼트 시청자들은 영화와 네트워크 및 케이블 TV의 수동적인 소비자들이다. 여가활동은 전통적인 테마파크나 극장의 방문을 포함한다. 이 시나리오는 현재의 기획 환경과 동일하다.
- 자극을 찾아서—소비자들은 더 능동적인 엔터테인먼트를 추구한

	협대역 ← 가정 내 배급 기술 → 광대역	
능동적 (소비자 성향)	**자극을 찾아서** 주요 제품/서비스 • 쌍방향 소프트웨어 • 하이테크 위치에 기반을 둔 엔터테인먼트 논거 : 가정 외 서비스는 가정 내 엔터테인먼트 서비스를 깊게 잠식해 들어간다.	**용감한 새로운 세계** 주요 제품/서비스 • 온라인 게임/쌍방향 게임 • 완벽한 비디오 회의 대화 포럼 • 하이테크 위치에 기반을 둔 엔터테인먼트 논거 : 가정 내 및 가정 외 엔터테인먼트 서비스의 균형 유지
수동적	**오늘날의 세계** 주요 제품/서비스 • 채널 중심적인 영화/TV 쇼 • 전통적인 테마파크 • 극장 상영 논거 : 가정 내 서비스가 가정 외 엔터테인먼트 서비스를 능가한다.	**완벽한 on-demand 서비스** 주요 제품/서비스 *메뉴 중심적인 영화/TV 쇼 *온라인/인터넷 홈서비스 논거 : 가정 내 서비스가 가정 외 엔터테인먼트 서비스를 능가한다.

협대역   하이브리드/비대칭   광대역

가정 내 배급 기술

다. 그러나 가정 광대역 통신 발전은 지연된다. 대신, 소비자들은 점차적으로 정교한 소프트웨어와 게임용 하드웨어를 구입하고, 쌍방향 게임을 위해 스릴 있는 환경을 제공하는 하이테크 설비를 구하기 위해 아케이드나 소매점을 찾는다.

● 완벽한 on-demand 서비스—저렴한 광대역 기술이 개발된다. 그러나 대다수의 소비자들은 방관자나 구경꾼에 머물 뿐, 참여자가 되지 않는다. 그들은 쇼핑하고, 은행에 가며, 병원에 가고, 학교에 가며, 온라인 서비스로 가정에서 일할 수 있다. 하지만 엔터테인먼

트를 위해서는 대다수가 24시간 이용 가능한 무수하게 많은 영화나 TV쇼 프로그램을 온라인상에서 선택한다.

● 용감한 새로운 세계—소비자의 엔터테인먼트에 대한 기호와 기술은 항상 변한다. 가정에서의 광대역 통신은 실질적인 엔터테인먼트 체험 비용을 줄여준다. 세계의 많은 정보들이 광대역을 통해 가정으로 전달되므로 소비자는 쌍방향 게임과 완벽한 비디오 대화를 포함해 참여 미디어에 대한 기호를 지구촌 사람들과 함께 개발한다. 방학 동안 가족들은 하이테크 놀이공원을 방문하여 단지 롤러코스트만 타는 것이 아니라, 축제를 벌이고 있는 아프리카로 가상현실 여행을 떠나거나 모의 물통을 타고 빅토리아 폭포의 물줄기를 타고 내려올 수도 있을 것이다.

Step 6 : 시나리오의 신뢰성을 시험한다. 이들 시나리오는 산업과 기술, 고객 전문가와 업계의 중역들과의 인터뷰를 통해 조사되었다. 시나리오를 발생하게 할 중요한 가능화(enabling) 및 비가능화(disenabling) 이벤트가 확인되고 평가되었다. 예를 들어 '자극을 찾아서' 시나리오의 주요 인에이블러(enabler)는 오늘날의 젊은 세대가 성숙해짐에 따라 재미있는 쌍방향 엔터테인먼트 에 대한 애착을 계속 유지한다는 것이다. 이와 비슷하게 주요 억제 요인 중의 하나는 광대역 TV 프로그램의 가정 내 공급에 대해 소비자들이 지불을 꺼리는 것이다. 그것은 그들이 비디오 게임 플레이어와 멀티미디어 컴퓨터와 같은 정교한 독립형(stand-alone) 디바이스에 투자했기 때문이다.

Step 7 : 시나리오의 전개 과정을 구상한다. '자극을 찾아서' 시나리오는 젊은 세대가 가장 큰 구매력을 가진 대규모 집단이 됨에 따라 매스 마켓의 능동적 소비자 프로필이 수년 간에 걸쳐 어떻게 전개되는지 차트로 보여준다. 그들이 성숙함에 따라 많은 X세대들이 그들의 부모를 모방하고 수동적인 'couch potato'가 될 수 있다. 그러한 고객 행동 패턴과 그들의 성장 단계는 모든 시나리오에 걸쳐 평가, 구상된다.

Phase 2 : 이익 잠재력을 평가하고 전략 옵션을 정의한다

Step 8 : 가치사슬과 경쟁 원동력 분석을 사용하여 각 시나리오에서의 정선한 비즈니스 결과를 모방한다. '자극을 찾아서' 시나리오에서 자극을 추구하고 게임을 즐겨 하는 고객 프로필을 기초로, 팀은 쌍방향 기술과 게임 제작 소프트웨어를 전문으로 하는 하이테크 기업들과 같은 새

그림 3 가치사슬

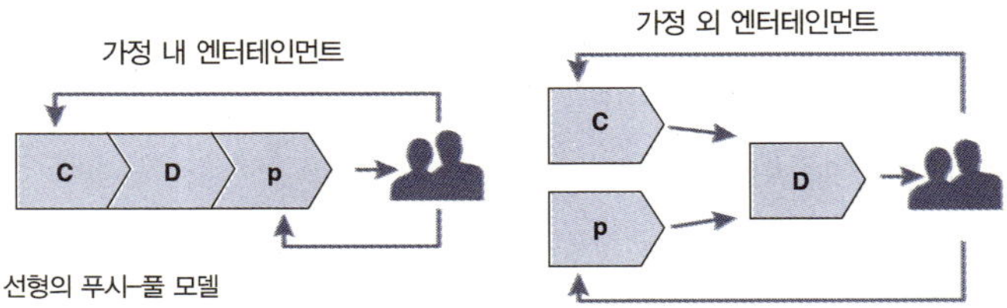

- 선형의 푸시-풀 모델
- 메뉴 중심적인 고객화된 프레젠테이션
- 콘텐츠와의 광범위한 소비자 상호작용
- 콘텐츠 제작에 소비자 참여
- D보다 더 높은 C와 P의 상대적 가치

- 분리되지 않은 C와 P
- 비선형의 푸시-풀 모델
- 콘텐츠와의 광범위한 소비자 상호작용
- 콘텐츠 제작에 소비자 참여
- 동등하게 중요한 C와D, P의 상대적 가치

C=콘텐츠 제작 D=공급 P=소비자에 대한 프레젠테이션

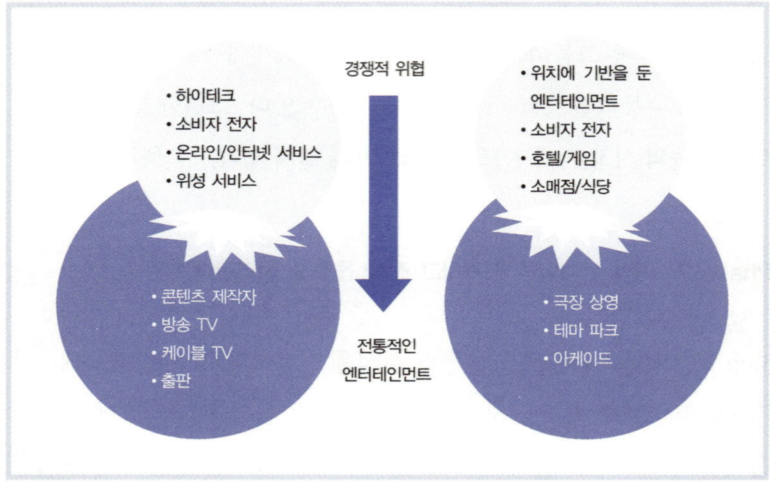

로운 비전통적인 경쟁자들에게 더 적절한 가치사슬을 기대했다. 흥미롭게도 모든 시나리오는 콘텐츠 제작과 최종 사용자 프레젠테이션의 상대적 이익 잠재력이 증가한다는 것을 보여주었다. 하지만 공급에 대한 이익 잠재력은 감소할 것이다.

그림 3과 4는 '자극을 찾아서' 시나리오에 대한 이 비즈니스 결과를 더 자세하게 보여준다.

Step 9 : 각각의 시나리오에서 경쟁을 하는 Ithuriel의 능력을 평가한다. 엔터테인먼트 산업이 발전함에 따라 영화를 감독하고 제작하는 기술이 게임을 제작하고 판매하기 위해 요구되는 기술과는 완전히 다르다는 것이 점차 분명해지고 있다. 예를 들어 '자극을 찾아서' 시나리오에서 Ithurie은 소프트웨어의 부족과 기술능력, 쌍방향 스토리텔링 경험의

	콘텐츠 제작	공급	프레젠테이션
역량 차이	• 비선형 스토리텔링 기술 • 새로운 미디어 창조문화 • 엔지니어링/소프트웨어 재능 관계 • 부산물 개발 전문 기술	• 콘텐츠를 엔터테인먼트 브랜드와 전통적으로 관련이 없는 다른 분야와 접목	• 콘텐츠와 소비자 전자 플랫폼/비디오 게임 콘솔과의 호환성 • 콘텐츠와 사용자 인터페이스 연결 • 콘텐츠와 하이테크, 위치에 기반을 둔 엔터테인먼트 시스템의 호환성/연결
차이를 보충하기 위한 잠재적 제휴	• 비디오 게임 개발자(예, Electronic Arts, Acclaim) • 인포테인먼트/에듀테인먼트 개발자(예, Broderbund) • 위치에 기반을 둔 엔터테인먼트 기업(예, IMAX, Iwerks) • 소비제품/장난감 기업(예, Mattel) • 콘텐츠 제작자(예, Always-On Network, Slashdot.org)	• 리조트 운영자(예, MGM Mirage, Park Place Entertainment) • 테마가 있는 식당(예, ESPN Zone, Dick Clark's American Bandstand Grill) • 테마가 있는 소매점(예, Virgin Megastore) • 하이테크, 위치에 기반을 둔 엔터테인먼트 기업(예, Virtual World)	• 소비자 전자 제조업자(예, Sony, Matsushita) • 비디오 게임 콘솔 제조업자(예, Sony, Microsoft) • 동영상 시뮬레이터/가상현실 장비 제조업자(예, Sega)

부족으로 어려움을 겪게 될 것이다. 이러한 기술을 얻게 되는 잠재적 방법은 Microsoft, Electronic Arts, Pixar 등과 같은 쌍방향 콘텐츠 개발업자와 전략적 제휴를 맺는 것이다. 그림 5는 이러한 분석을 잘 설명해 주고 있다.

Step 10 : 최적의 전략 옵션의 포트폴리오를 개발하고 현재의 전략과 비교한다. 팀은 각 시나리오에서 Ithuriel Productions의 기회 분석에 기초해 최적의 전략 옵션의 포트폴리오를 준비했다. 중역들은 Sce-

	콘텐츠 제작	공급	프레젠테이션
가정 내	• 영화/TV 쇼 제작 유지 • 브랜드화된 이벤트 제작에 집중 • 쌍방향 소프트웨어로의 다변화 • 부산물로의 다변화 (예, 장난감, 보드게임, 음악)	• 같은 시스템 유지 (예, 제한된 공급 수준 유지)	• 콘텐츠를 하드웨어 플랫폼과 시스템에 연결하기 위해 제휴/합작기업 설립
가정 외	• 하이테크 콘텐츠로의 다변화 (예, 가상현실 게임, 대형 포맷 필름) • 가정 외 분야에서 영화/TV쇼의 지적재산권 사용 증가	• 테마파크 프랜차이즈를 리조트와 테마 몰/소매점/식당으로 확대한다. • 새로운 하이테크 지향적인 테마파크를 조성한다.	• 하이테크 위치에 기반을 둔 시스템을 개발하기 위해 제휴/합작기업 설립 (예, 동영상 시뮬레이터)

nario Envisioning으로부터 획득된 많은 최적의 옵션이 회사를 현재의 예측을 기반으로 하는 전략보다 아주 다른 방향으로 이끌고가는 것을 알고 놀라움을 금치 못했다. 예를 들어 Scenario Envisioning으로부터 획득된 최적의 가정 내 콘텐츠 전략이 브랜드에 초점을 맞추고 쌍방향 소프트웨어로 다변화하는 것이었다. 그것을 영화와 TV쇼의 진부한 제작을 증가시키고자 하는 회사의 기존 계획과 대조해 보자. Scenario Envisioning은 Ithuriel Productions의 최적의 가정 내 배급 전략이 단지 제한된 공급을 유지하는 것이었다는 실상을 보여주고 있다. 이것은 TV 프로그램 배급으로 수직적으로 통합하려고 하는 회사의 기존 계획과는 큰 차이가 있다. 그림 6은 회사의 옵션 포트폴리오를 잘 보여준다.

결론

Scenario Envisioning을 사용함으로써 Ithuriel Productions는 미래에 투자와 운영을 시연하는 방법을 알게 되었다. 이 사례가 주로 네 가지 시나리오 중에 하나에 집중되어 있지만, Ithuriel 학습과정의 전모를 보여주기 위해서는 모든 시나리오를 자세하게 제시해야 할 필요가 있을 것이다.

이 사례가 보여주는 바와 같이 어떤 산업에 대한 미래가 불확실하고 빠르게 발전해 갈 때, Scenario Envisioning은 혁신적인 의사결정을 용이하게 할 수 있다. 이 Scenario Envisioning 적용의 직접적인 결과로서 Ithuriel은 많은 수의 중요 과정들을 수정했다. 예를 들어 영화와 TV 프로그램 배급사 인수를 중단했고 최첨단 쌍방향 소프트웨어 능력을 가진 파트너들을 물색하게 되었다.

분명히 전세계적으로 미래의 비즈니스 환경을 빠르게 가시화할 수 있고 그 환경 속에서 회사를 운영하는 것이 어떨 것인가를 미리 경험할 수 있는 조직은, 경쟁에 대한 상당한 통찰력을 갖게 될 것이다. 시나리오의 매개변수 내에서 미래의 비즈니스 운영과 전략은 다음과 같은 관점의 평가를 위해 모방될 수 있을 것이다.

- 소비자 성향의 변화
- 기술 도입의 속도와 과정
- 정부 규제의 영향
- 가치사슬 과정의 중요도 변경
- 경쟁의 원동력

- 역량 차이
- 최적의 제휴 파트너와 인수 후보
- 기업과 사업단위 옵션

Scenario Envisioning 프로세스는 기업 관리자팀이 조직의 사업기획에 의해 통제될 수 없는 미래의 사업 환경을 경험할 수 있도록 해준다. 그들은 가상의 질문을 할 수도 있고, 혁신적인 해결책으로 실험을 할 수도 있으며, 뜻밖의 결과를 모방해 볼 수도 있다. 그리고 중요한 것은 그러한 것들을 신속하게 수행해 볼 수 있다는 점이다. 필연적이거나 그럴듯한 미래를 예행연습하고 그로부터 학습할 수 있는 실용적인 기회를 제공함으로써 Scenario Envisioning은 관리자들이 미래를 준비할 수 있게 해줄 것이다.

● 사울 J. 버맨(Saul J. Berman)
IBM 비즈니스 컨설팅 파트너이며 전략 변화 솔루션 글로벌 전략 및 비즈니스 개발 담당 중역. 미국, 일본, 유럽, 호주 등에서 대기업과 신생기업의 고급 경영자들을 상대로 20년 이상의 컨설팅 경험을 가지고 있음. 또한 중요한 산업 전략 기획 회의의 연사로서 많은 활동을 한 바 있음

참고문헌

1   이 사례는 여러 산업계의 많은 의뢰인들을 위해 IBM BCS의 시나리오 컨설팅 프로젝트들을 혼합해 놓은 것임. 또 이 사례는 시나리오 개발에 관한 IBM BCS의 연구와 비독점 엔터테인먼트 산업 연구를 포함하고 있음.

2   Ithuriel Productions는 존 밀턴의 《실락원》에 나오는 천사의 이름을 딴 것임. 밀턴에 따르면, 천사 Ithuriel은 다른 사람들이 알 수 없는 진실을 밝혀낼 수 있는 마술의 창을 지니고 다녔음.

02

내외부 특화를 통한 기업과 산업의 근본적 재설계

서론

학문적 연구와 대중 언론 매체들을 통해 오늘날 기업 환경에 영향을 미치는 수많은 경향들이 밝혀지고 있다. 세계화에서부터 가열되는 가격 경쟁, 까다로운 조건이 더해지는 금융 시장, 기술의 광범위한 확산에 이르기까지, 경영진들이 당면한 일련의 문제들은 이미 잘 알려진 상태다. 하지만 이런 현상에 대응하기 위해 그들은 과연 무엇을 해야 하는가? 최근의 연구에서, IBM은 450명 이상의 CEO에게 오늘날 경제 현실에서 성공을 거두기 위해 가장 중요한 필수 조건이 무엇인지를 물었다.[1] 그들의 응답 중 가장 많은 빈도를 차지한 응답인 차별성, 대응성, 효율성은 결국 기업의 초석이 무엇인지를 명확하게 밝히고 있다. 강력하고 차별적인 가치 제언은 성장과 수익성을 위해 필수적이다. 조직은 고객과 시장의 변화를 재빨리 인식하고 반응해야만 한다. 비용 구조와 비즈니스 프로세스는 생산성을 유지하면서 위험을 감소시키기 위해 신축적인 방법으로 변화되어야 한다(그림 1 참조).

　CEO의 응답에서 진정 놀라운 점은 그들이 오늘날과 같은 경제 환경 속에서, 비즈니스 모델은 그 세 가지 속성을 한꺼번에 담고 있어야만 한다고 인정한다는 사실이다. 과거에, 관행 상의 제약으로 인해 기업들은 자신의 비즈니스 모델을 이들 세 가지 속성 중 하나에 집중하는 형태로 만들었고, 다른 속성들도 함께 확보하려는 열망이 항상 존재했다. 하지만 그것을 실천에 옮기는 일은 비현실적인 과제로 간주됐다. 예를 들어, 가격 경쟁에 몰두하다 보면 제품의 차별성이나 최고의 고객 서비스와 같은 속성은 사라져버리는 경향이 있었다. 최근까지도 그와 같은 이율

그림 1　오늘날 경제의 필수 요소

	차별성	대응성	효율성
CEO 관점	CEO의 64% 이상이 새로운 제품과 서비스가 자기 회사의 성장을 이끌 것이라고 믿고 있다.	CEO는 성장은 제품 개발에서부터 고객의 목소리를 반영하고 한편으로 제품 순환 주기를 단축하는 데 있다는 사실을 인식했다.	CEO들 중 3분의 2가 비용 절감이 여전히 주요 과제로 남을 것이며 매출 증가보다 비중이 낮더라도 그 중요성 측면에서 크게 차이가 나는 않을 것이란 사실을 지적했다.
기업 사례	제트 블루(JetBlue) ● 고객 경험 중시 ● 직원이 없는 공항 창구 ● 단순화된 비행 패턴	자라(Zara) ● 새로운 디자인의 신속한 개발 ● 요구에 대한 적극적인 적응 ● 지역별 의사 결정 ● 제품 수명 주기를 짧게 하여 공급 과잉 방지	월마트(Wall-Mart) ● 낮은 간접 비용 ● 굳게 결속된 공급업체 ● 규모의 경제 활용 ● 신기술 도입에 있어서의 리더십 (시장 선도성)

출처 : *"Your Turn : The Global CEO Study 2004" IBM BCS, 2004 ; IBM비즈니스가치연구소*

배반성은, 사업을 함에 있어 현실적으로 그럴 수밖에 없다고 거의 아무런 논쟁도 없이 인정을 받았다. 시간과 공간의 벽도 기업이 내적 역량과 외적 역량을 통합시키는 데 제약으로 작용했다.

이제 CEO들도 시대가 변했다는 사실을 인식했다. 그리고 그것은 정확한 인식이다. 정보와 통신 기술은 세계를 보다 작은 공간으로 바꾸었다. 기업 운영과 재정은 더욱 가시적이며, 협력의 위험은 감소하는 추세다. 기업들은 이제 훨씬 더 광범위한 능력을 확보할 수 있으며 회사의 위치가 어디인지 따위는 더 이상 문제가 되지 않는다. 더 나아가, 자신의 비즈니스 요구에 가장 잘 맞는 능력을 보유한 최상의 공급업체들을 발견하는 것도 이제는 별로 어려운 일이 아니다.

하지만 전략적으로 많은 회사들이 아직도 자사가 추구하는 비즈니스의 모습을 바꾸는 일이 긴급한 사안이라고 느끼지 않고 있다. 대신, 그들은 기업의 본질과 자신의 업계에서 성공적인 기업이 된다는 사실이 의미하는 바에 대해 전통적인 관념을 그대로 유지하고 있다. 이들 기업들은 불과 지난 몇 년 간의 변화가 자기 업계에서 경쟁의 역학 관계에 미치는 영향을 상당히 과소평가하고 있는 것이다. 그럼에도 진보적인 사상가들은 지난 십여 년에 걸쳐 부상한 도구와 능력들을 자기 기업의 전략과 운영을 위한 근본 토대로 간주하고 있다. 그들은 그런 도구와 능력들을 필수적인 요소로 만들었으며, 그 결과 조직은 그것들을 이용해 경쟁 우위를 확보하고 궁극적으로 업계에서 경쟁의 역학 관계를 재설정하려고 한다.

운영의 측면에서, 수년에 걸쳐 똑같은 '고정 배선(hard-wired)' 비즈니스 기능과 기술 인프라에 의존했기 때문에 회사의 기업 모델을 바꾸는 일은 대단히 비싸고 시간이 많이 소모되는 일이 되어버렸다. 조직을 굼

뜨게 만드는 복잡성 덕분에 효율성은 달성하기 어려운 목표로 변했다. 회사의 모든 분야를 망라해 업계 최고의 능력을 배양하려고 시도하다 보니 많은 회사들은 집중력을 상실해 버렸다. 끈질기게 생명을 유지해 온 기업의 단위 조직들은 서로 중복되는 활동을 통해 회사 전반에 걸쳐 다른 조직의 영역에 침범하고 있다.

이런 도전들을 극복한 조직들은 시장에서 접할 수 있는 최고의 능력들을 결집하는 것을 통해, 자신들의 기업 모델을 재정의했다. 우월한 경쟁적 지위와 커다란 이윤을 제공하는 능력들에 관한 한, 그들은 자신들의 기업 내부에 특화된 능력들의 집합소를 창조해 냈다. 반면 경쟁 우위나 이윤을 창출할 수 있는 중요한 수단이 되지 못하는 능력들의 경우, 개개의 능력에 대해 특별한 강점을 가진 외부 조직들과 관계를 형성하여 확보했다.

이런 식으로 내외부 전문가들이 결합된 기업 모델을 우리는 특화된 기업이라고 부른다. 특화된 기업은 전통적으로 차별성과 대응성, 그리고 효율성 사이에서 기업 경영진을 갈등의 기로에 서게 했던 이율 배반성을 제거함으로써, 기업과 업계를 21세기에 맞도록 재구성하리란 것이 우리의 신념이다.

포괄적 연결 플랫폼의 부상

지난 5년 간 몇 가지의 다양한 형태의 기업과 기술적 아키텍처가 성장하고 하나로 집중되면서 광범위한 협력을 지원할 수 있는 포괄적 연결 플랫폼을 형성했다.[2] 기업 내부에서는 물론 외부적으로도 협력업체와 협력하는 비용을 크게 절감함으로써, 이 새로운 플랫폼은 기존의 기업 구조와 그들 사이의 구분을 마침내 약화시키고 말았다.

상호 연관되어 있음은 물론 각각의 아키텍쳐가 다른 아키텍쳐들을 강화시키는 세 가지 아키텍처들은 포괄적 플랫폼을 구성하고 있으며, 이는 지난 10년 간 기술과 기업 발전을 주시해 온 사람들에게 별로 낯선 존재가 아니다.

첫째, 광대역 무선 통신 기술을 의미하는 통신 네트워크 덕분에 디지털 연결성은 더 빠르고 저렴해졌다. 현재 세계적인 광대역 연결망의 수는 매년 22%씩 증가하고 있는 것으로 평가되었고,[3] 한편으로 세계적인 무선통신 핫스팟(hotspot)의 수도 매년 40%씩 증가하고 있다.[4] 이와 같은 통신망의 급속한 보급으로 인해 기업들 간에는 세계적 상호 공동 운영이 증가하고 있으며 점점 더 많은 수의 기업들이 실시간으로 정보를 교환하고 있다.

둘째, 정보 기술이 진화하고 있다. 기업 소프트웨어 시장의 통합과 (SAP는 현재 ERP 시장의 25%를 차지하고 있는 반면 '시벨(Siebel)'은 CRM 소프트웨어 시장의 45%를 장악하고 있다)[5] 기업 통합 소프트웨어의 확산으로 인해, 기업들은 이제 공동의 플랫폼을 갖게 됐고 그것을 기반으로 더 광범위하면서 더 우수한 기능성을 확보할 수 있게 됐다. 이처럼 기업 환경 전반을 포괄하여 처리하는 공동 솔루션의 출현으로 기업들은 자신의 업무 프로세스를 지키면서도 더욱 쉽게 협력관계를 조직하고 추구할 수 있게 됐다. 이것은 결국 새로운 공유 인프라를 창조하게 된다.

셋째, 기술은 물론 비즈니스 측면에서의 개방형 표준은 상호 공동운영 방식을 최적화시키고 진정으로 모듈화된 인프라의 잠재력을 창조한다. 기술적 측면에서, XML은 25%의 기업에 의해 채택됐고 또 다른 33%의 기업에 채택되어가는 중이다.[6] 비즈니스의 측면에서, 공동의 프로세스와 활동을 정의하는 기업의 능력이 증가하면서 일상적인 상업 활동이 단순화되고 업무 흐름이 개선되고 있다. 그 결과 새로운 무엇인가가 등장한다. 본질적으로 다른 요소들을 신속하게 결합할 수 있는 강력한 능력이 그것이다. 오늘날의 기업들은 광범위한 다양성을 지닌 기존의 모듈 중에서 몇 개를 선택함으로써 비즈니스를 '프로그래밍' 하는 경향이 증가하고 있다. 이는 시장에서 개방형 연결성이 존재하기 때문에 가능한 일이다.

전체적으로, 포괄적 연결 플랫폼은 기업에게 다양한 부류의 새로운 능력들을 제공하는데, 이들 능력은 무선 추적으로부터 웹 서비스에 이르기까지 많은 영역을 담당하게 된다. 하지만 이들이 가진 바로 그 힘이 또한 일련의 새롭고 강력한 경제적 인센티브를 창조하는데, 이 같은 인센티브가 워낙 강하다 보니 기업들은 그것이 가진 위험을 무시하게 된다. 게임의 변화로 인해 거래 비용이 낮아진 것이 그 구동력이다. 이러한 발전의 중요성을 과대평가하기란 대단히 힘든 일이다. 간단히 말해, 포괄적 연결성으로 인해 가능해진 거래 비용의 극적인 절감은 기업 분업화의 르네상스로 이끌고 있다.

'기업의 본질(The Nature of Firm, 1937)' 에서 저명한 경제학자이자 노벨상 수상자인 로널드 코즈(Ronald Coase)는 거래 비용을 네 가지 범주로 구분했다. 탐색 비용(거래 대상 찾기)과 계약 비용(계약 체결), 협력 비용(실행 및 유지), 거래와 관련된 위험 비용[자세한 내용은 122쪽(코즈의 법칙 Coase's Law) 참조]이 그것이다.[7]

그림 2에 나타난 바와 같이, 포괄적 연결 플랫폼은 이들 범주가 속한 영역 모두에서 기업을 변화시킨다. 탐색 영역의 경우, 기업은 인터넷을

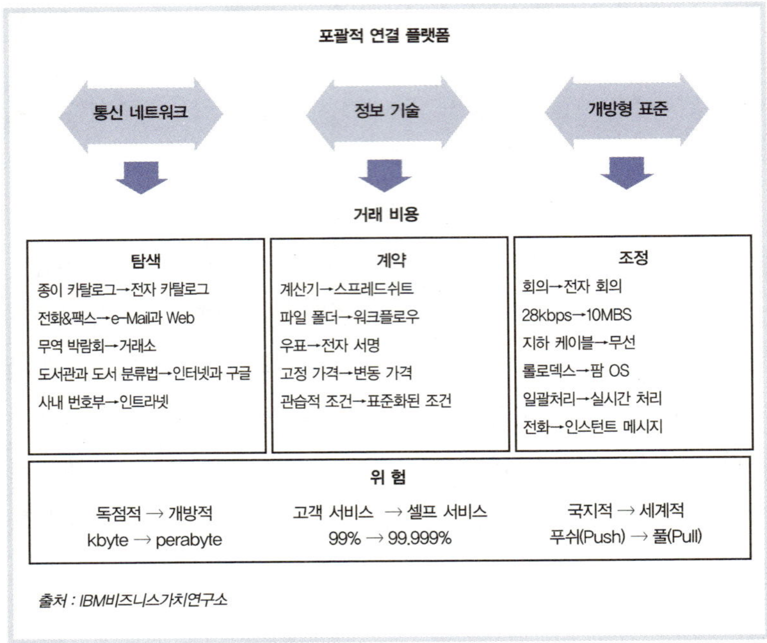

이용해 공급자와 협력업체를 찾아 낼 수 있으며 이때 드는 비용은 거의 무시할 수 있을 정도인데다 며칠 단위가 아닌 몇 분 안에 그 일을 끝낼 수 있다.

판매업체들이 표준화된 조건을 적극 활용해 가변적인 가격 책정 방식을 도입하게 됨에 따라 계약 비용은 감소한다. 이와 마찬가지로 많은 비즈니스에 있어서 계약 체결에 소요되는 조정 비용도 가상 연결의 보편화로 계약 당사자들이 서로 같은 지역에 존재해야 할 필요성이 줄어듦에 따라 크게 감소하게 된다. 결국, 기업들이 피드백 주기를 단축하고 디지털 인증서 및 다른 인증 기술을 통해 거래의 속도와 질을 끌어올리기 위한 포괄적 연결 플랫폼을 사용하면서, 탐색, 계약, 협력이라는 세 가지 영역에 내재되어 있는 위험들이 감소하게 된 것이다. 어떤 문제가 제기 됐을 때, 관리자는 이전보다 더 신속하게 그것을 식별, 해결할 수 있게 됐고, 그 결과 전체 네트워크는 더욱 안정적인 수행 능력을 발휘하게 된다.

거래 비용의 급속한 감소는 특히 소유권을 결정함에 있어 지속적으로 강한 영향을 미쳤다. 서비스가 효율적으로 연계되고 있는 세상에서, 회사는 정확히 어떤 기능들을 소유해야 하는가? 어떤 활동을 내부에서 또는 외부에서 운영했을 때의 비용과 이익을 각각 비교했을 때, 기업들은

코즈의 법칙(Coase's Law) '기업의 본질(1973)'

코즈의 법칙은 소유권에 관한 법칙이다. 이 법칙은 경영자들이 어떤 활동을 기업 내부에서 완수했을 때와 그것을 외부에서 수행하도록 위임했을 때 발생하는 비용을 평가하는 데 도움을 준다. 코즈의 법칙은, 어떤 활동을 내부에서 완수하는 비용은 내부 생산비에 실제로 거래를 완료했을 때까지 들어간 비용을 더한 합계라고 설명한다. 외적 비용은 제품과 서비스의 시장 가격에 거래 비용을 더한 가격을 의미한다.

코즈는 네 가지 유형의 거래 비용 탐색과 계약, 협력, 위험을 발견하게 되었는데, 그들 각각은 포괄적 연결 플랫폼에 의해 낮아지고 있다는 사실을 확인했다.

탐색 비용은 적절한 자원의 위치를 찾는 과정에서 발생한다. 오늘날, 포괄적 연결 플랫폼은 탐색 시간을 줄이고 표준 인터페이스와 보편적 검색 엔진을 통해 정보를 결합함으로써 탐색 비용을 크게 감소시켰다. 최근 한 연구에서 기업의 61%가 인터넷을 통해 공급업자와 협력을 추진하고 있다는 사실이 밝혀졌다.[8] 또한 인터넷이 지리적 장벽을 붕괴시켰기 때문에 기업들은 위치에 관계없이 잠재적 협력업체의 위치를 재빨리 파악하고 의사소통을 이룰 수 있게 됐다.

일단 협력업체를 찾아 내면, 실제 가치를 결정하고 교환에 필요한 적절한 가격을 흥정하는 계약비용이 나타난다. 포괄적 연결 플랫폼을 통해 가능해진 표준화와 지식 공유는 계약비용을 절감하고 협상에 필요한 시간을 단축시킨다. 기업들 중 약 62%는 이 제안서 제출 과정에 대한 의뢰서의 한 가지 형태로 인터넷을 이용하고 있다.[9] 표준화된 협정은 계약의 세부조건을 고객 특성에 부합하도록 제공하고, 이러한 세부 조건을 협상하는 데 필요한 시간을 감소시켰다.

자원들에 대한 계약이 끝나면, 거래를 관리하고 감독하는 데 필요한 조정 비용이 발생한다. 조정 비용은 인터넷과 디지털 기술의 발달로 급격하게 감소했다. 실제로, 2007년까지 70%의 기업들이 인터넷을 통한 셀프 서비스에 투자하여 거래의 양 당사자들을 위한 시간과 비용을 절감하게 될 것이다.[10] 이들 기술들이 성공한 이유는 그들이 구매에서 충족, 관리, 인보이스 발행, 대금 지불, 공급자 실적 평가에 이르기까지 거래의 전 과정을 통해 발생 가능한 마찰 요인들을 감소시켰기 때문이다.

끝으로 이 모든 단계들 전반에 걸쳐, 기업 활동에 대한 통제력을 상실했을 때 발생할 수 있는 잠재적 위험을 감소시키는 데 필요한 비용이 발생한다. 오늘날에는 표준화와 네트워크 신뢰성, 협력업체의 자질 등이 협력관계에서 발생할 수 있는 위험을 감소시키고 있다. 이러한 사실은 〈포천(Fortune)〉 선정 100대 기업의 경영자들 중 3분의 2가 최근 자신들의 기업이 재난시에도 치명적인 자료를 사용할 수 있도록 방법을 강구해 두었고, 그런 점에서 9·11 테러 이전보다 훨씬 더 나은 준비 상태에 있다고 말한 것에서도 잘 드러난다.[11]

기존의 모습에서 탈피해야 할 이유를 발견하게 된다. 그림 3에 나타난 바와 같이, 어떤 기업이 회사 내부는 물론 시장에 속해 있는 기능의 소유에 대한 결정을 내리는 방식을 근본적으로 변화시킬 만큼 거래 비용이 낮은 수준에 도달하게 되었다.

내적 특화 : 비즈니스 요소로 가는 길

이 근본적인 변화는 포괄적 연결 플랫폼에 의해서 가능해졌고 10여 년

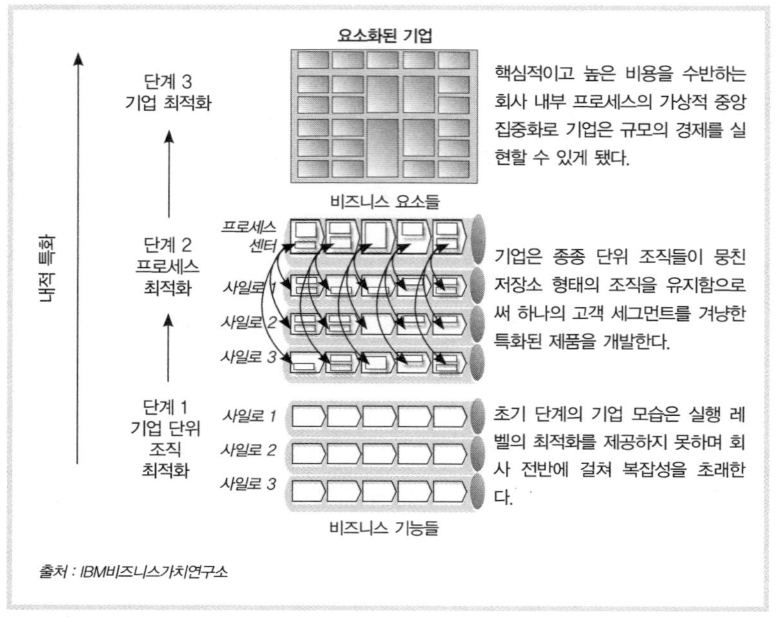

에 걸친 과정의 마지막 단계다. 지난 30~40년 동안, 기업의 모습은 그
림 4에 나타난 것처럼 세 가지 연속적 내적 특화 단계를 따라 변모되었
다. 1970년대와 80년대에, 기업들 대다수는 단위 조직 수준의 최적화에
전적으로 매달렸다. 개인용 컴퓨터와 인터넷이 등장하면서, 기업들은
프로세스를 최적화해야 할 필요성을 느꼈다. 현재는 포괄적 연결 플랫
폼이 성숙 단계에 이르면서, 기업들이 점점 더 사업 전체의 최적화에 몰
두하고 있다.

기업들이 사업부 별로 최적화 됐을 때, 같은 회사 안에서도 완전히 다
른 조직들이 활동을 소유하고 운영했다. 가장 극단적인 사례의 경우, 각
사업부들은 자기 영역에만 관심을 가지고 일련의 유사한 활동들을 수행

하면서 다른 조직과의 협조 및 지식 공유에는 전혀 신경 쓰지 않았다. 이런 초기 단계의 기업 모습을 가지고 있던 기업들은 '전략적 기업 유니트(Strategic Business Unit)'와 같은 관리 전략과 포트폴리오 관리, 조직적 매트릭스의 개발을 수용하게 되었다. 이 단계에서, 기업들은 종종 업계 베스트 프랙티스 관행을 구체화할 수 있는 방법을 찾기도 했다. 그러나 이러한 진취성은 실행 레벨의 최적화가 가져다 줄 수 있는 기회를 간과하는 경향이 있었고, 실제로 기업 전반에 걸쳐 복잡성을 야기하는 결과를 불러오기도 했다. 많은 기업들이 이 단계를 거쳐 발전하는 동안, 몇몇 비전을 가진 기업들은 기업 단위 조직 수준의 최적화 단계를 건너뛰는 데 성공하기도 했다.

단위 조직 최적화의 효과가 기대 이하임을 깨달은 기업들은 프로세스 최적화로 방향을 전환하기도 했다. 오늘날, 많은 기업들이 이 단계에 머물면서 핵심 비즈니스 프로세스를 최적화하고 있다. 프로세스 최적화는 일반적으로 새로운 기술 역량이 시장에 등장하면서 발전했다. '비즈니스 프로세스 리엔지니어링(Business Process Reengineering)'은 비용절감의 기회를 약속하는 공급망 관리(Supply Chain Management : SCM)와 제품 수명주기 관리(Product Lifecycle Management : PLM), 고객 관계 관리(Customer Relationship Management : CRM) 등 다양한 기업 시스템 솔루션을 혼합해 많은 기업에 공통적으로 적용되고 있다. 프로세스를 통한 비용절감은 식스 시그마(Six Sigma)나 전사적 품질경영(Total Quality Management), ISO 9000 등 그 효과가 입증된 방법론들을 적용함으로써 더욱 심화될 수 있다.

프로세스 최적화가 기업들로 하여금 일부 활동을 프로세스 영역 내에서 중앙집권화된 관리를(즉, 프로세스 본부) 허용하는 반면, 기업들은 가끔 특정 고객군을 대상으로 한 특정 한정된 제품들에 집중하는 단위조직

사일로 단계의 유물을 그대로 간직하고 있기도 하다. 이로 인해 프로세스 최적화가 진행됨에 따라, 포괄적 연결 플랫폼의 수축 효과가 초기에 발생한 효율성 증가를 상쇄시킬 수도 있다. 그것은 모순되게도, 단위 거래 비용의 감소가 종종 총 거래 비용의 증가를 초래하기 때문이다. 각각의 거래에서 단위 비용이 감소하는 동안 고객들은 더 적은 비용으로 더 많은 것을 얻을 수 있다는 사실을 깨달았기 때문에 거래량이 증가하는 경향이 있다.

예를 들어, 금융업계가 저렴한 웹 기반 거래로 전환하면서, 고객 각자에게 서비스를 제공하는 비용은 장기적으로 상승하게 되는 결과가 초래됐다. 고객들이 한 주에 한 번 정도 은행 창구를 방문하던 상황에서(ATM의 경우 한 주에 두세 차례), 인터넷 뱅킹 시대의 도래로 인해 그들은 훨씬 더 빈번하게 자신의 계좌를 관리하게 됐다. 이제는 고객들이 하루에도 수 차례나 자신의 계좌를 조회하는 단계에까지 도달했다.

내적 특화의 마지막 단계에서, 기업은 기업 수준의 결정을 최적화한다. 최적화된 사업 디자인을 가진 회사들은 회사 전반에 걸쳐서 발생하는 활동들을 가상적으로 중앙집권화하여 규모의 경제를 실현한다. 핵심 활동들은 별개의 비즈니스 영역 속에 모이게 된다. 중복된 활동의 수는 감소하고 기업은 집중화된 수행 본부의 네트워크 '연맹' 처럼 활동한다. 한때 회사 전반으로 분산되어 있던 기능들이 한 곳에 집중되는데, 여기에는 지원업무 부분(예, 구매, 재무, IT, 인사)과 운영 기능들(예, 채널 통합, 데이터 마이닝, 교차 판매, 제품 번들링)이 포함된다.

기업 수준의 최적화는 새로운 기술뿐 아니라 비즈니스 디자인에 대한 새로운 사고방식도 요구한다. 내적 특화의 성숙도가 높아짐에 따라, 응집된 활동들의 결합체는 개별적인 비즈니스 모듈의 네트워크로 전환되고, 각 비즈니스 모듈은 적절한 자원을 바탕으로 응집된 일련의 활동들을 수행한다. 여기에 포함되는 자원은 인력과 프로세스, 기술 등이 해당된다. 이들 모듈은 각각 조직 내에서 특정한 목적에 봉사하지만 또한 원칙적으로는 독립된 실체로서 운영될 수 있다. 이런 '모듈들의 연맹' 디자인이 갖는 장점 중 하나는 어떤 활동이 내부에서 또는 외부에서 처리돼야 하는지를 결정하는 과정을 더욱 대응성 있게 만들어준다는 것이다.

우리는 이런 모듈들을 '기업 요소'라고 부른다. 그것들을 기업이라는 건물을 쌓는 벽돌이라고 생각해 보자. 그 기업 요소들은 다른 요소들과 느슨한 결합을 이루는 방식으로 상호작용한다. 하나의 조직 원리로서, 기업 요소들은 회사가 확장 및 진화하면서도 복잡성이 증가하지 않도록 할 수 있어야 한다. 확장에 따른 복잡성의 증가는 타이트한 결합을 가진 전통적인 기업 디자인에서는 공통적으로 발생하는 문제다. 모듈 구조를 수용한다는 사실이 중앙 통제 방식을 포기한다는 의미는 아니다. 요소들은 한편으로 신축성을 요구하지만, 다른 한편으로 기업의 아키텍처와 전략에 따라 배치될 수도 있다.

기업 최적화를 현실화하기 위해, 우리는 고객이 더 나은 비즈니스 디자인으로 진화하는 데 도움을 줄 수 있는 접근방식을 개발했다. '요소 비즈니스 모델(Component Business Model : CBM)' 체제는 기업 구조에 대한 새로운 시각을 제공한다. 보통 CBM 프로젝트는 고객들에게 기업이 완전히 성숙했을 때의 모습을 보여주는 '미래 상태' 지도를 제공하는데 그것은 내적으로 특화된 조직이다. 일종의 진단 도구로서, 지도는 복잡하고 융통성 없는 기업 모델에 따라 조직된 기업이 당면한 문제점들을 찾아내고 제거하는 데 도움을 준다.

	관리	디자인	구매	생산	판매
사일로 3	관리	디자인	구매	생산	판매
사일로 2	관리	디자인	구매	생산	판매
사일로 1	관리	디자인	구매	생산	판매
기정의 (노동 또는 표준 집약 적)	● 임금 ● 이윤 ● 유지 ● 보안 ● 요식업	● 제품 　디자인	● MRO 　구매	● 조립 ● 제작	● 광고 ● 제품 발표회
신생의 (정보 집약 적이고 통합 적인)	● HR ● 재무 ● 교육	● 브랜드 ● 웹 디자인 ● 제품 　관념화 ● 시제품	● 전략적 　구매 ● 공급망 　관리 ● 재고관리	● 재고 추적 ● 제품 포장	● 콜 센터 ● 신청 접수 ● 주문처리

기업들이 기업수준으로 최적화된 내적 특화를 받아들이고 있을까? 연구결과는 비록 기업들이 표면적으로는 다른 이름을 내세우지만, 그렇다고 말한다. 예를 들어, 많은 기업들은 공동의 활동을 공유 서비스 센터에 집중함으로써 내적 특화를 수용하고 있으며 이를 통해 규모의 경제를 실현했다. 〈포천〉 선정 500대 기업들 중 95% 이상이 공유 서비스 전략을 검토하고 있으며 현재 86%의 기업이 공유 서비스 전략을 실행 중이거나 현장에 반영하고 있는 중이다.[12]

내적 특화는 노동집약적이거나 혹은 엄격한 표준이 요구되는 기업 부분에서 특히 인기가 높다. 특화된 기능들의 자동화율 제고, 통합, 표준화가 진행될수록 비용 요소보다는 기업의 정보 집약적 부분이 기회 영역으로 부상하게 된다(그림 5 참조).

외적 특화 : 산업 네트워크의 활용

내적 특화의 반대는, 당연히 외적 특화다. 표준 지향적인 내적 특화가 성숙됨에 따라, 기업은 거래비용 절감으로 발생한 이점을 협력적인 산업 네트워크를 통해 외부 파트너를 고용하는 방법으로 극대화시킬 수 있다. 공동 운영이 가능한 비즈니스 요소들에 의해 제공된 신축성은 기업수준 최적화에 성공한 기업들이 특화된 외부 전문가들과 느슨하게 결합될 수 있도록 허용한다. 그들은 별개의 공급업자일수도 있고 더 큰 조직에 속한 외향적 요소들일 수도 있다.

그림 6에 나타난 바와 같이, 기업들은 연속적인 세 개의 단계를 거쳐 외적 특화로 진화한다. 시작은 '내적으로 통합된' 조직들이 업계의 모든 분야에 참여하려고 시도하는 것이다. 대부분의 기업들은 오늘날 '전략적으로 협력하는' 단계로 발전했으며, 이를 통해 약점으로 작용하는 분야에서 몇몇 선택적 협력업체를 이용한다. 마지막 단계에서, '산업 네트워크를 구축한' 기업들은 강점을 가진 분야에 집중하면서 더 거대한 비즈니스 생태계 속에서 자신의 역할을 찾게 된다.

외적 특화의 첫번째 단계에서, 기업은 산업 가치 체인의 거의 모든 부분들을 소유 및 관리하면서 신뢰할 수 있는 공급업자와 목표 고객에 접근하는 통로를 유지하는 유일한 방법은 수직적 통합 외에는 없다고 생각한다. 따라서 자동차 업체는 한때 자신의 타이어 공장에 사용할 고무 농장을 소유하려고 했으며, 한편 맥주 회사들은 자신의 제품을 팔기 위해 술집을 소유하기도 했다. 이렇게 '내적으로 통합된' 단계에 있는 기업들은 입력과 분배를 철저히 통제하는 방법으로 자신이 제공하는 제화의 질적 향상을 도모한다. 그 결과 내적으로 통합된 기업은 종종 독점적

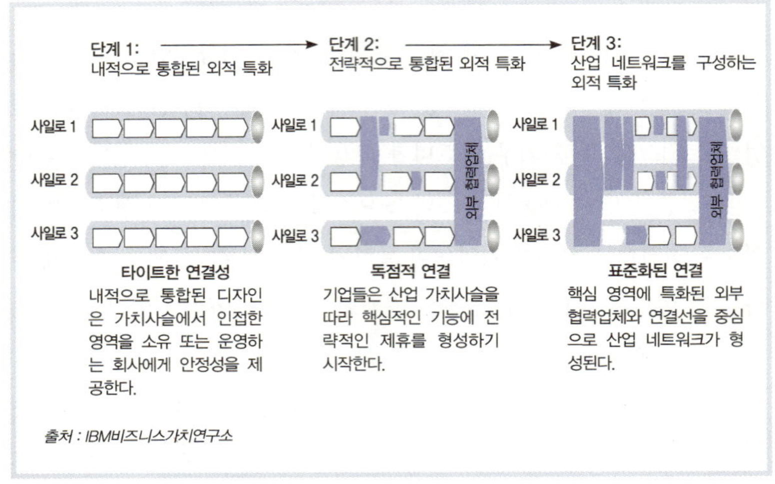

시스템과 비즈니스 전반을 아우르는 인터페이스에 기반을 두고 사내 솔루션을 개발, 적용하는 '맞춤형' 기업이 되는 경우가 종종 발생한다. 이 모델은 공급자들이 위협이 될 정도로 커다란 주도권을 쥐고 있지만, 자사 제품의 분배 채널은 불확실한 상태일 때 대단히 매력적이다. 하지만 내적으로 통합된 기업은 날이 갈수록 협력관계를 구축하는 데 어려움을 겪게 된다. 왜냐하면 그들은 하나의 비즈니스에 대해 하나의 협력관계를 구축하는 형태를 갖기 때문이다(그때마다 인력과 프로세스, 기술에 많은 투자가 필요하다는 사실은 결코 우연이 아니다).

많은 기업들이 내적으로 통합된 디자인 단계를 지나서 소수의 선택된 협력업체들과 함께 일하는 방법을 배웠다. 이들 '전략적으로 통합된' 기업들은 산업 가치사슬을 따라 늘어선 핵심 기능들 중 외부의 도움이 필요한 기능들을 찾아낸다. 여전히 독점적 솔루션에 의지하고는 있지만,

그들도 협력관계의 영역에서는 기업 간 의사소통을 지원하기 위해 개방된 표준을 수용한다. 이 단계에서, 기업들은 가치사슬 속에 특화된 영역을 찾기 시작한다. 이전 단계에서 구축된 내적 통합된 구조의 요소들도 여전히 사내에서 수행되는 비핵심적 활동들과 함께 유지되고 있다.

외적 특화의 최종 단계에서, 기업은 포괄적 연결 플랫폼의 거래비용 절감 효과를 극대화해 다차원적인 외부 전문가들과 연결을 형성하는 데 이용한다. 이들 '산업 네트워크화된' 기업들은 전문 분야에 집중하는 한편, 자신의 조직을 일원화된 산업 생태계 속에서 활동할 수 있도록 변환시킨다. 협력업체들 간의 의사소통은 개방형 표준들(XML과 SOAP, Linux와 같은)과 업무 프로토콜에 의존한다. 산업 네트워크화된 기업은 핵심 활동에 집중적으로 무게를 두면서 동시에 가치 네트워크를 통제한다. 가치 네트워크에는 특정 산업에 한정된 전문가와 몇 가지 산업에 걸쳐 활동하는 전문가들이 뒤섞여 있다. 이들 전문가는 가치 네트워크 속에서 자신들의 특정 전문 분야를 중심으로 규모의 경제를 실현하면서 업계 최고의 공급자 역할을 수행한다. 틈새 시장 전문기업과 가치사슬 전문가들로 구성된 생태계가 거대한 성장 주도형 기업들 주변에서 진화하고 있는 것이다.

지난 30년 간 PC 업계의 변화는 이런 외적 특화를 향한 진화를 잘 보여준다. 1970년대에는, 수직적으로 통합된 특화 모델이 지배적이었다. IBM과 DEC(Digital Equipment Company)는 컴퓨터 산업이 가진 모든 측면의 출처이자 건설자였다.[13] (물론 PC라는 용어가 당시에는 사용되지 않았다.) 같은 시기에 애플 컴퓨터는 운영체계와 하드웨어 디자인에 독점적 접근방식을 취함으로써 전체 가치사슬을 지배하려고 시도했다. 1980년대가 되자, 협력관계 모델이 본격화되면서 업계의 모습을 변화시켰다.

산업계 전반에 걸친 외적 특화

시장의 추세를 더 잘 이해하기 위해, 우리는 17개 산업에서 외적 특화의 수준을 계측하는 정량적 방법론을 개발했다. 계측 방법은 1983년과 2003년 사이에 각각의 산업이 어떤 식의 구조를 갖고 있는지 비교하는 데 근거를 두고 있다. 핵심적인 입력 자료에는 각 산업의 가치사슬들과 경제적 추세, 정부 규제, 기업 인수 및 합병 활동 등에 대한 평가가 포함되어 있다. 또한 우리는 1983년과 2003년의 선도적 업체를 연구하여 기업 수준에서 외적 특화의 효과를 이해하고자 했다.

연구에서 밝혀진 내용들은 아래 그림에 예시되어 있으며, 일부 산업이 다른 산업보다 빠르게 발전하기는 했지만 각각의 산업은 결국 내적으로 통합된 구조에서 전

그림 7 각각의 산업은 외적 특화 과정에서 서로 다른 단계에 도달해 있다

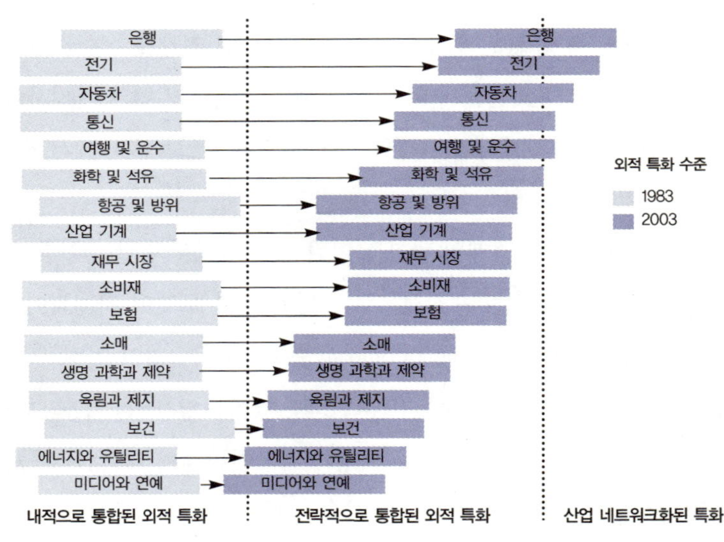

출처 : IBM비즈니스가치연구소

략적 협력관계 모델로 이동했다는 사실을 보여준다.

외적 특화의 선두에 있는 부분들 중 하나는 금융 서비스로 은행과 재무 시장 부분이 특히 두드러진다. 대체로 이 분야의 선도자들은 자신이 시장에 공급하는 매물들의 모든 측면을 집적 관리하거나 제공하려고 더 이상 애쓰지 않는다. 담보대출 종사자들은 이제 그것이 새 상품의 개발이 됐든, 서비스 제공이나 위험 관리가 됐든 업계에서 서로 별개의 분야에 집중함으로써 번영을 구가하고 있다. 신용카드 부분은 다른 업체가 제공하는 뮤추얼펀드(Mutual Fund)와 보험상품을 자신의 신용카드와 함께 교차판매하고 있다. 가장 실적이 우수한 기업들은 신용 위험과 포트폴리오 최적화에 전문가를 적극 활용함으로써 고객에게는 저비용 솔루션을 주주에게는 높은 이익을 제공한다. 이와 같은 전통적 가치사슬의 '해체'는—주로 신기술의 적용에 의해 추진되고 있다—금융 서비스 산업을 근본적으로 변화시키고 있다.[14]

금융 산업에서 벌어진 일은 또한 다른 산업에서도 발생하고 있다. 그것이 어떤 산업이 됐든, 경영자들은 틈새 시장 공급자들이 부상해서 순식간에 업계의 가치사슬 상에 지배적 위치를 차지하게 되더라도 이제는 더 이상 놀라지 않는다. 심지어 특화되기에는 너무 규모가 작거나 너무나 독점적이라고 여겨지던 분야에서도 그런 현상이 벌어지고 있다. 미래의 시장 환경과 관련하여 경영자들은 점점 더 어려워지는 질문에 답을 제시해야만 한다.

● 어느 부문에서 경제적 초과 이윤을 달성할 수 있으며, 극심한 경쟁으로 이윤이 남지않게 될 부분은 어디인가?
● 유지 가능한 이점을 통해 지켜나갈 수 있는 부분은 어디이며, 새로운 또는 이미 벌어지고 있는 경쟁을 통해 공격의 대상이 될 가능성이 높은 부분은 어디인가?
● 업계의 판도를 변화시킬 수 있는 잠재력을 가진 취득이나 상실은 무엇인가?

인텔이나 마이크로소프트 등 핵심적 기술 제공자들은 강력한 지위를 추구했고 델과 게이트웨이 같은 새로운 브랜드들이 소비자 상대 공급자로서 부상했다. 1990년대에 컴퓨터 업계는 네트워크화된 단계로 발전했으며 계약 생산은 PC의 범용화를 가능하게 했다. 30년이 채 안 되는 기간 동안, 내적으로 통합된 기업의 지배는 집중화된 전문가들의 산업 네트워크에 그 자리를 내주고 말았다.

가치 네트(value net)의 부상

오늘날, 비즈니스 사상가들은 구식의 내적 통합 디자인이 더 이상 효율적이지 못하다는 사실을 인정하고 있다. 기업들은 차별화 전략에 집중하면서 일부 활동들을 관리하게 위해 산업 가치 네트워크를 활용함으로써 더 높은 가치를 창출하고 있다. 이들 가치 네트는 두 가지 형태를 갖는다. 특정 산업에 특화된 형태와 여러 산업을 넘나드는 형태다. 두 가지 형태 모두 주목할 만한 경제적 의의를 갖는다. 제공되는 가치는 거래가 집중되면서 증가하고, 이에 따라 규모의 경제에 의한 효과가 커지면서 거래당 단위비용은 감소한다. 기업에 있어서, 이들 전문가의 서비스를 활용함으로써, 전략적 활동과 프로세스에 투입할 자원을 확보하게 된다.

업계 내에서, 공통 기능의 표준화는 자신의 수직적 시장을 지배하는 분야별 최고 전문가들이 등장하는 결과를 초래했다. 이 전문가들은 특정 업계에만 적용되며 차별화되지 않은 기능에 대한 전문성을 중심으로 자신의 사업을 일으켰다. 여기서 차별화되지 않았다는 말을 전략적으로 보편적이라는 개념과 혼동해서는 곤란하다. 실제로, 일부 업계 전문가들은 고도로 맞춤화된 솔루션들을 제공하기도 한다. 즉 고객들의 핵심 상품에 차별성을 부여한다는 측면에서 대단히 핵심적인 역할을 담당한다.

예를 들어, 인터네셔널 플레이버스 앤 플레그런스(International Flavors & Fragrance : IFF)는 요식 업계와 향수 업계에 미각과 후각 기술을 제공한다. 이 선도적 기업은 자신이 보유한 감각 경험 상의 전문성을 제공하는 방법으로 제품 개발 과정에 차별화된 가치를 추가하고 대부분의 경우 고객들에게 핵심적인 협력업체로서 자리매김을 하게 된다. 음식의 맛이 그것을 만들고 보급하는 회사에 있어서 전략적 핵심임에 틀림없기 때문에, 독특한 맛을 창조할 수 있는 능력은 그것을 효과적으로 제공하는 기업에게 결국 전략적인 차별성을 부여하게 되는 것이다. 시간이 지날수록 그런 기업은 외적 틈새 시장 전문가의 특성을 점점 더 많이 갖게 될 것이다. 이처럼 새로운 원동력은 자사 제품을 정의하는 근본적 요소의 통제력을 외부에 이양한다는 개념에 익숙하지 못한 경영자들에게 긴장을 초래할 수 있다. 하지만 외적 특화의 시대에, 절대적 이점과 함께 가치는 공급자에게 부여된다(그 공급자가 어디에 속하는지 상관없이 말이다). 다른 말로 하면, 사내에서 어떤 능력을 개발하는 방식은 만약 외부 전문가가 같은 능력을 더 효과적·효율적으로 제공할 수 있다면, 기업에 어떤 차별성도 제공하지 못한다.

업계 최고의 전문가를 고용함으로써, 그 업계의 종사자는 모든 것을 스스로 해결한다는 식의 접근법이 초래하는 불필요하고 고정적인 부담에서 벗어나게 된다. 그들이 수행하는 기능들이 업계 종사자들 간에 차별성을 부여하지 않기 때문에, 이들 전문가는 업계 전반에 걸쳐 공유될 수 있는 효율성을 제공한다. 새로운 조류가 일어나면서 모든 배들을 물

분야 최고의 전문가로부터 배운 교훈

산업 내부에서 공통적 기능의 표준화는 자기 시장을 지배하는 분야 최고 전문가들의 수가 증가하는 결과를 초래했다. 협력관계에서 성공의 핵심을 더 잘 이해하기 위해, 우리는 10개의 최고 전문 기업의 최고 경영진을 인터뷰했다[오토매틱 데이터 프로세싱(Automatic Data Processing), 임플로이이지(Employease), 아리바, 셀레스티카(Celestica), 세일즈포스닷컴(salesforce.com), IMS 헬스(IMS Health), 스테이트 스트리트(State Street), 페어 이삭(Fair Isaac), 인터네셔널 플레이버스 앤 플레그런스, 인더스트리얼 라이트 앤 매직(Industrial Light & Magic)]. 이들 기업은 광범위한 업계에서 독특한 전문 분야의 서비스를 제공하고 있다. 그 결과 이들이 성공하는 데 도움이 된 세 가지 핵심적 교훈이 나타났다.

교훈 1 : 느슨한 결합을 추구한다.
최고 전문가들은 단단한 결합을 요구하는 솔루션을 피하고 신축성을 허용하는 인터페이스를 적용한다. 이들 기업은 표준화된 인터페이스를 통해 외적으로 고객들과 연결되어 있으며 내적으로는 자신의 사업부들을 연결하여 서비스 지원 상의 변화가 사용자의 눈에는 보이지 않게 했다. 느슨한 결합은 새로운 기능과 형태의 추가를 단순화시키고, 지식의 수집을 지원하며, 벤치마케팅의 성과를 개선시킨다. 그것은 또한 동적인 배열과 확장을 가능케 한다. 면담 중 한 경영자가 이런 말을 들려주었다. "고객은 높은 신축성을 요구하지 우리의 플랫폼에 묶여 꼼짝도 못하는 신세가 되기를 바라지 않습니다."

교훈 2 : 맞춤형이 아니라 재구성이 가능한 방식을 추구한다.
최고 전문가들은 규모 경제성을 획득하면서 서비스를 제공하기 위해 여러 분야의 고객들을 포괄할 수 있는 표준화를 시행했고, 그것은 고객의 요구에 맞게 재구성이 가능했다. 접촉과 계약의 프로세스는 고도의 맞춤형 서비스를 요구하지 않는다. 재구성 가능 특성은 제품의 생산에서 평가에 이르기까지 필요한 시간을 단축시키며 다양한 고객에 적합하도록 솔루션에 확장성을 부여하고 새로운 서비스 유형의 추가도 지원한다. 그것은 또한 계약 프로세스를 단순화시키고 새로운 고객을 지원할 때 요구되는 투자비를 감소시키며 유지와 서비스 제공에 들어가는 비용도 줄여준다. 어떤 기업의 선임 부사장 중 한 사람은 이렇게 열광했다. "우리는 고객 분류에 대해 더 이상 걱정하지 않게 됐다니까요."

교훈 3 : 범위도 넓고 깊이도 있는 가치를 제공한다.
최고 전문가들은 고객 관계의 범위를 확장시킬 수 있도록 인접 시장에 눈을 돌림으로써 자기 전문 분야의 몫을 높이거나 장점을 강화시킬 수 있다. 그것은 또한 전문가들이 교차 판매의 기회를 잡기 위해 기존 고객을 최대로 활용함과 동시에 경쟁에 대비해 진입 장벽을 높이는 효과도 초래한다. 또한 그것은 고객 관계를 강화하고 기존의 시장에 대한 지식을 활용하여 필요한 투자액을 감소시킨다(그래서 결국 위험도 줄인다). 한 경영자가 언급한 바에 따르면 고객들은 제공되는 서비스의 확대를 요구한다. 왜냐하면 그들은 '좀 더 완벽한 서비스를 경험' 하고 싶어하기 때문이다. 예를 들어, 우리가 면담했던 회사들 중 소프트웨어 회사는 자신들이 다른 서비스를 소유하거나 다른 서비스들의 일부분으로 들어가게 될 가능성이 크다고 했다.

에 띄울 수는 있지만, 그 흐름을 탄 배만이 혜택을 받게 될 것이다.

여러 산업에 두루 적용되는 기능들도 표준화될 가능성이 크다. 분야 최고의 허브(hub)라는 비슷한 집단이 성장하여 엄청난 규모의 경제를 실현함으로써 효율을 증대시키고 있다. 모든 시장 참가자들이 관련된 공통적이고 차별성이 없는 프로세스는 이들 전문가에 의해 운영되고, 그들의 핵심적 전문성은 공통적 프로세스 바로 그 자체에 있다. 아리바(Ariba Inc.)는 이런 원칙의 실례가 되는 기업 중 하나다. 아리바는 스스로

'지출 관리' 라고 부르는 시장의 개척자로서, 다양한 분야에 분포하고 있는 고객들을 위해 광범위한 소프트웨어와 서비스를 개발했다.

모든 전문가들이 처음부터 허브의 형태로 디자인된 것은 아니다. 모듈성을 추구하는 특화의 장점 중 하나는 그것이 업계 종사자로 하여금 내적 기업 요소를 다른 회사를 위해 일할 수 있는 허브로 성장시키는 과정을 가능하게 한다는 것이다. 수요가 존재하고 회사가 최종 고객 역할을 하는 다른 기업에게 제공할 수 있는 가치를 갖고 있는 한, 그것은 사실이다. 박스 속에 기술된 '분야 최고의 전문가로부터 배운 교훈' 에서는 전문가가 네트워크화된 업계에서 성공하기 위해 갖추어야 하는 세 가지 성공요소를 제시한다.

전문가의 이용은 기업들이 규모와 신축성, 전문성의 경제적 이점을 살리려고 하면서 계속 증가하고 있다. 세계적으로 비즈니스 프로세스 아웃소싱에 관한 지출이 2005년에 미화 5천억 달러에 달할 것으로 예상되며 2008년까지 매년 11%의 증가가 있을 것으로 산출됐다.[15] 이런 작업의 대부분은 인도와 중국과 같이 한창 성장 가도를 달리고 있는 거대한 시장에서 진행될 것이다. 미국에서는, 해외 아웃소싱에 대한 지출이 200년에서 2005년 사이에 26% 증가했다.[16] 2003년에 미화 1억 달러 이상의 아웃소싱 계약 수는 49% 증가한 244건에 달했다.[17]

특화된 기업 : 새롭게 등장한 필수 요소들

자본은 효율을 따른다. 그럼으로 포괄적 연결 플랫폼이라는 지각 변동은 거래 비용을 절감시킴으로써 무엇보다 먼저 기업을 변환시킨다는 사실은 그리 놀라운 일이 아니다. 하지만 그것이 일으킨 혁명에는 어두운 부분도 존재한다. 그것이 코즈의 네 가지 비용들에게 가하는 절감 압력은 새로운 위협을 창조한다. 위험에 대한 반응이 느린 기업들은 변화의 물결 속에서 익사하고 말 것이다. 내적 그리고 외적 특화를 수용하는 데 실패하면, 기존의 기업 디자인에 대한 충성을 과감하게 버리지 못한다면, 그런 회사들은 자신보다 더 차별화되고 대응성을 가지며 효율적인 경쟁자들을 맞아 점점 심각해지는 경쟁력상의 약점을 경험하게 될 것이다.

비즈니스 우선순위에 있어서 이러한 변동은 주로 절대적 장점의 중요성이 커지고 있다는 사실과 연관되어 있다. 특화된 기업의 세계에서, 기업들은 자신의 장점이 어디에 있는지, 그리고 어디서 가장 커다란 가치가(비용 대 품질) 창출되는지를 결정하기 위해 기업 요소들의 능력을 평가해야 한다. 기업들은 거래 비용의 감소로 인해 자신의 절대적 장점에 직접 기여하지 않는 요소들을 외면화할 수 있게 되었다. 실질적으로 기업들은 절대적 장점을 요구한다. 라이벌과 경쟁을 위한 대안은 외부 전문가들이 가진 절대적 장점을 적극적으로 활용하는 것이다. 코즈의 연구가 암시하는 바는 어떤 회사가 시장에서 하나의 기능을 더 저렴하게 처리할 수 없다면, 그것은 오직 내적으로만 수행돼야 한다는 것이다.[18]

밝은 측면도 어두운 측면만큼이나 현실에서 쉽게 눈에 띈다. 이러한 현실을 전적으로 수용하는 업체들은 특화된 기업으로 거듭날 수 있다. 특화된 기업은 내적 특화와 외적 특화의 교차점에 위치해 있다(그림 8 참조). 기업 최적화와 산업 네트워크화 단계들은 각각 앞에서 설명된 내용과 같다. 특화된 기업은 요소들로 조직되고 그 요소들은 기업이 내적 우월성과 외적 협력관계를 통해 최고의 성과에 도달할 수 있게 한다.

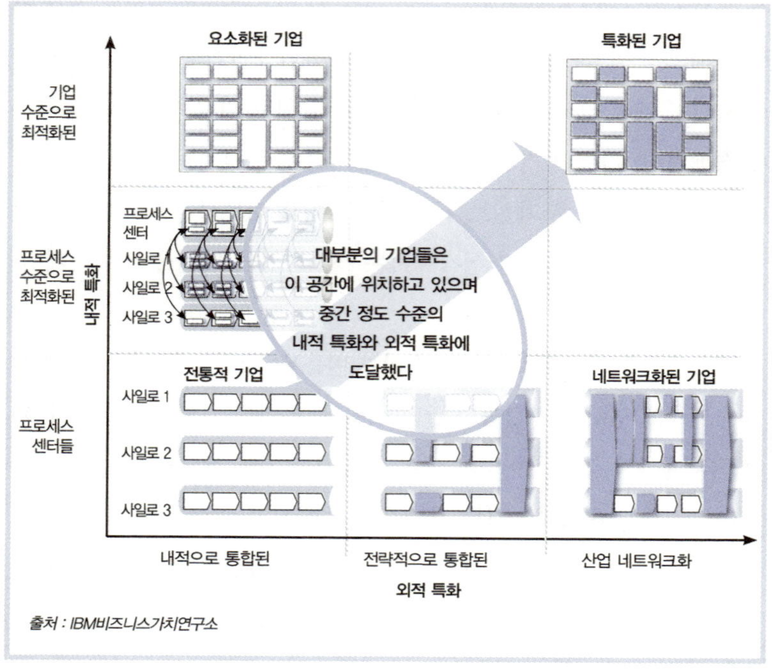

오늘날 대부분의 기업에서, 비전략적인 요소들이 기업 운영에 있어서 너무 거대한 역할을 차지하고 있다. 앞으로 5년 동안, 지능적 기업들은 비전략적 활동들을 위해 더 많은 외적 자원을 활용하는 방법으로 내부의 전략적 요소들에 집중할 것이다. 지원 역할을 담당하는 요소들 가운데 상당 부분은 내적에서 수행되던 방식에서 벗어나 외부 전문가들에게 아웃소싱될 것이다.

프로세스 리엔지니어링의 보급과 협력관계가 주는 이익에 따라 오늘날 대부분의 회사들은 이미 부분적으로는 '프로세스 최적화된' 단계와 부분적으로는 '전략적 협력관계' 단계가 혼재된 상태에 있다. 하지만 특화된 기업으로 성장하기 위해, 그들은 이런 특화 경향을 논리적으로 결론 지어야 하며, 각 요소들을 평가하고 개별적인 기업 모듈들은 기업 내에서 특정한 역할을 담당한다 어떤 방식으로 누가 그 요소들을 관리할지 결정 해야 한다. 이런 작업은 특화된 기업이 제공하는 또 다른 기능에 의해 쉽 게 추진될 수 있다. 그것은 표준화된 입력과 출력에 기반을 둔 요소들 간 의 상호작용이다. 이것은 약속된 비용과 서비스 수준에 바탕을 두고 요소 들이 서로 협동 및 통합될 수 있게 만든다. 독립적으로 요소들은 중요한 역할 또는 종속적 역할 속에서 회사의 전략을 차별화하는 기능을 한다.

두 가지 기준 소유권과 전략적 차별화 기업들은 자신의 구성 요소들 을 네 개의 주요 범주(전략과 지원, 협력업체, 유틸리티)로 분류할 수 있다(그 림 9 참조).

경영 관심과 투자의 대부분은 회사의 전략적 요소에 집중된다. 특화 된 기업에서, 전략적 요소들은 시장에서 회사에 차별성을 부여하는 데 결정적인 역할을 하는 기능들을 구현한다. 그래서 그것들은 내적으로 소유 및 관리된다. 이들 기능은 경쟁력을 유지하기 위해 기업 전반에 걸 친 집중과 지속적인 재투자를 요구한다. 그들은 경쟁자들에 비해 절대 적인 우위를 반드시 지켜야 한다.

특화된 기업들은 또한 지원 요소들을 내적으로 관리하지만 그것은 전 략적 차별화를 위해서라기보다 경제적 효율성을 얻기 위해 그러는 것이 다. 지원 요소들은 외부에서 처리했을 때 거래 비용의 상승을 초래할 수 있는 활동들을 포함한다. 따라서 내부에서 소유 및 관리해야 하는 것이 다. 때때로 이들은 신뢰성 문제로 인해 외부에서 수행될 수 없는 기업 활동들이기도 하다. 지원 요소들의 효율을 증대시키고 그들을 통제하기 위해, 특화된 기업은 이들 활동을 공유 서비스 조직에 통합한다.

그림 9 기업들은 각 요소들을 평가하고 어떤 방식으로 누가 그 요소들을 관리해야 하는지를 결정한다

	비차별화	차별화
내적 특화	**지원 요소** 전략 요소들의 요구를 충족시키기 위한 관리 예 : 리스크 관리	**전략 요소** 요소의 장점을 살리기 위해 투자 및 확장 예 : 제품 관념화
외적 특화	**유틸리티 요소** 진입과 서비스 비용이 낮은 다수의 전문가 활용	**협력업체 요소** 협력업체가 결정적인 비즈니스 요구를 만족시키는지 확인

출처 : IBM비즈니스가치연구소

고도의 전략적 차별화와 낮은 거래 비용을 가진 활동들은 협력관계 요소들 속에 모여들게 된다. 이름에서 암시하는 바와 같이, 이 요소들은 외부, 즉 분야 최고 전문가에 의해 소유 및 관리된다. 비록 협력관계를 구축하는 데 필요한 탐색과 계약, 협조 비용이 발생하지만, 전체 거래 비용은 관련된 활동들을 외부화시켜도 이익이 될 수 있을 정도로 충분히 낮다.

네번째 범주의 요소, 즉 유틸리티 요소는 전략적 차별성은 물론 거래 비용도 낮다는 특징을 갖고 있다. 개방형 비즈니스와 기술 표준 덕분에 특화된 기업은 전통적인 기업 모델에서 허용됐던 것보다 더 많은 유틸리티 요소들을 이용할 수 있게 됐다. 협력업체 요소와는 달리, 유틸리티 요소는 공급자의 선정에 있어서 신축성을 제공한다. 특화된 기업은 필

요에 따라 시장 상황과 조직의 요구사항 변화를 고려하여 유틸리티 요소를 선정할 수 있다.

기업의 특화와 구성

특화가 시장 전반에 적용될 때, 기업의 구성도 변하게 될 것이다(그림 10 참조). 현재 내적으로 수행되던 다수의 비차별적 활동들은 외부 전문가에게 인계될 것이다. 그 결과로서, 그들의 기능이 유틸리티 요소로 전환됨에 따라 지원 요소의 비중은 감소하게 된다. 또한 활동들은 유틸리티 전문가의 능력이 성숙됨에 따라 차별화된 협력관계에서 느슨한 상품 용역 협정으로 전환될 것이다.

상황이 달라지면, 활동들은 반대 방향으로 이동하게 될 것이다. 비즈니스를 평가하는 과정이 진행되는 동안, 회사는 자신의 지원 요소들 중 일부가 최고의 능력을 보유하고 있음을 깨닫게 될 것이다. 그와 같은 경우, 이들 능력을 전략 요소에 포함시키고 그것을 시장에 제공하는 쪽이 오히려 합리적이다. 결국 비용 요소를 이윤 요소로 변환시키는 것이다.

경제 전망을 잠깐 훑어보면, 선도적 기업들이 얼마나 많이 특화해 나갔는지를 알 수 있는데 그들은 종종 다른 경로를 택했다. 사라 리(Sara Lee)는 불에 구워서 만드는 먹거리 업계의 선도적 기업으로서 자신의 강력한 브랜드를 중심으로 조직을 변화시켜서 많은 직무를 외적 협력관계를 통해 처리하고 있다. 스프린트 PCS(Sprint PCS)도 유사한 전략을 추구하지만, 자기들의 강력한 무선 네트워크에 집중하면서 배급과 고객 서비스에 전문가를 적극 활용하고 있다. 모토롤라는 사업의 중심을 무선 전화 단말기로 전환하고 무선 기기에 직접적으로 영향을 미치지 않는

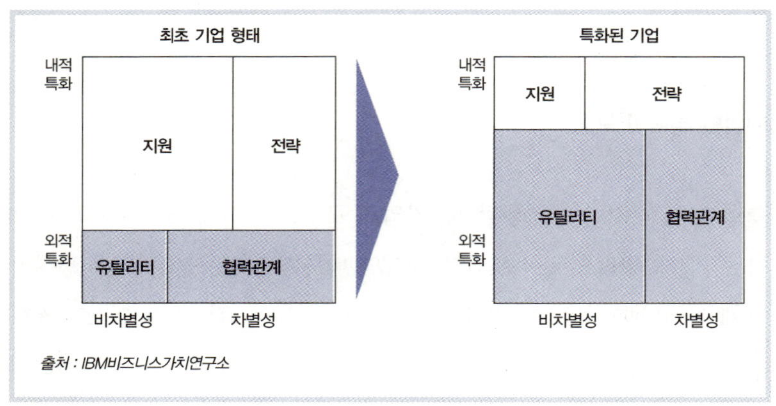

요소들은 외주로 돌렸다. 시벨 시스템은 일부 지원 요소들을 유틸리티 요소로 전환하는 데 집중하고 있으며, IT 인프라와 설비들에 대한 관리를 유지하기 위해 협력관계를 추구하면서 전에는 사내에서 처리하던 비핵심적 활동들을 모두 외부로 돌렸다. 반대로, UPS는 해상 운송사업을 지원하는 데 사용됐던 우수한 물류 능력을 자신의 이윤 창조 사업으로 확대함으로써 지원 요소들을 전략적 요소들로 전환하고 있다.

그들의 방식이 다양한 만큼이나 각각의 사례들은 공통의 주제를 포함하고 있다. 기업들은 레이저로 겨냥한 것만큼이나 정확하게 집중된 전략 요소를 유지함으로써 특화기업으로 진화하고 있는 것이다. 전략 요소가 바로 그들의 비즈니스를 정의한다. 각 기업이 자신의 장점을 발휘할 때, 전체 시장도 혜택을 받게 된다. 반복해서 말하지만, 특화된 기업은 진정으로 느슨하게 결합된 산업 네트워크의 일원이 되며, 다양한 출처를 통해 최고의 능력만을 사용할 수 있게 된다.

특화의 사례

오늘날, 특화 기업의 전형적 사례라고 주장할 만한 기업은 거의 없다. 어떤 기업도 최종 목적지에 도달하지 못했지만, 많은 기업들이 특화를 향한 여정에 있다. 심지어 어떤 기업은 자신이 결국 특화의 길로 가고 있다는 사실을 인식하지 못하는 경우도 있다. 비전을 가진 소수의 기업은 상당히 의미 있는 행보를 보인다. BP와 프록터 앤 겜블은 내적으로 구조조정을 시행하고, 핵심 활동들을 비즈니스로 통합하여 거기에 몰두하고 있으며, 외부 협력관계의 이용도 증가하고 있는데, 그것은 특히 지원부서의 업무에서 그런 경향이 두드러진다.

BP

BP는 원유 탐사와 배급 분야의 선두 주자로서, 전세계에 분포된 자기 조직의 수행능력을 최적화시키고 기업 디자인상의 진화를 통해 더 큰 신축성과 효율을 발휘해야 할 필요성을 절감했다. 첫 단계는 회사의 전략적 사업 역량을 식별하는 것으로 거기에는 마케팅과 생산, 유전 자산, 주유소 네트워크 등이 포함됐다. 이들 장점에 근거를 두고, BP는 내적 특화와 외적 특화를 향한 발걸음을 내디뎠다.

BP의 내적 특화 노력은 1990년대 중반에 시작됐고 그때 회사는 자신의 중앙집권화된 계층적 조직을 분해해서 90개의 독립 단위조직을 만들었다. 각 단위조직은 책임자와 직원 사이에 일대일 접촉이 가능할 정도로 작아졌다. 또한 계층구조를 수평구조로 전환함으로써 각 단위조직은 회사의 9인 경영진에게 직접 보고하게 됐다. 근로자들에게 회사에 대한 주인의식을 주기 위해, BP는 의사결정권을 단위조직에 부여했고 복잡한 관료적 프로세스들을 투명한 프로세스로 대체했으며, 이런 프로세스들은 학습을 장려하고 분명하게 업무를 가치 창조와 연결시켜 주었다. 1997년까지, 회사는 10년 전 12만 9,000명이던 인원을 5만 3,000명으로 감축했다.[19]

모듈화를 위한 접근법을 채택함으로써, 고위 간부들은 실적과 전략적 요구사항의 변동에 따라 조직을 재구성할 수 있는 신축성을 갖게 됐다.[20] 〈하버드 비즈니스 리뷰〉와의 인터뷰에서, BP의 CEO 존 브라우니(John Browne)는 회사가 어떻게 자신의 모듈 구조를 활용해 특화를 추진했는지 밝혔다. "우리는 우리의 단위조직들을 불변의 구조로 보지 않았습니다. 우리가 조직을 배치할 때, 그들을 올바르게 배치하기 위해 많은 실험을 거쳤죠. 그래도 우리는 여전히 단위조직들을 지속적으로 평가해 그들이 기업 목적에 부합하고 학습효과를 극대화하며 팀들의 활동에 도움이 되는지를 확인합니다. 만약 그렇지 못하다면, 우리는 조직 구조를 바꿀 겁니다. 그들을 분리하거나 통합하겠죠."[21]

BP는 또한 1998년 기업 특화에 눈을 돌려 당시 온실가스 배출을 낮춰서 2010년까지는 1990년대 수준에서 10%를 감축하겠다고 공언했다. BP는 온실가스 배출권(emission credit)을 할당하는 데 중앙의 관리에 의존하지 않는 대신, 특화를 시도하기로 결정하고 배출권 전자 시장을 설립했다. 그래서 그곳에서 배출권은 시장가격으로 거래됐다. 시장을 통한 특화는 BP로 하여금 회사 전반에 걸친 배출 통제 노력을 더 효과적으로 조율할 수 있게 했다. 중앙 계획 담당자의 머리에 의지하지 않는 대신 회사는 각 지역에 대한 정보에 근거해 희귀 상품의 가치변동을 알리는 데 가격 기구를 활용할 수 있었다. 계획보다 더 많이 배출을 감소시킨 단위조직은 목표에 미달하는 동료들에게 여분의 배출권을 판매할 수 있었다. 이런 방식은 극적인 효과를 거두었다. BP는 2001년 온실가스 배출 목표를 달성했고 이는 계획을 무려 9년이나 앞당긴 성과였다.[22]

외적 특화 부분에 있어서, BP는 비핵심 사업부분을 지원해 줄 협력업체를 찾았고 1996년 모빌(Mobil)과 합자 회사를 설립하여 자신의 비차별화된 연료와 윤활유 사업의 개선을 도모했다.[23] BP는 또한 단위조직들을 위해 무선통신 서비스를 한곳에 집중시키고 외부 전문가와 계약을 체결하여 애플리케이션의 개발과 호스팅을 관리하게 했다.[24] 최근에, BP는 인력관리와 재무, 회계 기능도 아웃소싱했다.[25]

프록터 앤 갬블(P&G)

프록터 앤 갬블은 소비자 패키지 상품의 선두 기업으로서, 그들이 거느린 거의 대부분의 사업부분에서 내적 특화와 외적 특화에 의존하는 방법을 습득했다. 회장 겸 CEO인 A. G. 라플리(Lafley)는 회사의 철학을 이렇게 설명했다. "우리의 핵심 능력은 개발과 상품화에 있습니다. 브랜드도 핵심 역량이죠. 고객 사업 개발 역시 하나의 핵심 능력입니다. 우리는 몇 개의 분야에서 제조는 핵심 역량이 아니라는 결론에 도달했습니다. 따라서 나는 회사가 아웃소싱을 더 많이 적용하게 했습니다. 우리는 지원부서를 운영하는 것도 핵심 역량이 아니라고 결정했습니다. 우리는 우리가 가장 잘 할 수 있고 세계 제일이 될 수 있는 일을 해야 합니다."[26]

내적으로, 회사는 강점을 가진 제품에 계속 집중하고 R&D와 브랜드 전문가로서 명성을 유지했다. 하지만 모든 아이디어가 내적일 필요는 없었다. 실제로, 라플리는 새로운 아이디어의 절반 정도는 회사 외부에서 들어왔으면 좋겠다고 말했다.[27] 심지어 자신의 핵심 사업 내에서도, P&G는 전문가를 활용했다. 예를 들어, P&G는 디자인 전문업체인 디자인 컨티넘(Design Continuum)과 협력관계를 구축하여 대단한 성공을 거둔 스위퍼 몹(Swiffer mop) 사업을 지원하게 했다.[28] P&G는 또한 자신의 R&D 분야 전문성을 경쟁자와 함께 활용하기도 했는데, 2002년 그들은 클로록스 글래드(Clorox Glad) 브랜드로 합자 회사를 만들었다.[29]

외적으로, P&G는 비핵심적 사업 부분에서 협력관계와 전문가의 활용을 광범위하게 증가시켰다. 2001년, 그들은 제조 부분을 통합해서 신축성을 증가시켰고,[30] 2002년에는 해외시설의 관리를 외부 전문가에게 아웃소싱했다.[31] P&G의 IT 인프라와 최종 완제품의 유통, 물류 부분은 전적으로 외부 전문가에 의해 수행되고 있다.[32] 그와 비슷하게, 인적자원 부분의 몇 가지 요소들은 2003년 제삼자에게 아웃소싱됐다.[33]

기업 활동 속의 특화 : 차별성과 대응성, 효율성

조직을 내적 특화와 외적 특화의 방향으로 이끌어감으로써 기업은 차별화와 대응성, 효율성에서 전통적인 기업 디자인의 범위를 뛰어넘어 동시적이고 단계적으로 변화하는 진보를 달성할 수 있다.

요소화를 통한 차별화는 다양한 혜택을 제공한다. 차별화된 기업은 상품 가격책정과 새로운 시장의 개척이라는 프리미엄을 통해 더 높은 수익을 올린다. 전문가들과 협력관계는 이윤의 폭을 증가시킬 뿐만 아니라, 수익이 나지 않는 사업을 정리하는 데도 도움이 된다. 사내에는 더 적은 자산만을 보유함으로써 좀더 전략적인 요소들에 투자할 수 있도록 자원을 재할당하는 것도 가능해진다. 차별화에 필요한 집중과 전문성과 요소 구조에 의해 제공되는 실적 관리 능력은, 강력한 위험 감소 역할을 하게 된다. 여기서 핵심은 전반적인 산업 환경 속에서 기업이 차지하는 위치를 분석하고 진정한 차별화를 실현할 수 있는 요소에만 투자함으로써 이들 핵심적 전략 요소에 혁신을 유도하고 동시에 나머지 부분을 대신해 줄 적절한 협력관계를 추구하는 데 있다.

대응성은 특화된 기업이 확보하게 될 두번째 혜택이다. 역사적으로 기업들은 기회 예측과 위험 인식에 근거한 신중한 기업 모델을 운영해오면서 소비자에게는 사전에 정해진 가치 제안을 받아들이도록 강요했다. 결국 그런 회사들은 고정된 프로세스와 관계로 인해 부담을 갖게 됐다. 이런 비신축성은 새로운 사업을 선보이는 데 필요한 리드 타임(lead time)을 증가시키면서 협력관계를 효과적으로 이끌어가는 능력을 감소시켰다. 이와 대조적으로, 특화된 기업은 다른 경우라면 전혀 예측하지 못했을 시장 환경과 주주의 요구 변화를 신속하게 감지하고 반응한다.

대응성은 모듈화와 비핵심적 요소들의 제거, 기존 전문가의 활용을 통해 달성된다.

특화된 기업은 또한 전통적 기업 모델을 따르는 회사들보다 훨씬 효율적이다. 전통적 모델은 운영과 조직을 사일로(Silo) 속에 고정시킨다. 이들 기업들은 고정된 자산에 투자하고, 회사 전반에 걸쳐 규모의 경제를 달성하려는 시도를 보이며, 내기와 같은 불확실한 능력을 사내에서 개발하려고 노력한다.

특화된 기업은 위험부담을 줄이고 고수준의 생산성과 비용 관리, 자본효율성, 금융 예측가능성을 발휘할 수 있도록 비용 구조와 비즈니스 프로세스에 신축적으로 적응하는 능력을 갖고 있다는 점에서 기존 모델과 차이가 있다. 특화는 전략적 요소에 집중적으로 투자하면서 동시에 최적의 비용 대 성과의 관점에서 외부 전문가들을 선택함으로써 달성된다.

이와 같이 차별화와 대응성, 효율성에 집중한 결과 특화된 기업이 고객과 직원, 그리고 주주들에게 더 큰 가치를 제공할 수 있는 능력을 갖추게 되었다. 고객들은 제품과 공급 채널에 대한 선택의 폭이 넓어지고 개인별 맞춤 서비스를 누리는 혜택을 얻는다. 고객들은 또한 고객만족 활동을 위해 소요되는 시간의 감소로 인해 큰 가치를 얻는다. 직원들은 명확한 승진 경로와 업무와 직접 연관이 없는 기술에 대한 발전과 교육의 기회를 제공받는다. 주주들은 기업 수입의 증가와 프리미엄 주가수익비율 멀티플(multiple), 그리고 장기적 투자가 유리해지고 예측 가능성이 커지는 수확을 얻는다.

기업과 그것이 가치를 전달하는 사람들(고객과 직원, 주주) 사이에는 공생관계가 성립된다. 기업이 고객이나 직원, 주주들에게 전달하는 각각의 가치는, 그 자체로 가치를 창조한다. 고객을 만족시킴으로써, 기업은 그들의 충성심을 얻고 가격 하락을 억제할 수 있다. 직원을 만족시키게 되면, 더 우수한 지도력을 발휘할 수 있는 잠재력이 증가하여 불필요한 혼란을 줄일 수 있다. 끝으로, 주주의 가치를 실현시키는 활동은 신뢰 수준의 상승과 자금 동원에 사용할 수 있는 선택의 폭이 넓어지는 결과를 초래한다.

결론

2015년이 되면, 기업들은 지금과 매우 다른 모습을 하고 있을 것이라고 우리는 예상한다. 세계적으로 가장 성공한 기업은 소수의 결정적인 사업 부분에 집중하는 특화된 기업이 될 것이다. 포괄적 연결 플랫폼의 축소판인 경제는 거래 비용을 단단하게 조일 것이며 기업에 새로운 종류의 의무를 부과할 것이다. 기업들은 거대 규모의 저비용 산업 가치 네트워크에 합류하게 될 것이다. 이들 가상 기업 생태계에서, 기존의 경쟁자는 전략적 동맹자가 될 것이다. 비용 센터는 수익의 원천이 될 것이다. 과거의 거래가 미래에는 관계로 전환된다. 오늘날 기업을 정의하는 경계선은 느슨하게 결합된 요소들로 분해되고 그들은 통합된 기능적 사일로를 대체하게 될 것이다. 결국 성공하는 기업이 되려면 기업 내부에서 벌어지는 핵심적 활동들의 집중과 외부 전문가들을 향한 비핵심적 활동의 분산 사이에서 최적의 균형을 유지할 수 있어야 한다.

　　● **조지 포레(George Pohle)**
IBM비즈니스가치연구소 글로벌 리더

　　● **피터 코르스텐(Peter Korsten)**
전략과 변화 (Strategy & Change) 부문과 IBM비즈니스가치연구소 EMEA 리더

　　● **샌커 라마머시(Shanker Ramamurthy)**
재무 서비스 전략과 변화 (Financial Service Strategy & Change) 컨설팅 부문 영업 분야 리더
이자 파트너

　　● **스티븐 포에킹(Steven Foeking)**
IBM비즈니스가치연구소의 전략과 변화 부문 컨설팅 리더

참고문헌

1　'당신의 차례 : 글로벌 CEO 연구 2004(Your Turn : The Global CEO Study)' 2004.

2　'주문형 기업 : 가치 창조를 위한 새로운 아젠다(On demand business : The new agenda for value creation),' IBM비즈니스가치연구소, 2003.

3　마리 잔더(Mary Jander), 'IDC 적정한 FTTP 성장을 예상한다(IDC Sees Modest FTTP Growth),' 라이트 리딩(Light Reading), 2003년 11월 18일.

4　'WiFi를 통한 이윤추구(Profiting from WiFi),' 커뮤니케이션 투데이(Communication Today), 2004년 7~8월.

5　IBM비즈니스가치연구소 분석.

6　ibid.

7　로널드 코즈(Ronald Coase), '기업의 본질(The Nature of Firm),' 이코노미카(Economica), 1937.

8　ISM/포레스터 리서치(ISM/Forrester Research), e비즈니스에 대한 보고(Report on eBusiness), 2003년 7월 16일, http://www.ism.ws/ISMReport/Forrester/FROB072003.cfm

9　ibid.

10 바턴 골든버그(Barton Goldenberg), '고객 셀프서비스 : 당신은 준비됐습니까?(Customer Self-Service : Are You Ready?),' CRM 매거진(CRM Magazine), 2004년 5월. http://www.destinationcrm.com/articles/default.asp?articleID=4011.

11 '재난 대비(Disaster Preparedness),' CIO.com, 2003년 8월 13일. http://www2.cio.com/matrics/2003/matrics592.html.

12 조나단 핸콕(Jonathan Hancock)과 이안 그린할(Ian Greenhalgh), '공유 서비스 : 기능에서 프로세스로?(Shared Service : From Functions to processes?),' 스펙트라 매거진(Spectra Magazine), 2002년 11월 7일.

13 IBM비즈니스가치연구소 분석.

14 '은행 체계의 해체(Deconstructing the Banking System),' 리테일 뱅커 인터내셔널(Retail Banker International), 2000년.

15 후안 페레즈 카를로스(Juan Perez Carlos), 'IDC BPO 지출과 도전의 증가를 예상한다(IDC Sees BPO spending, challenges increase),' 인포월드(InfoWorld), 2004년 5월 5일. http://www.infoworld.com/article/04/05/05/HNidcbpo_1.html.

16 제프리 M 카프란(Jeffrey M. Kaplan), '다른 의견들 : IP여 안녕, 환영 IS(Other Voices : Goodbye IT, Welcome Back IS),' 인포메이션위크(InformationWeek), 2003년 6월 23일. http://www.informationwe다.com/stroy/showArticle.jhtml?articleID=10700263.

17 무니 코타디아(Munir Kotadia), '아웃소싱 메가딜은 2003년 배가 된다(Outsourcing megadeals double in 2003),' ZDNet UK, 2004년 1월 21일. http://news.zdnet.co.uk/business/management/0,39020654,39119217,00.htm.

18 로널드 코즈(Ronald Coase), '기업의 본질(The Nature of Firm),' 이코노미카(Economica), 1937.

19 존 브라우니(John Browne), '학습능력의 폭발 : 브리티시 페트롤리움의 존 브라우니와 인터뷰(Unleashing the Power of Learning : An Interview with British Petroleum's John Browne),' 하버드 비즈니스 리뷰, 1997년 10월 1일.

20 ibid.

21 ibid.

22 토마스 W. 말론(Thomas W. Malone), '내 속을 시장에 팔기(Bringing the market inside),' 하버드 비즈니스 리뷰, 2004년 4월 1일.

23 존 브라우니(John Browne), '학습능력의 폭발 : 브리티시 페트롤리움의 존 브라우니와 인터뷰(Unleashing the Power of Learning : An Interview with British Petroleum's John Browne),' 하버드 비즈니스 리뷰(Harvard Business Review), 1997년 10월 1일.

24 'SAIC와 BP가 거대한 아웃소싱 계약을 체결했다(SAIC and BP Sign Major Outsourcing Agreement),' SAIC 언론 발표, 2000년 8월 11일.

25 루스 반햄(Russ Banham), '전부를 가진 하나(One with Everything),' CFO, 2002년 11월 1일.

26 로버트 버너(Robert Berner), 'P&G : 새롭게 개선된(P&G : New and Improved),' 비즈니스위크(BusinessWeek), 2003년 7월 7일.

27 ibid.

28 부르스 누스바움(Bruce Nussbaum), '디자인의 힘(The Power of Design),' 비즈니스위크, 2004년 5월 17일.

29 '클로록스, P&G와 계약을 성립시키다(Clorox finalizes Procter & Gamble deal),' 어미리컨 시티 비즈니시 저널스 인코퍼레이션(American City Business Journals Inc), 2002년 11월 14일.

30 클리프 피알레(Cliff Peale), '아이보리데일 매각 행복한 결말을 맺다(Ivorydale sale ends happily),' 신시테티 인콰이어러(The Cincinnati Enquirer), 2003년 4월 1일.

31 '존스 랑 라살레는 P&G의 7억 달러 설비 관리 계약자로 선정됐다(Jones Lang LaSalle Selected By P&G For $700 Million Facilities Management Contract),' P&G 언론 발표, 2003년 6월 3일.

32 로버트 버너(Robert Berner), 'P&G : 새롭게 개선된(P&G : New and Improved),' 비즈니스위크(BusinessWeek), 2003년 7월 7일.

33 후안 페레즈 카를로스(Juan Perez Carlos), 'IBM, P&G와 BPO 계약을 체결하다(IBM finalizing BPO deal with Procter & Gamble),' ComputerWeekly.com. 2003년 11월 1일.

03 기술 주도적 사업 전략 개발

서론

'성장' 이라는 키워드가 최우선적 기업 목표로서 비용절감을 빠르게 앞질러가고 있는 상황이다. 이에 경영자들은 사업 전략을 재검토하고 지속적인 성장에 박차를 가할 혁신적인 방법을 찾기 위해 앞장서고 있다. 이상적인 전략을 찾는 과정에서 겪게 되는 놀라움에도 불구하고, 전략 그 자체보다는 '전략이 어떻게 개발되는가' 에 그 해답이 놓여 있는 것이 아닌가 싶다.

사업 전략을 체계화하는 과정에서 기업들은 현재 전통적인 접근 방법대로 고객층, 상대적인 시장 점유율, 현재 및 잠재적인 경쟁 위협 등을 분석하기 위해 엄청난 양의 데이터를 뽑아내고 있다. 이들은 어떻게 하면 현재의 제품과 서비스를 개선하고 수정함으로써 현재의 고객들에게 추가적인 가치를 전달할 수 있을까 연구한다. 그렇지만 과연 이런 전통적인 정보만으로 충분한가? (이러한 정보들은 'five force'로 정리되기도 한다.) 이러한 정보들은 기업들이 오늘날 사업 전략을 수립해야 하는 주변 상황을 충분히 이해할 수 있도록 돕는가?

1세기가 넘도록 비즈니스 리더들은 기술을 사업 전략의 실행 수단으로 인식했다. 전략이 우선이고 기술은 이를 수행하기 위한 수단에 불과했던 것이다. 불행히도 오늘날의 기술 환경에서 이러한 사고방식은 전략 개발에 있어서 커다란 그리고 점점 커지는 맹점들을 가져왔다.

일부 경영자들은 '기술'에 대한 시각을 정보기술(IT)에만 국한시킨다. 이들은 기업을 두 가지 범주로 분할하려고 한다. 즉 정보를 거래하는 기업과 물리적인 제품 및 서비스를 거래하는 기업으로 말이다. '비트를 다루는 기업들(bit handlers)'의 경우 (예 : 시스코, 모토롤라, IBM) 기술이 기업 전략 수립에 있어 한 가지 요인이 되어야 한다는 데에 동의할 것이다. 그러나 아직도 많은 회사들이 기술을 효율성 개선 수단 또는 사후 처리 수단, 즉 이미 정의된 사업 전략을 수행 또는 최적화하기 위한 방법으로 간주한다. 즉 기술을 어떤 기회가 존재하고 전략적으로 무엇이 가능한가를 결정하기 위한 하나의 메커니즘으로 생각하지는 않는다는 말이다. 그러나 기술은 IT 이상의 것이다. 넓은 의미에서 기술은 기업이 노동력, 토지, 자본을 제품과 서비스로 전환하는 수단으로 정의된다.[1] 이런 관점에서 기술적 진보는 어디에서나 찾아볼 수 있다. 이보다도 중요한 것은 시장에 직접적으로 영향을 주거나 잠재적으로 시장을 붕괴시키는 여러 가지 기술이 확산되는 상황에 기업들이 처해 있다는 점이다. 이러한 기술 대부분은 디지털 기술의 형태로 원자의 세계로 넘어온다. 게다가 기술 환경의 변화는 생각보다 훨씬 빠르게 우리 주위에서 일어나고 있다. 지연 기간(기술 관점에서의 변화의 시간)이 계속해서 단축되고 있는 것이다. 사실상 모든 업계에서 기술 수용 곡선의 경사가 점점 더 가파르게 바뀌고 있는 것이 사실이다.(그림 1 참조)

빠른 기술적 진보가 끊임없이 현 상태를 바꿔버리고 있는 이런 세계에서 혁신을 이루고 성장하려면, 리더는 기술 자체가 경쟁 분야의 속성을 점점 더 강력하게 형성, 변화, 정의하고 있다는 사실을 인정해야 한다. 기술이 더 이상 실행상의 이슈만으로 남겨져서는 안 된다. 기술은 전략 체계화의 중심에 있어야 한다.

성공적인 기업들은 이미 이 같은 시류를 따라잡았다. 이들의 혁신은

그림 1 미국 내에서 새롭게 등장한 기술 소비재의 수용률

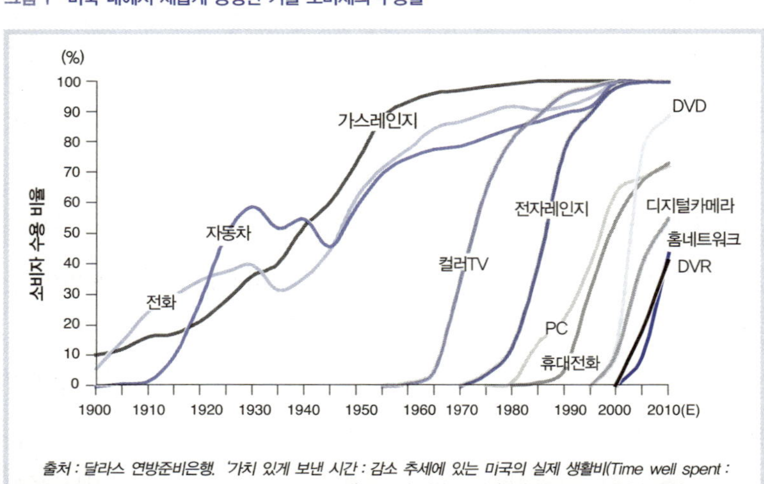

출처 : 달라스 연방준비은행. '가치 있게 보낸 시간 : 감소 추세에 있는 미국의 실제 생활비(Time well spent : The declining real cost of living in America)' 1997년 연간보고서 '벤치마크 2004 데이터 개요(Benchmark 2004 Data Overview)' 포레스터 리서치(Forrester Research, Inc.), 2004년 6월 IBM BCS 분석

시장에 대한 통찰력과 기술적 노하우가 교차하는 중간 지점에 자리잡고 있는 것이다. 최근 연구의 일부로 IBM비즈니스가치연구소는 이런 기업 10곳을 조사하여 이들이 어떤 공통적인 속성을 가지고 있는지 파악해 보았다. 연구결과에 따르면, 성공적인 기업들은 전략 개발에 대해 근본적으로 다른 접근법을 취함으로써, 업계에서 경쟁자들이 겪었던 전통적인 전략적 맹점을 제거하고 있음을 알 수 있었다. IBM은 이것을 기술 주도적 사업 전략이라고 부른다.

혁신—성장으로 가는 길

전세계적으로 CEO들은 성장 쪽으로 관심을 돌리고 있다. 2004년 IBM 글로벌 CEO 연구(IBM Global CEO Study)의 일환으로 진행된 인터뷰를 통해 면담한 456명의 CEO 가운데 80%가 향후 3년 간 재무성과를 강화하기 위한 최우선적 초점 분야로 매출 신장을 꼽았다.[2]

현재의 주가로 미루어보아 앞으로 상당한 성장이 기대된다는 점을 감안할 때, 이와 같은 맹렬한 집중은 놀라운 것이 아니다. 경영자들은 시장 가치를 유지하기 위해서라도 실질적인 성장을 추진해야 한다(그림 2 참조). 주주 수익률을 높이기 위해 리더들은 어떻게든지 좀더 많은 성장 동력을 찾아야 한다.

개선, 파생, 확장으로 현재의 고객을 타깃팅하는 방법, 가격을 인상하는 방법(경쟁 면에서 바람직한 경우에도), 현재의 시장 내에서 상대적인 시장 성장 점유율을 포착하는 방법 등 전통적인 관리 수단으로는 이러한 성장 예측을 달성할 수 없다. 인수를 통해 그러한 성장 예측을 충족시킬 수 있

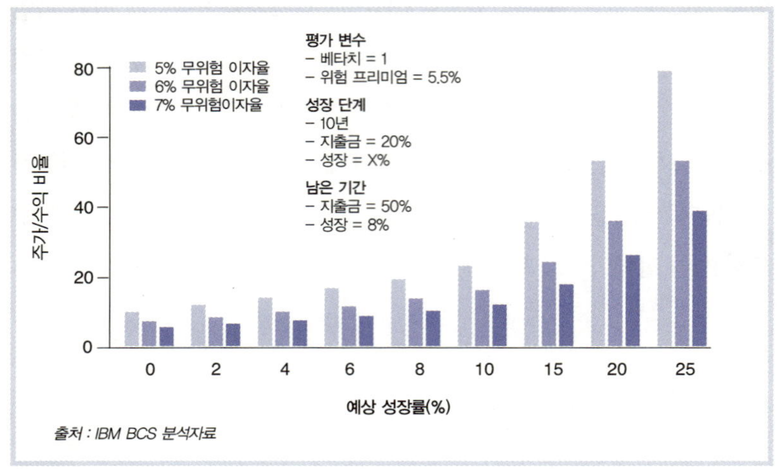

을지 모르지만, 이 경우의 비용 프리미엄은 어떻게 하는가? 그리고 현금
화의 위험에 대해서는 어떻게 하는가? 그러나 다행히도 또 한 가지 성장
원이 있다. 우리는 이 성장원을 혁신 기반의 성장이라고 정의한다.

혁신 기반의 성장은 기업들이 추구하는 지속적인 성장을 이루어줄 잠
재력을 가지고 있다. 정의에 따르면 혁신 기반의 성장은 그 속성상 점진
적이지 않고, 현재의 고객과 시장에 근본적으로 새로운 가치를 전달하
거나 완전히 새로운 시장 기회를 창출한다. 그러한 전략은 경쟁사가 모
방하기 어렵고, 현재의 제품과 서비스를 통상적으로 확장할 때에 얻을
수 있는 것보다 더 지속적인 성장원이 되어준다.

일반적으로 혁신은 세 가지 범주로 구분이 가능하다.

● 제품 또는 서비스 혁신과 관련된 전통적인 영역으로서 고객들에게
  더 많은 가치를 전달해 주는 새로운 제품이나 서비스를 시장에 도

입하는 것.

- 운영 능력 기업이 자원을 획득하고 조직하며 궁극적으로 고객들에게 가치를 전달하는 과정에서 등장하는 혁신.
- 사업 모델 업계의 현재 사업 모델과는 완전히 차별화되며 새로운 통합 가치제안, 운영 프로세스, 수익 메커니즘에 기반을 두고 있는 혁신.

발명은 혁신이 아니다

혁신 기반의 성장을 주도하고자 하는 바람에서 기업들은 연구 개발 (R&D)에 막대한 투자를 한다. 전반적으로 미국은 GDP의 2.7%를 연구 개발에 지출한다. 1994~2000년까지 전체 연구 개발 지출은 1,692억 달러에서 2,650억 달러로 뛰어올랐는데, 이것은 미국 역사상 가장 큰 6년간 상승폭이었다.[3] 그렇게 많은 투자를 했다면 시장 가치에서도 그에 합당한 상승이 있었을 거라 예측할 것이다. 특허는 가시적이고 측정이 쉽기 때문에 성공적인 혁신의 지표로 해석될 수 있다. 그러나 안타깝게도 이 기준으로 볼 때 발명은 매출 신장이나 주주의 가치 창출을 보장하지 못한다(그림 3 참조). 사실, 1993년과 2003년 사이 미국 특허를 가장 많이 받은 10대 기업 가운데 주식 공개 회사인 5곳 중 4곳이 주주들에게 돌려준 수익은 같은 기간 S&P 500보다 적었다.[4, 5]

발명이 그 일부를 구성하기는 해도 혁신은 분명 그 이상의 것을 말한다. 전세계의 다양한 업계의 고객사와 함께 일해온 경험에 따라 IBM은 혁신을 다르게 생각한다. IBM은 '시장 통찰력'과 '기술적 노하우'가 교

그림 3 S&P 글로벌 1200 기업 중에서 특허를 받은 숫자와 주주 수익률 사이에는 아무런 상관관계가 없
었다

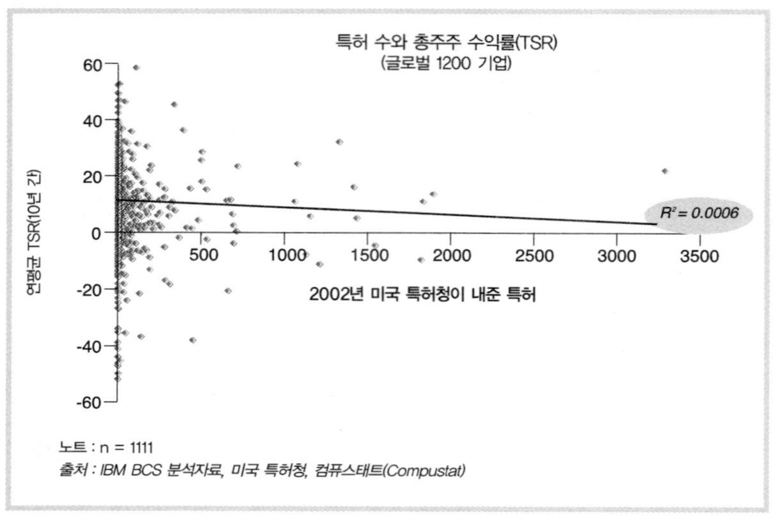

차하는 지점에서, 기업이 시장의 니즈와 기술적으로 실현 가능한 부분
을 부합시킬 때 혁신이 일어난다고 생각한다.

이와 같은 혁신의 정의는 몇 가지 중요한 사실을 함축하고 있다. 첫째
로, 성장을 추진하는 데에 있어, 즉 사업 전략을 체계화하는 데에 있어
기술이 중요하다는 사실이다. 둘째로, 발명과는 달리 기술에 하나의 요
인으로서 노하우를 포함시키면 그것으로 충분하다. 사실, 혁신 기반의
전략들은 새로운 기술적 '발명' 보다는 기존의 통합적인 기술을 시장에
독특하게 적용시키는 내용을 바탕으로 하고 있다. 셋째로, 혁신은 '교차
점' 에서 일어난다. 창업가적 벤처의 경우에는 이 교차점이 고유하며 한
사람, 즉 비전을 가진 창업가에게서 그런 모습을 찾아볼 수 있는 경우가
많다. 안정적인 기업에서 이 교차점은 찾아보기 힘들다. 기업이 두 가지

구성 요소를 모두 가지고 있더라도 기업의 프로세스, 기획 어프로치, 조직 내 규정 때문에 시장 통찰력과 기술적 노하우의 자연스러운 조합이 어려울 수 있다. 마지막으로 오늘날의 빠르게 변화하는 기술 환경에서 노하우는 빠르게 지나간다. 따라서 기업들은 이 같은 변화의 추세와 발을 맞추거나 거기에 이용당하는 위험을 감수하는 수밖에 없다.

기술 주도적 혁신

과거에도 기술은 시장과 경쟁에 많은 영향을 미쳐왔지만, 지난 20년 간 그 영향력은 크게 증가했다. 이것은 앞서 설명한 두 가지 동향으로 인해 주도된 결과다. 즉 기업에 영향을 줄 수 있는 현재 및 잠재 기술의 확산, 그리고 해당 시장이나 업계의 기술 환경 변화 속도 때문이라는 것이다.

과거에는 기업들이 몇몇 기술만 관리했고, 관련된 기술적 노하우가 경쟁 우위의 원천이 되어주었다. 그러나 이제 많은 기업들은 기술이 확장되고 잠재적으로 세분화된 상황에 직면해 있다. 기존에 존재하던 기술들은 속성상 평범한 기술이 되었고 더 이상 경쟁 우위를 제공해 주지 못한다. 신기술은 현재의 경쟁 환경 내에서 경쟁 우위의 원천이 될 수도 있고 최근의 조사 보고서에 나타난 대로 시장을 붕괴시킬 수도 있다.[6,7] 기업들은 모든 잠재적인 결과를 쉽게 예측할 수 없게 되었다. 자본과 자원의 한계 때문에 기업들이 모든 기술에 직접 투자할 수 없게 되었기 때문이다. 따라서 리더들은 어디에 투자하고, 누구와 파트너 관계를 맺으며, 어디서 자원을 조달할지에 관한 중요하면서도 전략적인 결정을 내려야 한다. 예를 들어 보편화된 무선 기술이 암묵적으로든 명시적으로든 많은

사례 : 기술은 일상적인 제품에 급진적인 변화를 가져올 수 있다

기술은 가전 제품이나 자동판매기와 같은 일상적인 제품의 성능을 근본적으로 바꾸는 수단이 되고 있다. 이탈리아의 전자 제품 제조 업체인 멀로니(Merloni)는 RFID 기술을 사용하는 혁신적인 백색 가전 라인을 발표해 평범한 제품의 기능을 바꾸었다. 예를 들어 RFID가 부착된 옷을 집어넣으면 이 회사의 세탁기는 적절한 세탁 프로그램을 선택해 주는데다, 같은 세탁물 안에 들어가서는 안 되는 직물이 발견되면 소비자에게 경고까지 해준다. 냉장고는 RFID가 붙은 내용물에 따라 영양 균형을 맞춘 식사와 조리법을 제안하고 음식의 유통기간이 만료되기 전에 소비자에게 통보도 해준다.[8]

자판기로 뽑을 수 있는 제품부터 기계 작동의 효율성, 소비자의 결제 방법까지, 자동판매기의 기능도 변화하고 있다. 자동판매기의 편리함을 좋아하는 것으로 잘 알려진 일본 소비자들은 현재 자동판매기로 음악과 소프트웨어 게임을 다운받고 있다.[9] 기업들은 자동판매기에 소모되는 전력 이용료를 줄이고자 주변에 아무도 없을 때는 기계를 자동으로 꺼지게 하는 동작 센서를 부착한 장치도 이용하고 있다.[10] 많은 지역에서 현금뿐 아니라, 신용카드를 긁거나 휴대전화를 통한 결제도 가능하다.

아파트 단지와 대학 기숙사의 세탁실은 두 영역의 기술을 혼합하여 전형적인 세탁실의 모습을 바꾸고 있다. 사용자는 컴퓨터나 모바일 장치를 통해 원격으로 세탁기와 건조기의 상태를 확인하고 비누와 섬유 유연제 투입과 같은 기계의 기능을 선택할 수 있다. 세탁이 완료되면 이메일을 통해 원하는 장치로 통보를 받을 수도 있다.[11]

이러한 애플리케이션들의 시장 현실화 정도는 각기 다른 위치에 놓여 있다. 그러나 중요한 것은 이러한 기회를 생각해 내기 위해서 기술이 전략 체계화의 인풋 (input)이 되어야 한다는 점이다. 이러한 정보가 부재한 경우 시장 기회를 놓치거나 전략적 맹점이 나타날 수 있다. 또한 다음과 같은 주요 전략적 문제에 대한 해답을 찾아야 한다.

- 전략적 기술 포트폴리오에 포함되어야 하는 기술은 무엇인가?
- 포트폴리오가 어떻게 변하고 있는가? 그리고 이것이 핵심 기능과 기업의 경쟁 우위에 대해 함축하는 바는 무엇인가?
- 기술의 압박을 피하고 시의 적절하게 혁신을 도입하기 위해, 현재의 전략 기획 프로세스에서는 어떠한 방법으로 시장 통찰력과 이 기술적 노하우가 교차하도록 하고 있는가?
- 특별한 기술과 관련 기능에 어떻게 접근하고 이를 통합할 것인가? 내부적 개발, 파트너십, 소싱을 통해 이것이 달성될 수 있는가?

기업의 기술 포트폴리오에 들어왔다. 의료 장비에서부터 미디어 콘텐츠 배포, 보험 언더라이팅에 이르는 여러 산업에 걸쳐서 말이다.

이러한 기술의 확산으로부터 영향을 받지 않는 회사는 거의 없다. 심지어 치약과 양치액처럼 전통적으로 로테크(low tech)로 여겨지던 제품 범주의 경우조차, 기술을 접목시켜 새로운 시장을 창출했고 새로운 제품 범주(치아 미백 제품과 구취 제거제)와 관련된 시장이 급속하게 확장하는 현상을 가져왔다.

이것은 그저 일시적인 추세가 아니다. 자동차 산업만 살펴보더라도 알 수가 있다. 자동차라는 전통적인 기계 제품을 완전한 전자 제품으로 재창조하는 꾸준한 발전이 진행되고 있는 것이다. 2010년까지 자동차 혁신의 90%는 전자와 관련된 부분일 거라 예상되고 있다(그림 4 참조).

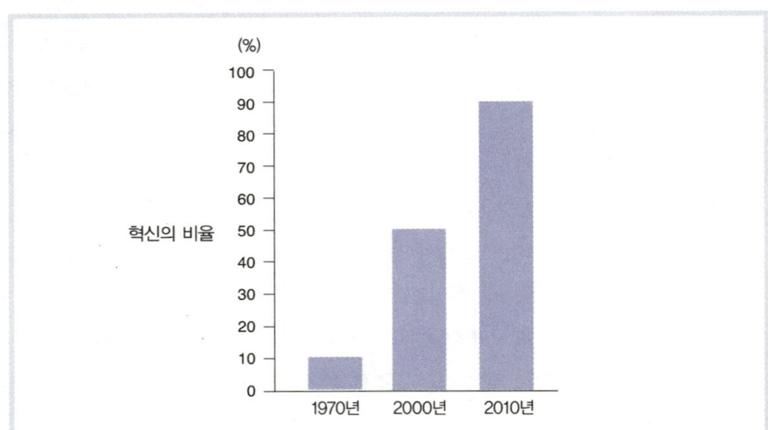

출처 : '분산 내장형 자동차 시스템에서 소프트웨어의 재사용(Reuse of Software in Distributed Embedded Automotive Systems)' 2004년 아우디 내장형 자동차 전자제품 심포지엄(Embedded Automotive Electronics Symposium, 푸조, 2004년 6월 23일 '로랜드 버거 연구, 자동차 연구개발에 대한 비용 압박이 증가할 것(Roland Berger Study Says Cost Pressure on Automotive R&D Will Increase)' PRNewswire, 2004년 7월 21일 IBM비즈니스가치연구소 인터뷰 및 분석자료

새로운 국면에 접어든 것은 비단 기술적 변화뿐만이 아니다. 그 속도도 점차 빨라지고 있다. 좀더 구체적으로 말해 기술 환경에서 변화가 더욱 자주 일어나고 기술적 변화 사이에 상대적으로 안정적인 기간이 점점 짧아지고 있다는 것이다. 기술 환경의 변화가 더딘 시기에는 기업들이 기술을 불변의 것으로 가정 또는 취급할 수 있다. 절대적으로, 그리고 안전하게 현재의 기술 환경을 가정해 사업 전략이 세워질 것이다. 그러나 많은 기업들의 경우 이러한 현실이 무너지고 있다. 기술 환경이 고정적이라고 가정하는 것은 전략적으로 위험할 수 있다. 왜냐하면 대부분의 기업에서 환경 변화 사이의 기간이 단축되고 있기 때문이다. 그러므로 기술은 사업 전략 수립을 위한 주요 input으로 간주되어야 하며 그

정보를 평가하는 빈도도 늘려야 한다. 이런 복합적인 추세가 그림 5에 시각적으로 잘 표현되어 있다. 기업들은 오늘날의 환경에 부합하는 여러 가지 기술에 대해 자본과 자원을 얼마나, 어떻게 할당할 것인지를 결정해야 한다. 이것을 보통 존속성 기술(sustaining technologies)이라고 지칭한다. 이것은 오늘날의 환경에서 경쟁하고 승리하기 위해 반드시 필요하다. 예를 들어 혁신 주기를 놓치면 시장 점유율, 경쟁 우위, 가격 결정력에서 손실을 가져올 수 있다. 이러한 활동은 성장을 추진하기 위한 기틀이다. 다른 한편으로, 성공적인 기업이 계속해서 성장하려면 변화하는 기술 환경을 예측할 줄도 알아야 한다. 그러한 변화는 종전의 기술에 이어 점점 더 빠른 속도로 등장한다. 기업은 이런 신기술(와해성 기술, disruptive technology)에 투자하고 이를 적절히 키우고 최대한 활용해야 오랜 기간에 걸쳐 지속적인 성장을 이룰 수 있다. 기술은 새로운 시장과

그림 5　기술 환경에서의 변화 관리

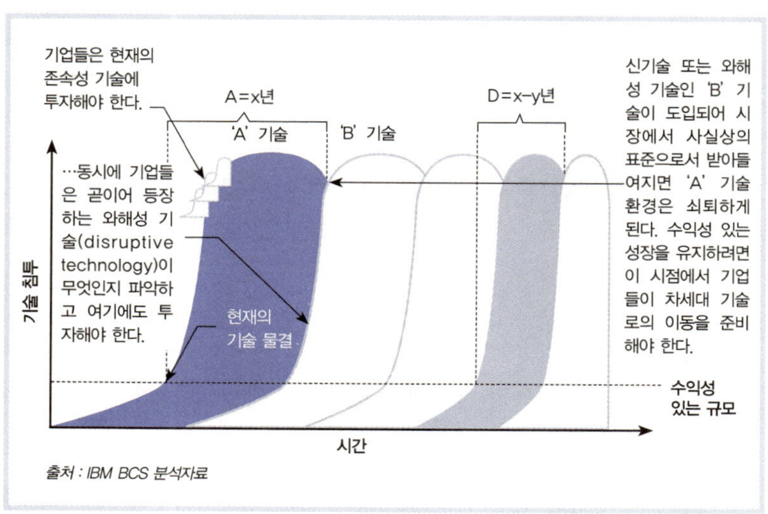

고객의 원천이 되기도 한다. 두 가지의 기술 포트폴리오를 관리하지 않는다면 기업은 현재 환경에서의 경쟁에 실패하거나 변화하는 환경에서 성장세를 유지하기가 어려워진다.

이렇게 이중적인 포트폴리오를 운영해야 할 필요성이 등장하고 변화 물결 사이의 시간 차가 좁혀짐에 따라 기업들은 더 이상 기술을 2차적인 관리 이슈로 취급할 수 없게 되었다. 사업 전략 체계화에서 기술이라는 변수를 무시하거나 기술을 고정적인 변수로 가정할 경우 기업의 성장은 위험에 처할 수 있다. 혁신의 시기를 놓칠 경우 수익 감소나 시장 점유율 감소 사태가 일어날 수 있고, 사업 모델이 갑자기 시대에 뒤지게 되면 심지어 산업의 현대성 결여 현상까지 발생할 수 있기 때문이다.

무엇이 혁신 기업들을 혁신적이게 만드는가?

성공적인 기업이 어떻게 혁신을 이루고 기술 변수를 사업 전략 개발에 통합하는지 좀더 자세히 알아보기 위해, IBM비즈니스가치연구소는 각 업계에서 혁신 기업이라고 알려진 10개 기업을 연구해 보았다. 이들 기업의 혁신은 다음 중 한 가지 또는 그 이상을 달성했기 때문에 두드러졌다.

● 경쟁의 근본을 바꾸었다.
  어떤 산업이든 특정 시점에서 기업들은 대개 제품 기능, 가격, 고객 서비스, 또는 서비스의 폭 등 성과 기준에 속하는 요소들을 바탕으로 경쟁한다. 기업들은 이렇게 '용인된' 성과 기준을 따라 경쟁사를 이기기 위해 에너지를 투자하는 경우가 많다. 반면 혁신적인 기업들은 게임 자체를 바꿔버린다. 전통적인 성과 기준을 바탕으로 업계 라이벌과 정면으로 경쟁하는 대신, 이들은 이제 막 등장하거나 아직 구체화되지 않은 시장의 니즈를 이용한 새로운 기준을 적용해 스스로를 차별화시킨다. 예를 들어, 산업재 기업은 제품 기능에서 신속한 주문 처리로 경쟁의 틀을 바꿀 수 있다. 또는 서비스 기업이라면 가격에서 편의성으로 초점을 전환할 수 있을 것이다. 이러한 혁신 유형은 고객에게 새로운 가치를 전달하는 동시에, 혁신 기업에게는 경쟁적 차별화를 창출해 준다.[12]

● 규모의 규칙을 깨뜨렸다.

각 산업 내에서는 규모와 관련하여 어떤 암묵적인 규칙이 존재하게 마련이다. 예를 들어 신형 자동차가 수익을 내려면 제품 수명에 걸쳐 x단위 정도 팔려야 한다든지, 신간 서적이 손익 분기점에 이르려면 첫번째 인쇄 분에서 x권이 팔려야 하는 것처럼 말이다. 이러한 발견 뒤에는 자본 투자 결정, 자원의 할당, 시장 선별, 진입 전략 등의 바탕이 되는, 규모에 대한 어떠한 가정이 있다. 대부분의 기업들은 이러한 범위 내에서 운영을 최적화하고자 한다. 그러나 혁신적인 기업은 이러한 규칙을 깰 방법을 찾는다. 좀더 낮은 규모의 수익을 내거나, 반대로 전에 존재하지 않았던 부분에서 규모의 우위를 달성하기 위해 기술을 활용하는 것이다. 이베이(eBay)가 대표적인 사례다. 이 회사는 오래 전부터 지역적이고 매우 단편적이라고 여겨지던 시장에서 규모의 우위를 창출하는 데에 성공했다.

- 전혀 새로운 사업 모델을 도입했다.

어떤 업계든 주도적인 사업 모델이 보편화되는 것이 일반적이다. 전통적인 경쟁사들은 표준적인 사업 모델(가치 제안을 실현하고 수익을 생성하기 위해 채택되는 운영 모델)을 이용하여 보다 높은 효율성을 추진하고 수익을 증대시키고자 애를 쓴다. 반면 혁신적인 기업들은 현재의 업계 사업 모델을 와해시키거나 붕괴시킬 수 있는 대안적인 사업 모델을 찾기 위해 지속적으로 노력한다. 여기서도 마찬가지로 기술이 중추적인 역할을 할 수 있다. 그리하여 과거의 운영 모델이나 수익 메커니즘에 의존하지 않는 사업 모델이 등장하고, 시장 가치의 많은 부분을 혁신적인 경쟁사 쪽으로 옮겨놓을 수 있는 것이다. 소비자 직접 판촉, 주문 제작 방식으로 델 컴퓨터는 업계의 전통적인 비축 생산 모델을 종식시켰다. 그 결과 이 회사는 라이벌 기업들의 고민거리였던 고비용 채널과 초과 재고 문제를 피할 수 있었다.

연구 대상 기업의 성과 역시 혁신에 대한 IBM의 시각을 강화해 주었다. 모든 경우에 이런 기업들은 시장 통찰력을 기술적 노하우와 결합시켜 경쟁사를 따돌렸다(그림 6 참조). 분석 대상 기업과 업계의 교차점을 살펴보아도 이러한 혁신을 가져올 혁신적인 발명은 없었다. 관련된 기술 대부분은 누군가의 독점적인 소유물이 아니었고 상당히 긴 시간 동안 세상에 존재했다. 그러나 이들 기업의 기술 친밀도와 지식 수준이 시장의 니즈와 기회에 맞는 솔루션을 탐험할 수 있는 새로운 시각을 제공해 주었다. 그리고 이들의 시의적절한 결합이 혁신을 가져왔다.

	시장 통찰력	혁신	기술적 노하우
Airbus 항공기 설계 및 제조업체	고객들은 단순히 구매가격뿐 아니라 소유 및 운영에 소요되는 총 비용에 더 신경을 씀.	Fly-by-wire 기술로 연료 소모를 줄이고 조종석 디자인을 통일함으로써 효율성을 높임.	Fly-by-wire 기술
Apollo Group 고등교육 프로그램 제공업체	점점 더 많은 성인들이 교육을 받기 원하지만 시간이 없음.	온라인 학습을 도입하여 미국 내 최다 등록자를 보유한 대학이 됨.	원격 학습 기술
Brother Industries 정보 및 문서 장비, 가정과 산업용 재봉틀, 생산기계 제조업체	고객들은 어떤 기술이 사용되었는가 보다 작업 완수를 더 중요하게 생각함.	재봉틀에서 타자기, 팩스기, 프린터, 이제는 소프트웨어까지 영역 전환에 성공함.	기능을 지속적으로 개발, 확장
Caterpillar 건축과 채광 장비, 천연가스와 디젤 엔진, 산업용 가스터빈 제조업체	고객들은 단순히 구매가격뿐 아니라 소유 및 운영에 소요되는 총 비용에 더 신경을 씀.	장비 성능을 모니터하고 토공 작업을 자동화하는 차량 관리 도구를 도입함.	전자, GPS, 엔지니어링 소프트웨어
Cemex 시멘트, 레미콘, 골재 공급업체	고객들은 시멘트 배달을 기다리는 동안 엄청난 돈을 낭비하고 있음.	배달 시간을 3시간에서 20분으로 단축함으로써 경쟁의 본질을 바꿈.	위성 추적 기술과 고급 일정 관리 소프트웨어
Charles Schwab 증권 거래 및 관련 금융 서비스 제공업체	많은 투자자들은 값비싼 조언이 아니라 저렴한 거래를 원함.	업계 탈규제 후 최초로 할인 거래를 도입하고 온라인 사업단위로 과거의 사업형태를 붕괴시킴.	데이터베이스, 콜센터, 음성 인식기술, 온라인 거래
Dell 일반 소비자 및 전문가를 위한 컴퓨터 제품과 서비스 판매업체	고객들은 가격, 품질, 융통성, 편의성을 원함.	저가의 기본적인 부품에 맞춤형 컴퓨터를 판매함.	공급체인 통합, 콜센터, 전자상거래
Frito-lay 칩과 스낵 제조업체	소비자의 요구와 기호는 지역마다 다르므로 지역에 따른 판매와 마케팅의 융통성이 필요함.	영업 인력이 현장에서 실시간으로 가격, 재고, 고객 변화를 관리할 수 있도록 함.	소형장비(HHD), 무선 커뮤니케이션, 소프트웨어
Hertz 교통수단과 장비 대여업체	여행자들은 편의를 위해서는 프리미엄 가격을 기꺼이 지불함.	네버로스트 네비게이션 시스템과 #1 클럽 골드 서비스는 픽업과 반환 속도를 앞당김.	소형장비(HHD), 네비게이션 시스템
Progressive Insurance 자동차 보험과 관련 서비스 제공업체	안전 운전자는 좀더 싼 보험료를 원하고 기대함.	안전 운전자를 위해 과감한 가격 정책을 실시하는 한편 언더라이팅 수익을 높임.	위성 추적기술과 진보된 위험률 계산 방식

출처 : *IBM BCS 분석자료*

사례 : 기술은 프로그레시브(Progressive)의 선구적인 입지에 도움이 된다

1,200만 명 이상의 고객을 보유한 프로그레시브는 미국에서 세번째로 큰 자동차 보험사다.[13] 지난 10년 간 프로그레시브는 그 이름에 걸맞는 여러 차례의 '업계 최초'를 일구어냈다.

- 1994년 업계 최초의 수신자부담, 24시간 자동차 견적 비교 서비스를 개시했다.
- 1996년 최초의 온라인 자동차 보험 견적 비교를 개시했다.
- 1997년 소비자들이 온라인을 통해 실시간으로 자동차 보험 증권을 구매할 수 있는 기회를 처음으로 마련했다.
- 2000년 고객이 웹폰을 이용해서 보험모집인을 찾을 수 있는 최초의 자동차 보험사가 되었다.
- 2000년 자동차 보험 업계 최초로 무선지불을 도입했다.[14]

오랫동안 프로그레시브는 시장 통찰력을 기술적 노하우와 교묘하게 결합하여 여타 경쟁사들과 자사를 차별화하는 혁신을 이루어냈다. 예를 들어, 프로그레시브는 사고 발생 후에 고객을 기다리게 하는 것은 고객의 불안과 좌절감만을 키울 뿐이라는 사실을 알고 있었다. 위성 커뮤니케이션에 대한 실무적인 지식 덕분에, 이 회사는 배상청구 담당자가 고객을 위해서는 굳이 책상 앞에 앉아 있을 필요가 없다는 것을 이해하게 되었다. 이런 지식이 합쳐져 프로그레시브는 1994년 2,600대의 IRV(Immediate-Response Vehicle : 모뎀이 설치된 보상차량)을 도입함으로써 보험회사가 배상청구 업무를 처리하는 방식에 혁명을 일으켰다. 이 프로그램의 핵심은 특별한 장치를 갖춘 자동차 함대였다. 이 자동차들은 글로벌 위치추적 위성과 연결되어 있고 랩탑, 프린터, 휴대폰은 물론, 최근에는 인터넷 연결까지 갖추고 있다. 교육을 받은 손해 사정인은 이러한 IRV를 이용해서 고객이 어디에 위치하든 재빨리 찾아가 현장 견적과 결산수표(settlement checks)를 제공할 수 있었다.[15]

업계의 발단부터 자동차 보험 업체들은 적절한 상품가격을 책정할 수 있도록 위험도에 대한 이해를 높이려 노력해 왔다. 수년 간 그런 계산은 대부분 인구학적 기준과 (보험 가입 후) 개인의 사고기록에 의존했었다. 그러나 GPS와 휴대폰 기술에 대한 프로그레시브의 지식이 늘어감에 따라 이 회사는 자동차가 실제로 어떻게 사용되는지를 안다면 위험도에 대해 훨씬 정확한 시각을 얻을 수 있을 거라고 확신하게 되었다. 그 동안의 시장 경험에 따라, 프로그레시브는 소비자들이 낮은 보험료 대신 개인 정보(언제, 어디서 운전을 하는지)를 기꺼이 공유할 거라는 사실을 알고 있었다. 기회의 가치를 속히 검증해 보기 위해, 프로그레시브는 이러한 시장 통찰력과 기술적 노하우를 혼합한 사용도 기반의 시범테스트를 도입함으로써 학습 기회를 창출하고 기술적 가능성을 평가해 보는 접근법을 취했다. 텍사스 주 휴스턴을 근거지로 한 이 시범 테스트는 자신이 보험료로 얼마를 지불할 것인지 직접 관리할 수 있는 권한을 소비자들에게 제공한 최초의 자동차 보험 프로그램이었다. 이 시범 프로그램은 마일리지와 운전 패턴에 대한 정보를 수집해 이를 위험도 데이터와 결합했고 피보험 인구에 대해 좀더 정확한 보험료를 산정하기 위해 이용되었다.[16]

꾸준한 혁신으로 프로그레시브는 우수한 재무 성과를 달성할 수 있었다. 2003년 이 회사의 순이익은 88% 증가했다.[17] 2001년 이후, 프로그레시브의 주식은 다우 존스 손해보험 지수와 S&P 500 두 군데 모두에서 지속적인 호조를 보였다.[18]

공통적인 요소

이러한 혁신 기업들은 어떠한 요소를 공통적으로 가지고 있는가? 연구 결과와 고객들과의 업무 경험을 바탕으로 우리는 혁신적인 기업들이 사업 전략 개발에 접근하는 방법과 관련하여 몇 가지 공통적인 주제를 파악했다. 다음과 같은 여섯 가지 전략적 신념들은 기업들의 혁신에 도움이 되는 사업 환경을 창출하고, 기술 위주의 기업전략을 도모하는 데에 기여하는 것으로 나타났다.

● 기술을 핵심적인 input으로 간주하라

기업들은 기술을 사업 전략을 실행해 주는 원동력으로만 볼 것이 아니라 전략 체계화의 일차적인 input으로 간주해야 한다. 고객, 시장, 경쟁사와 같은 기타 필요한 변수들과 똑같이 말이다. 보스턴 코치(Boston Coach)에서 사업 전략들은 고객 만족, 운영의 효율성, 수익 증대 등 다양한(가끔은 상충되는) 목표 사이에 균형을 맞추어야 한다. 그러나 이 회사의 핵심 사업 프로세스인 속달 화물 운송이 점점 더 복잡해짐에 따라 하나의 전략으로 사업 목표를 동시에 충족하기란 거의 불가능해 보였다. 그래서 이들은 사업 전략 개발 프로세스에 기술을 집어넣기로 결정했다. 이 회사는 연구팀을 고용해 적합한 기술적 혁신을 파악하고 사업 가능성을 평가해 보도록 했다. 그 결과에 따라 기업은 복잡한 화물 특송 일정을 실시간으로 조절할 수 있는 독점적인 일정 관리 알고리즘과 최적화 엔진을 만들기로 했다. 이런 혁신은 새로운 운영 모델의 바탕이 되었으며, 추가적인 차량, 기사, 배차원 없이도 매출을 최대 10%까지 끌어올리는 동시에, 생산성을 10~20% 높일 수 있게 되었다.[19] 기술적 가능성을 핵심 사업 전략의 요인으로 포함시킴으로 보스턴 코치는 그 시점까지도 업계를 암묵적으로 지배하고 있었던 규모의 규칙을 깰 수 있었다. 이러한 혁신으로 이 회사는 차량당 수익 '기준' 과 거의 완벽에 가까운 정시 픽업 비율의 비용을 재정의했으며, 새로운 뛰어난 표준을 달성했다.

 지속적인 성장을 위한 비즈니스 모델 혁신전략

● 전략과 기술 환경을 정기적으로 점검하라

많은 업계의 경우, 기술 환경이 전통적으로 3년~5년인 전략 기획주기보다 빠르게 변화할 가능성이 높다. 그러므로 기업들은 시장과 비즈니스에 생겨나는 기술 주도적 변화에 후발적으로 반응할 것이 아니라, 진화하는 기술 환경을 적극적으로 활용하기 위해 전략을 지속적으로 관리/수정할 필요가 있다. 예컨대 허츠(Hertz)는 새로운 운영 기능과 고객 솔루션을 창출하여 고객들에게 가치를 전달하고, 일용품화되기 쉬운 시장에서 스스로를 차별화하기 위해 무선 및 위성 기술을 지속적으로 활용했다.

● 떠오르는 사업 기회를 별도로 관리하라

시장 통찰력과 기술적 노하우가 교차하고 혁신이 뿌리를 내리도록 하려면, 기업은 새로운 사업 기회를 핵심 사업과 다르게 관리하기 위해서 별도의 조직 절차, 구조, 정책이 필요하다. 노리치 유니언(Norwich Union)은 종량제 자동차 보험 정책이라는 획기적인 혁신에 착수할 때, 이 특별한 프로젝트만을 전담하는 별도의 팀을 둠으로써 새로운 기회를 외부에 감추었다. 그 결과 이 소규모 팀은 그들의 어프로치를 실험해 보고 다듬으며 훨씬 더 빨리 의사 결정을 내릴 수 있었다.[20]

● 혼란에 대비하라

오랫동안 업계의 정설로 받아들여지던 것들을 바꾸는 기술의 힘을 이해함으로써, 기업들은 시장 변화를 더욱 잘 예측하고 심지어 어떻게 해야 해당 업계에 일대 변혁을 가져올 수 있을지 적극적으로 계획할 수 있다. 노리치 유니언과 프로그레시브(Progressive) 모두 종량제 보험 모델을 현실화시킬 수 있는 새로운 기술을 받아들임으로써, 과거의 언더라이팅, 가격 책정, 상품, 고객 서비스 모델을 뒤집어엎는 기회를 창출할 수 있었다.

● 오늘과 내일의 환경을 염두에 두고 관리하라

기술 변화의 빠른 속도를 이해하는 기업들은 다양한 기능 포트폴리오를 관리해야 한다. 이것은 존속성 기술(기존 사업의 혁신 주기와 보조를 맞추기 위해 이용됨)과 신기술(새로운 시장을 창출하거나 현재의 시장을 잠재적으로 와해시킬 수 있는 기술)로 구성된다. 분명히, 찰스 슈왑(Charles Schwab)은 기존 사업과 관련된 기술적 진보 면에서 최전방 입지를 유지해 왔다. 고메즈(웹 서비스 평가기관) 제일의 인터넷 브로커로 선정되었다든지, 포브스가 가장 선호하는 중개 웹사이트로 뽑혔다든지, CIO 매거진의 상위 100대 회사 중 하나에 들 정도로 인정받은 사실 등에서 알 수 있듯이 말이다. 그러나 동시에 이 회사는 계속해서 변화를 예측하고 그리드 컴퓨팅과 같은 신기술에 투자해 왔다. 이 회사는 이미 2001년에 의사 결정 지원(what-if simulation)과 몬테칼로 시뮬레이션처럼 조언 계산에 필요한 컴퓨팅 기능으로 활용할 수 있는 잠재적인 수단으로서, 이 신기술에 관심을 갖기 시작했다. 슈왑은 아직 사용해 보지 않은 이 기술을 실제로 시험해 보고 이 잠재적인 컴퓨팅 기능이 조언 기능을 얼마나 크게 개선 및 확장시켜 줄 수 있을지 확인하고 싶었다. 그래서 2002년에 이 회사는 각 고객을 위한 맞춤 포트폴리오 추천을 중심으로 그리드 시범 테스트를 운영했는데, 그 결과는 놀라웠다. 여러 개의 프로세서에 배포할 수 있는 작은 단위로 애플리케이션을 쪼갠 다음, 계산이 끝나고 이를 재결합하자 그리드를 작동시킨 시스템의 처리 시간은 평균 8~10

분에서 겨우 15초로 감소했다. 이렇게 새로 발견한 기능으로 슈왑은 고객들과의 관계를 극적으로 바꿀 수 있었다. 투자자들을 일단 집으로 보낸 다음 추천 내용을 이메일, 팩스, 우편으로 보내주는 대신, 조언자는 고객과 한 자리에 앉아 여러 가지 옵션을 의논하며 거의 실시간으로 추천을 제공할 수 있게 되었고, 이렇게 하여 새로운 시장 기회를 창출하게 되었다.[21]

● 기술을 고객의 우선순위에 맞추어라

기업은 기술에 의한 내부적 효율성에만 집중할 것이 아니라, 고객들이 해결하려고 하는 문제점에 관심을 기울이고 그런 특정 이슈에 영향을 줄 수 있는 기술과 새로운 사업 모델이 무엇인지 파악해야 한다. 제품과 시장에 대한 지속적인 평가의 일부로 지멘스 메디컬 솔루션(Siemens Medical Solutions)은 특정 의료 장비가 어떻게 사용되고 있는지뿐만 아니라, 전체 비즈니스 프로세스를 고려하기 위해 종합적인 노력을 기울인다. 이렇게 전체적인 관점을 가짐으로써 이 의료 장비 제조업체는 장비 간 통합 기능은 물론, 좀더 고부가가치적인 관리 서비스에 초점을 맞추게 되었다. 예를 들어, 이 회사는 의료 영상 제품의 개선 방법뿐 아니라 필요할 때 필요한 곳에서, 심지어 수술실에서라도 의료진들에게 영상 정보를 보여줄 수 있는 방법까지 고려한다. 지멘스의 Syngo 플랫폼은 신속한 인식 기능과 온라인, 실시간 토론 기능을 제공함으로써 의사들의 니즈를 지원하고, 환자가 곧 도착할 예정임을 중환자실에 자동으로 통보하는 등 일상적인 업무 활동을 자동화시킨다.[22]

맹점은 이제 그만, 기술 주도적 사업 전략

종합적으로 말해, 이러한 근본적인 원칙들은 전형적인 전략 개발 어프로치를 한계에 이르게 하고 있다(그림 7 참조). 기술은 더 이상 실행상의 이슈나 기정 사실로 취급되는 것이 아니라, 전략 기획의 초기 단계에서 시장 통찰력을 종합해 진정으로 혁신적인 아이디어를 창출해 내는 촉매제가 되었다.

　IBM은 이 접근법을 '기술 주도적 사업 전략'이라고 부른다.

　기술 경쟁력이 처음부터 중요시되기 때문에 기획과 검증이 일찍부터 가능해진다. 기업들은 특정한 과정을 정하기 전에 가능성 있는 다양한

그림 7　기술 주도적 사업 전략은 전통적인 전략 개발의 순차적 속성을 병렬적 접근법으로 대체한다

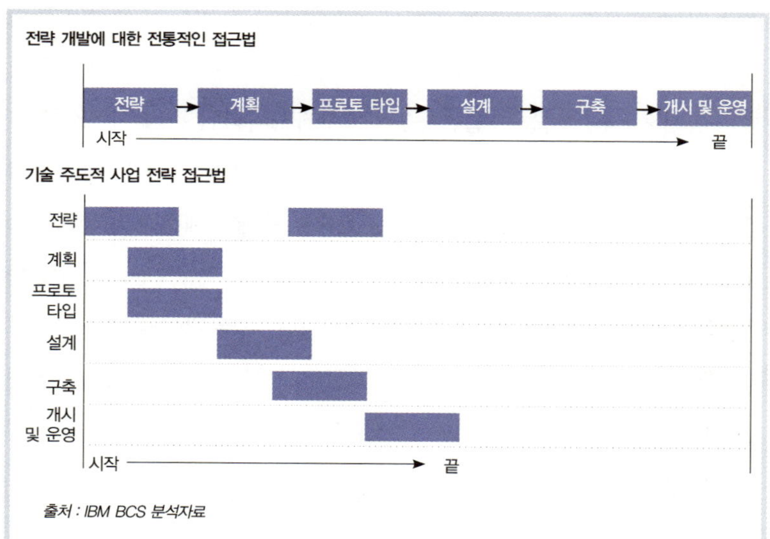

전략을 테스트해 보면서 '전략 검증' 에 관여할 수 있다.[23] 이렇게 반복적인 학습 위주의 접근법에서 검증은 좀더 높은 목적을 갖는다. 즉 선택된 전략의 가능성만을 검증하는 것이 아니라, 다양한 전략적 가능성을 탐색해 보는 것이다. 전략 기획은 일정에 고정되어 있는 것이 아니라, 새로 학습한 내용과 기술 환경에서의 변화로부터 얻은 통찰력을 활용하여 계속적으로 평가 및 수정을 거듭한다.

기술 주도적 사업 전략 접근법은 전통적인 전략 개발과는 근저부터 다르다(그림 8 참조). 대부분의 전략 기획에서는 경쟁사, 공급업체, 타깃으로 삼은 구매자에 대해 알려진 내용을 분석하는 데에 초점이 맞추어진다. 그러나 기술 주도적 접근법에서는 그 초점이 새로운 미지의 분야에 대한 탐색 쪽으로 옮겨지게 된다.

미지의 분야란 전례가 없던 제품과 서비스, 아무도 간파하지 못했던 새로운 시장층, 경쟁의 본질을 바꾸는 새로운 운영 기능 등 혁신에 도움이 되는 활동들을 말한다.

기술 주도적 사업 전략은 고유의 평행성 때문에도 그렇고, 기술적 노하우와 시장 통찰력을 통합하는 데에 초점을 맞추기 때문에 몇 가지 뚜렷한 장점을 제공할 수 있다.

- 시장 출시까지의 기간을 단축하고 기술 쇠퇴의 위험성을 낮춘다.
- 잠재적인 비즈니스 혼란에 대해 미리 경고해 준다. 더불어 경쟁자들을 의도적으로 혼란 시킬 수 있는 수단을 제공한다.
- 특히 대기업에서 혁신을 가로막는 전략적 기획 프로세스의 관료주의를 완화시킨다.

<table>
<tr><th>전통적인 전략 프로세스</th><th>기술 주도적 사업 전략 프로세스</th></tr>
<tr><td>

접근법
- 알려진 사실들을 분석함
- 불확실한 분야를 피함
- 정해진 절차를 따름
- 시장, 고객, 채널, 제품에 초점을 맞춤
- 과거 시간의 흐름 속에서 파악함

각 단계의 목표
- 다음 단계로 넘어가기 전에 모든 활동을 완료하고 분석함
- 다음 단계로 넘어가기 전에 장애물을 만나거나 기준을 검토함. 아니면 현재 단계에 그대로 머묾

특징
- 순차적
- 어떤 결정들이 내려질 수 있는지 판단함
- 계층적이고 위계적임

</td><td>

접근법
- 발견 주도적
- 고유의 불확실성을 파악하고 불확실성 해결과 관리를 프로세스에 통합시킴
- 반복적
- 시장, 고객, 채널, 제품, 기술에 초점을 맞춤
- 미래 지향적

각 단계의 목표
- 학습 기회를 창출함
- 불확실성 해결이 다음 단계의 의사결정을 가능하게 해 줌

특징
- 역동적
- 협동적, 다분야에 걸침
- 어떤 결정들이 내려져야만 하는지 판단함

</td></tr>
</table>

이에 반해

출처 : *IBM BCS 분석자료*

- 전통적인 연간 기획 주기로는 관리가 불가능해질 정도로 빨라지는 비즈니스 속도와 복잡성을 소화한다.

귀사의 전략 개발 접근법은 회사를 어디로 이끌고 있는가?

구체적인 전략이 변하는 경우도 있지만, 많은 기업들은 깊은 생각 없이 기본적이고 일정에 맞춰 전략 프로세스를 매년 똑같이 답습한다. 그리

현재의 사업 전략 개발 프로세스에 이의를 제기해 볼 필요가 있는 10가지 신호

1. 주주의 성장 기대치가 회사가 현재 보유하고 있는 제품과 시장 범위로 가능한 한계를 초과한다.
2. 새로운 제품/서비스가 지속적으로 늦게 출시되거나 시장에 도달할 때쯤이면 기술적으로 진부하다는 취급을 받는다.
3. 제품이나 서비스에 차별화가 부족하여 마진 하락과 일용품화를 가져온다.
4. 여러분이 속한 회사가 포기한 새로운 사업 기회를 새로 시장에 진입한 업체가 쉽게 이용한다.
5. 경쟁사의 새로운 사업 모델이 업계의 현재 수익 및 이윤 구조를 뒤흔들고 있다.
6. 시장과 기술 환경은 회사로부터 계속해서 좀더 많은 유동성과 민감성을 요구한다.
7. 기술 관련 지출액의 대부분이 시장 기반의 경쟁 우위에는 직접적으로 기여하지 않는 효율성 프로그램과 프로세스 영역에 할애된다.
8. 이러한 비즈니스 주도적 생산성 프로그램은 전환된 운영 능력을 근거로 한 장기적인 구조적 비용절감보다는 일시적인 비용절감 효과만을 창출하는 경향이 있다.
9. 기술 실행 프로그램이 수년에 걸쳐 대개 '미약한' 수익 뒤에 '힘겨운' 투자가 이어지는 형태의 '고래등 곡선형' ROI 프로파일을 갖는다.
10. 현재 업계가 가지고 있는 규모의 규칙을 깨뜨리거나 경쟁의 기반을 바꿀 수 있는 기술인데도 너무 늦을 때까지 제대로 활용하지 못하는 경우가 많다.

고 그에 따라 전략이 제시하는 혁신도와 실제로 가져다 주는 수익 성장 결과에 실망하고 만다. 여러분이 속한 회사가 이러하다면 지금 전략 개발 프로세스를 다시 생각해 보아야 할 때인지도 모른다.

결론

비즈니스 경영자들이 전략을 체계화할 때 반드시 고려해야 할 사항들이 몇 가지 있다.

- 혁신은 지속적인 성장을 위해 필수적이다. 또한 성장은 경영자들의 전략적 안건 중에서도 중요한 위치를 차지하고, 많은 기업들에 대한 현재의 평가에는 성장 기대치라는 것이 상당 부분 고려된다. 기업은 변화하는 기술 환경을 통한 관리로, 그러한 지속적인 성장을 유지할 수 있다.
- 혁신은 시장 통찰력과 기술적 노하우의 교차점에서 일어난다. 발명은 혁신과 동일하지 않다. 기술적 역량은 적용 방법을 결정하는 시장 통찰력 없이는 아무 가치가 없다. 그리고 기술이 시장 통찰력을 이용하지 않으면 취약점이 드러나 경쟁사나 새로운 진입 업체의 공격을 당할 수 있다.
- 기업은 기술을 사업 전략 개발의 한 요인으로 포함시켜야 한다. 기술의 영향력은 사실상 모든 제품과 업계로 확장된다. 그리고 기업과 업계가 운영되고 있는 기술 환경은 과거 어느 때보다 빠르게 변화하고 있다. 기술을 최종적인 전략 실행 단계까지 미루거나 몇 년

에 한 번씩 마음놓고 재평가할 수 있는 상수로 취급하면 혁신의 잠
재성을 가진 여러 가지 사업 전략이 표면으로 영영 떠오르지 못하
는 결과가 생길 수 있다. 이러한 맹점은 라이벌들이 발을 들여놓고
먼저 혁신을 이룰 커다란 여지를 제공하게 된다. 사업 전략에서의
격차를 피하기 위해 기업들은 고객, 채널, 제품, 시장과 마찬가지
로 기술(변화, 가능성, 영향력)을 고려해야 한다.

● 기술 주도적 사업 전략은 기업들이 혁신 쪽으로 방향을 돌리는 데
에 도움이 된다. 기술 주도적 사업 전략은 끊임없이 등장하는 업계
의 도전 과제(최근 시장의 발전 모습)를, 혁신을 자극하는 새로운 맥
락 안에서 재조명하도록 함으로써 기업의 시야를 확장시킬 수 있
다. 이러한 접근법에서 기술적 노하우와 시장 통찰력의 중요한 교
차점은 차단되지 않고 독려된다. 기술은 고객, 채널, 제품, 시장과
더불어 평가되며 전략적 혁신을 추진하는 촉매제의 역할을 한다.

기업이 혁신적인 전략이라는 과제에 부딪히면 올해의 성장 기대치를
충족하는 데에 도움이 되는 것으로 그치지만, 혁신을 체계적으로 추진
하는 사업 전략 개발 프로세스를 채택하면 업계에서 명성을 유지하기
위해 필요한 지속적인 성장을 촉진할 수 있다.

● **케빈 맥커리(Kevin McCurry)**
IBM BCS의 전략 및 변화 (Strategy and Change) 부문 파트너

● **사울 J. 버만(Saul J. Berman)**
IBM BCS의 비즈니스 전략 (Business Strategy) 부문 파트너이자 글로벌 리더

● **제프 해건(Jeff Hagan)**
IBM BCS 내의 제휴 개발(Alliance Development) 부문 매니저

참고문헌

1 그레고리 N. 맨큐(Gregory N. Mankiw). '경제학원론(Principles of Economics)' 톰슨 사우스-웨스턴 출판사(Thomson South-Western Publishing). 2003년.

2 '이제는 당신이 행동할 차례 : 2004년 글로벌 CEO 연구(Your Turn : The Global CEO Study 2004)' IBM BCS. 2004년.

3 존 캐리(John, Carey). '높이 날고 있다고(Flying High?)' 비즈니스위크. 2004년 10월 11일.

4 미국 특허청. '온갖 특허, 온갖 종류(All Patents, All Types)' http://www.uspto.gov/web/offices/ac/ido/oeip/taf/apat.htm#PartB.

5 공기업 정보에 대한 IBM비즈니스가치연구소 분석.

6 클레이튼 M. 크리스틴슨(Clayton M. Christensen). 혁신기업의 딜레마(The Innovator's Dilemma). 보스턴 : 하버드 비즈니스 스쿨 출판사(Harvard Business School Press). 1997년.

7 클레이튼 M. 크리스틴슨(Clayton M. Christensen)과 마이클 E. 레이너(Michael E. Raynor). 혁신기업의 솔루션(The Innovator's Solution). 보스턴 : 하버드 비즈니스 스쿨 출판사(Harvard Business School Publishing). 2003년.

8 앤드류 맥린든(Andrew McLindon). '멀로니, 더욱 똑똑한 제품을 만들다(Merloni builds smarter appliances)' electricnews.net. 2003년 4월 8일.

9 브라이언 브렘너(Brian Bremner). '인터넷 시대의 일본 : PC, 스마트폰, 그리고 자동판매기까지?(Internet Age Japan : PCs, Smart Phones, and...Vending Machines?)' 비즈니스위

크 온라인(BusinessWeek online). 1999년 11월. ttp://www.businessweek.com/bwdaily/
dnflash/nov1999/nf91123b.htm.

10 앨빈 파웰(Alvin Powell). '똑똑한 기계가 에너지를 절약한다 : 절약에 대한 갈증을 해소해 주
는 자동판매기(Smart machines save energy : Vending machine innovations slake
thirst for savings)' 하버드대학교 가제트(Harvard University Gazette). 2002년 10월 17일.

11 제이 롤스태드(Jay Wrolstad). 'IBM, 스마트 세탁기를 대학에 보내다(IBM Sends Smart
Laundry Machines to College)' Wireless NewsFactor. 2002년 9월 4일.

12 클레이튼 M. 크리스틴슨(Clayton M. Christensen). 혁신기업의 딜레마(The Innovator's
Dilemma). 보스턴 : 하버드 비즈니스 스쿨 출판사(Harvard Business School Press). 1997
년. 업계에서의 경쟁 변화에 관한 추가적인 분석내용을 살펴보려면 이 자료를 반드시 참고하
기 바란다.

13 프로그레시브사(Progressive Corporation). '프로그레시브사 2003년 연간보고서(The Pro-
gressive Corporation 2003 Annual Report)' 2003년. http://www.progressive.com/
investors/03_annual/03_annual/flash/index.html.

14 프로그레시브사(Progressive Corporation). '프로그레시브 배경해설 기사(Progressive Back-
grounder)' http://www.progressive.com/newsroom/printme.asp?article=http://www. pro-
gressive.com/newsroom/backgrounder.asp.

15 15번과 상동.

16 프로그레시브사(Progressive Corporation). '프로그레시브, 종량제 자동차 보험 등급제에 두
번째 특허 취득(Progressive Awarded Second Patent for Usage-Based Auto Insur-
ance Rating System)' 2000년 7월 13일. http://www.progressive.com/newsroom
/2nd_patent.asp.

17 프로그레시브사(Progressive Corporation). '프로그레시브사 2003년 연간보고서(The Progres-
sive Corporation 2003 Annual Report)' 2003년. http://www.progressive.com/investors
/03_annual/03_annual/flash/index.html.

18 공기업 정보에 대한 IBM비즈니스가치연구소의 분석.

19 IBM사. '보스턴 코치, 실시간 화물특송 시스템으로 새로운 차원의 효율성 달성(Boston Coach
drives to new heights of efficiency with a realtime dispatch system)' 2004년 8월.
http://www-1.ibm.com/industries/wireless/doc/content/casestudy/1151769104.html.

20 IBM사. '노리치 유니언의 종량제 보험(Norwich Union's pay as you drive insurance ini-
tiative)' 2004년.
http://www-1.ibm.com/industries/wireless/doc/content/casestudy/1153089104.html.

21 데이비드 S. 마샥(David S. Marshak) '시장의 조건과 고객의 니즈에 대응하는 찰스 슈왑
(Charles Schwab Responds to Market Conditions and Customer Needs)' 패트리샤 세

이볼드 그룹(Patricia Seybold Group). 2003년 12월. http://www-306.ibm.com/soft-ware/ebusiness/jstart/news/schwab.pdf.

22 시멘스 메디컬(Siemens Medical). '모든 의료 포인트에서의 워크플로우 개선(Workflow improvements at every point of care)' 2004년. http://www.medical.siemens. com/webapp/wcs/stores/servlet/PSGenericDisplay?storeId=10001&langId=-1&catalogId=-1&pageId=10793.

23 마르코 이안시티(Marco Iansiti). 기술통합(Technology Integration). 보스턴 : 하버드 비즈니스 스쿨 출판사(Harvard Business School Press).
1998. 제품개발 분야에서의 실험 및 시장 피드백의 영향력에 대한 심층적인 분석내용은 이 자료를 반드시 참고하기 바란다.

유연한 기업 구조와 조직 문화 설계

04

서론

현재는 바야흐로 유연성이 필요한 시대다. 따라서 주문형(on-demand) 비즈니스를 위해 조직적이고 문화적인 역동성을 창조해야 한다. 산업 전반에 걸쳐, 기업 환경은 점점 더 복잡하고 급격하게 변동하며 예측이 불가능해지고 있다. 이 같은 흐름 속에서, 유연성이 없는 조직은 결국 붕괴하게 마련이다. 조직 내에서 유연성이 떨어지는 부분을 더 적응성이 뛰어난 대체물로 교체해 온 기업들은 주문형 비즈니스를 실행할 수 있는 능력을 갖춤으로써 확연한 경쟁 우위를 누리게 될 것이다.

역동성의 시대

대부분의 기업에게 있어서 오늘날 기업 환경은 그 어느 때보다 까다로운 조건을 요구하고 있다. 새로운 소비자 요구와 시장 기회, 외부 위협 등이 끊임없이 나타나면서 지속적인 불확실성과 위기 상황을 만들어내고 있는 것이다. 한편 경제 성장의 둔화로 인해 생산성에 대한 관심은 가열되고 있으며, 기업들에게 기술은 물론 업무 프로세스까지 표준화하도록 유도하고 있다.

기업은 이런 환경에서 경쟁을 수행하기 위해 다양한 비즈니스 요구에 신속히 대응할 수 있는 능력을 갖춰야 한다. 더욱이 그런 요구에 대한 기업의 대응은 거의 빠짐없이 조직 차원의 변화를 수반해야만 한다. 실제로, 기업이 변화를 수행하는 속도는 대부분 조직과 그에 속한 사람들의 타고난 역동성과 그들이 규율과 권한 위임 사이에서 균형을 유지하는 방법을 얼마나 잘 학습했는가에 달려 있다. 역동성을 확보한다면, 그 기업은 다른 기업이 흉내낼 수 없는 지속 가능한 경쟁 우위의 원천을 확보하는 것이다. 역동성이 큰 기업은 다음과 같은 이점을 갖게 된다.

- 가장 먼저 기회를 찾아낼 수 있다. 그리고 결국 제일 먼저 그것을 이용할 수 있다.
- 외부 관계를 재구성함으로써 새로운 거래 조건에 재빨리 대응할 수 있다.
- 유휴 자원이 감소하고 이는 결국 비용 감소로 연결된다.

이런 유형의 적응성은 우연히 생기는 것이 아니라 치밀한 계획이 있

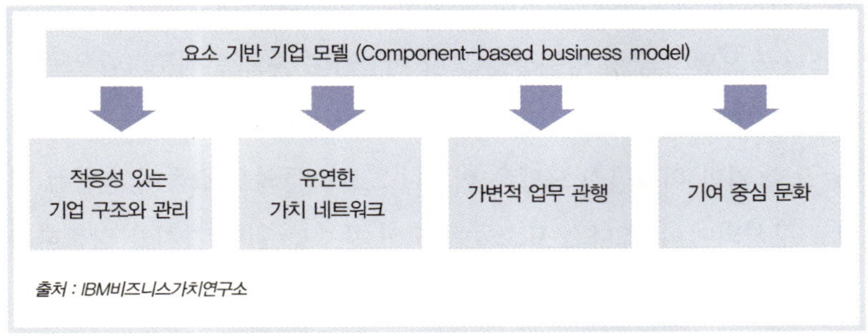

어야 한다. 기업이 주문형 운영 방식으로 이동하게 되면 회사 전반을 아우르는 유연성의 구심점을 설정하는 일이 중요해진다. 조직 구조에서 외부 관계, 자원 관리에서 기업 문화에 이르기까지, 모든 요소들이 그 기업을 더 역동적으로 만드는 일에 주안점을 두어야 한다. 많은 기업들이 특정 분야에서 더욱 적응성을 높이는 과정에서 유연성은 보편화되어야 한다.

유연성은 조직이 어떤 식으로 운영될 것인지를 결정하는 모든 측면에 있어서 최우선 디자인 포인트로서, 비즈니스 모델에서는 물론 기업 구조와 관리, 가치 네트워크, 업무 관행, 기업 문화에 대한 고려에서도 최우선의 가장 중요한 사항이 되어야 한다(그림 1 참조).

비즈니스 유연성의 출발선,
요소 기반 시각(Component-based view)

어떤 기업이든 기업 비즈니스 모델이 핵심적인 역할을 담당하기 때문에, 비즈니스 모델의 모습에 따라 그 기업이 어느 정도의 유연성을 갖게 될 것인지가 결정된다. 확연히 구분되는 비즈니스 요소들을 기반으로 비즈니스 모델의 구성 성분들을 보다 미립자 수준으로 세분화함으로써, 환경의 변화에 비즈니스 기획을 맞추고 재구성하는 일이 훨씬 용이해진다. 요소 기반 비즈니스 모델은 비즈니스 요소들의 요소들이 연합된 형태로 구성되며, 비즈니스 요소들이 모여 주주를 위한 가치를 창출하게 된다(그림 2 참조).

각각의 비즈니스 요소는 서로 관련된 다수의 비즈니스 활동들로 구성되어 있으며, 그들은 필요한 모든 자원(인력, 프로세스, 지식, 기술, 자산 등)을 활용하여 특정 목적의 달성에 기여하고 있다.

요소들은 관리나 재무적 실행 가능성 측면에서 독립적이지만 공동의

그림 2　고도의 자율성을 통해 비즈니스 요소들은 서로 공조하며, 하나의 전체로서 기업을 위한 가치를 창조하게 된다

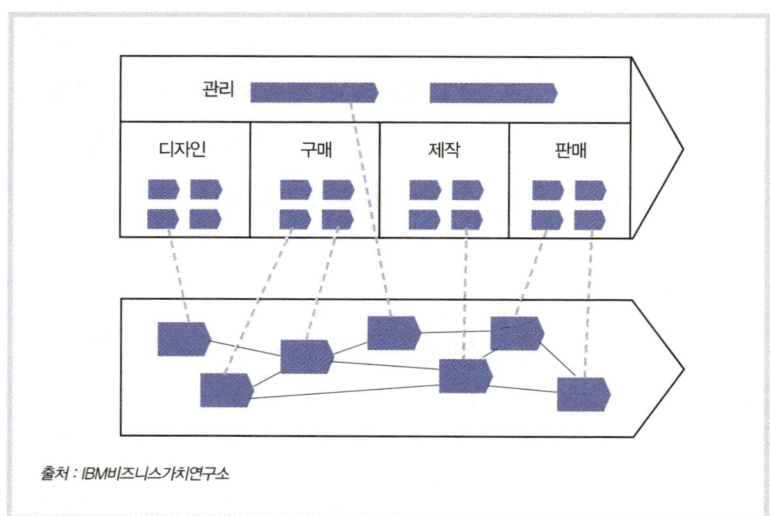

핵심 역량

- 광범위하고 다양한 시장에 접근할 수 있는 잠재력을 제공한다.
- 최종 제품 또는 서비스의 고객가치 부분에 커다란 기여를 한다.
- 경쟁사들이 모방할 수 없어야 한다.[1]

비즈니스 프로세스와 정보 시스템, 서비스 계약을 통해 연결된다는 측면에서는 상호 의존적이다. 이와 대조적으로 기존의 비즈니스 모델에 따라 운영되는 기업들은 각 기능들을 모두 모아 전체적으로 측정하고 관리하기 때문에, 특정 기능의 가치 기여도를 결정하고 최적화시키는 일에 어려움을 갖게 된다.

기존 비즈니스 디자인이 가진 고유의 특징인 폐쇄적 체계와 비신축적인 운영 모델과는 달리, 요소 기반 비즈니스 모델을 적용한 주문형 조직들은 내외부의 기회나 위협에 대응하기 위해 비즈니스 요소들을 빠르게 재배치하며, 필요에 따라 그것들을 추가하거나 제거한다. 같은 목적을 위한 프로세스와 기능, 기술들이 함께 그룹화되어 있기 때문에, 그들은 좀더 쉽게 적응할 수 있게 된다. 또한 어떠한 대안이 기업에 좀더 큰 가치를 제공하는지를 판단하여 비즈니스 활동들을 분리하고 비즈니스 요소들을 결합시킴으로써, 기업은 내외부적으로 비즈니스 요소들을 확보할 수 있게 된다.

특정 분야의 최고 전문가는 우월한 규모와 지식을 바탕으로 회사의 특정 비즈니스 요소가 시장을 선도할 수 있는 능력을 제공하는 외적 외부 파트너다.[2]

유연한 기업 구조와 관리 체계 설계

기업이 요소 기반 기업 모형을 비즈니스 모델을 확립해서 주문형 기업 운영 체계로 전환하는 단계에서는, 자사가 갖고 있는 핵심적 역량들(기업의 성공에 가장 중요한 기능들)을 고려하는 것이 가장 중요하다.

비즈니스를 요소 단위로 분해시킴으로써, 주문형 회사들은 자신의 핵심 역량과 관련이 있는 특정 요소들에 더 강한 집중력을 발휘할 수 있다. 또한 비핵심 요소들을 그 분야의 최고 전문가 그룹에 위임함으로써 그러한 비즈니스 영역에서도 가치를 추구할 수 있게 된다. 규모와 전문성을 발휘하기 위해 이미 많은 회사들이 공유 서비스(shared service)를 도입하고 있는데, 이는 상당히 적절한 움직임이다 . 이런 공유 서비스들은 내부적으로 유지되는 비즈니스 요소들로 발전하거나, 아웃소싱 요소들의 출발선이 될 수도 있다. 애플리케이션과 표준화된 인터페이스를 가지고 IT 영역에서 공유 서비스가 제공되던 것과 동일한 방식으로, 주문형 기업은 요소 기반 비즈니스 모델을 사용해 바로 적용이 가능한(plug-and-play)—새로운 요소를 추가하고 다른 요소는 제거하는 방식으로—유연성을 확보하게 된다.

그들에게는 외부 전문가를 동원할 수 있는 기회가 훨씬 더 많기 때문에 주문형 기업은 다양한 유형의 협력관계에 참여할 수 있는 능력도 필요하게 되며 (쌍무적인 것은 물론 다각적인 협력관계), 더욱 정교한 협력관계 협정을 수행하는 것은 물론 심지어 같은 회사와 다양한 방식으로 협력관계를 구축할 수도 있어야 한다(그림 3 참조). 각각의 협력관계 협정이 본질적인 차이점을 갖고 있기 때문에, 관계 유형이 달라질 때마다 다른 방식의 관리 유형이 요구되고 그들 모두를 동시에 처리할 수 있는 조직

	단순 납품업자	전면적 아웃소싱	통합형	독립적 개체	Hub and spoke
관계	쌍무적 서비스 범위는 좁음	쌍무적 유연한 맞춤형 서비스	쌍무적 통합된 제품/서비스	다각적 새로운 회사를 통해 제품/ 서비스 제공	다각적 공동체
설명	전문가가 매매 서비스를 제공	전문가에 업무를 아웃소싱	새로운 벤처를 통한 협력	새로운 독립적 실체를 창조하여 자산과 인력, 기술을 통제	한 회사(일반적으로 가장 규모가 크거나 실적이 좋은 회사)가 의사결정 과정을 지배하고 다른 협력체들은 상대적으로 제한된 역할만 수행
이점	다소의 비용절감	상당한 양의 비용절감과 운영상의 위험 공유	새로운 수입원 창출	독자적인 수입원을 가지고 특정 분야에 집중하는 새로운 개체 창조	정보와 인력, 제품 및 서비스에 대해 공동체를 활용
의사 결정	일방적, 소비자 주도	소비자가 주도하나 상호 합의	협동적	연대와 공유	연대적이나 한 기업이 지배

출처 : IBM비즈니스가치연구소

공동의 요소가 많은 국민은행[3]

국민은행에서는 14개에 이르는 사업부가 근본적으로 자기만의 영역에 집중하고 있기 때문에, 이들 조직의 주된 연결점은 그들의 고객이 된다. 그러나 고객이 중요하기는 하지만 성공에 있어서 그것은 빙산의 일각에 불과하다. 국민은행의 전략은 금융 상품의 형태이든 생산자의 자격으로서든 상관없이 그들의 고객에게 금융 서비스의 주 배급자가 되는 것이다. 그렇기 때문에 기업 전반에 걸쳐 고객을 완벽하게 파악하고 있어야 한다. 하지만 조직의 복잡성이 그런 목표를 달성하는 데 걸림돌로 작용했다. 사업부가 달라지면 채널도 달라졌고 서로 다른 마케팅 전술을 구사함으로써 통합된 고객 접근은 대단히 어려운 과제였다. 국민은행이 조직의 복잡성을 줄이기 위해 노력하다 보니, 회사 전반에서 벌어지는 프로세스 가운데 거의 절반이 서로 비슷하다는 사실을 깨달았다. 밝혀진 바에 따르면, 은행측이 이미 몇 가지 공유 서비스를 실시 중이었기 때문에, 거의 40%에 이르는 공동 활동의 대부분은 금융 서비스의 생산과 배급에서 이루어졌다.

시장의 움직임에 더욱 유연하게 대처하기 위해, 국민은행은 가능한 한 중복된 부분을 많이 제거하여 최대한 조직을 단순화시켜야 했다. 회사 전반에서 벌어지는 활동을 분석하고 유사한 활동들을 통합하여 각 활동들이 상호 의존하면서 동시에 독립적으로 운영될 수 있는 길을 찾음으로써, 은행은 커다란 역동성을 가진 조직을 창조했다. 국민은행이 회사의 조직을 비즈니스 요소로 재조직할 때, 그들은 요소들이 다양한 복수 기능을 수행할 수 있도록 만드는 데 많은 신경을 썼다. 예를 들어, 신용 평가 요소는 여신 그룹과 신용카드 그룹, 그리고 소매 부분과 기업 고객 부문을 위해 업무를 처리할 수 있어야 한다. 고객군별로 각자 자신만의 서비스 수준에 대한 기대치를 갖고 있다. 또한 비즈니스 요소들은 모든 관련 당사자들의 물리적 위치에 상관없이 일관되게 운영되어야 한다. 이런 식으로 독립성을 확보한다면, 어떤 특정한 요소는 지정학적 위치에 상관없이 가장 현명한 방식으로 운영

될 수 있으며, 아니면 최고의 가치를 제공하는 외적 파트너가 그 요소를 대신 운영하는 것도 가능해진다.

종합적인 평가에 근거해, 국민은행은 5년에 걸친 구조 전환 계획을 수립했다. 그 계획에 따라 요소 모델로 구조를 변화시킴으로써 더욱 역동적이고 고객의 요구에 대한 반응성도 뛰어난 회사로 거듭나게 될 것이다. 게다가 그 과정에서 약 2억 5,000만 달러에 이르는 비용을 절감할 수 있을 것으로 기대된다. 국민은행은 우선순위가 높은 부분에서부터 이 계획을 실행에 옮기고 있으며, 그 결과 지급 프로세스와 핵심 금융 기능 등 가장 신속하게, 그리고 가장 높은 결과가 예상되는 부분에서 우선적으로 계획이 집행되고 있다.

적 유연성도 필요하게 될 것이다.

전통적으로 단순한 납품업자 관계에만 의존해 왔던 기업에 있어서, 새로운 역량이 요구될 것이다. 내부 조직들은 협력업체와 새로운 방식으로 연결될 수 있도록 재구성돼야 한다. 예를 들어, 특정 협력업체에 대한 단일 연락창구로서 행정적 스폰서를 임명해야 할지도 모른다. 협력관계가 일반화된 회사에서는 중앙에 집중된 제휴 관리팀의 존재가 올바른 관계를 형성하고, 협력관계의 시작 과정을 능률적으로 진행시키며, 협력관계가 진행되는 동안 그 관계의 건전성을 지속적으로 감독하는 데 큰 도움이 될 수 있다.

기업들은 가급적 기업의 모든 비즈니스 요소들을 회사 안에만 두려고 하기 때문에 그들은 각각의 요소들이 최대의 능력을 발휘하는 조직 모델이 서로 같지 않다는 사실을 깨닫게 된다(그림 4 참조). 특정 비즈니스 요소를 위해 조직 모델을 선정할 때 그 요소의 주된 활동은 물론, 그것이 가진 핵심적 비즈니스의 구동력이 무엇인지를 고려해야 한다. 예를 들어, 어떤 요소에 있어서 업무 처리 시간 단축 및 면밀한 감독과 통

그림 4 조직 모델을 선택할 때 그것은 비즈니스 요소의 필요에 기반을 두어야 한다.

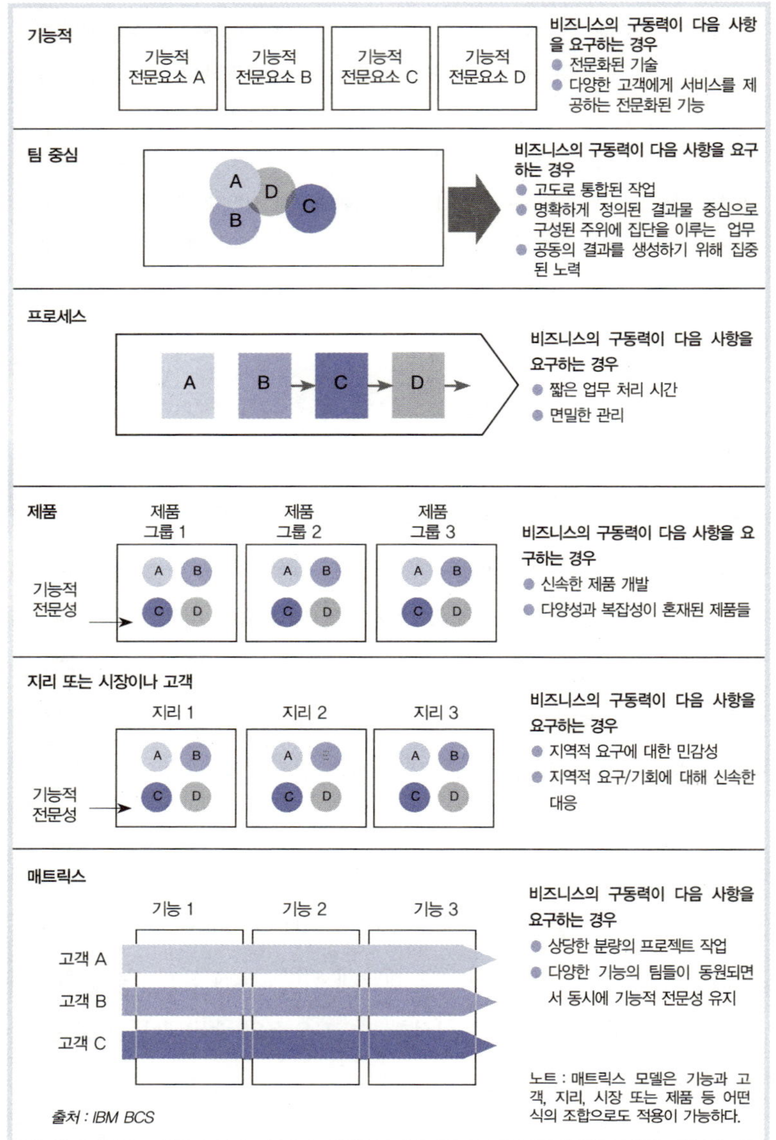
기능적
기능적 전문요소 A
기능적 전문요소 B
기능적 전문요소 C
기능적 전문요소 D
비즈니스의 구동력이 다음 사항을 요구하는 경우
● 전문화된 기술
● 다양한 고객에게 서비스를 제공하는 전문화된 기능

팀 중심
A
D
B
C
비즈니스의 구동력이 다음 사항을 요구하는 경우
● 고도로 통합된 작업
● 명확하게 정의된 결과물 중심으로 구성된 주위에 집단을 이루는 업무
● 공동의 결과를 생성하기 위해 집중된 노력

프로세스
A
B
C
D
비즈니스의 구동력이 다음 사항을 요구하는 경우
● 짧은 업무 처리 시간
● 면밀한 관리

제품
제품 그룹 1
제품 그룹 2
제품 그룹 3
기능적 전문성
A B
C D
A B
C D
A B
C D
비즈니스의 구동력이 다음 사항을 요구하는 경우
● 신속한 제품 개발
● 다양성과 복잡성이 혼재된 제품들

지리 또는 시장이나 고객
지리 1
지리 2
지리 3
기능적 전문성
A B
C D
A B
C D
A B
C D
비즈니스의 구동력이 다음 사항을 요구하는 경우
● 지역적 요구에 대한 민감성
● 지역적 요구/기회에 대해 신속한 대응

매트릭스
기능 1
기능 2
기능 3
고객 A
고객 B
고객 C
비즈니스의 구동력이 다음 사항을 요구하는 경우
● 상당한 분량의 프로젝트 작업
● 다양한 기능의 팀들이 동원되면서 동시에 기능적 전문성 유지

노트 : 매트릭스 모델은 기능과 고객, 지리, 시장 또는 제품 등 어떤 식의 조합으로도 적용이 가능하다.

출처 : IBM BCS

제가 요구된다면, 프로세스 지향적 조직 모델이 가장 효과적일 것이다. 만약 요소의 주된 업무가 여러 분야의 팀들에 의해 지원되는 프로젝트들을 포함하고 있어서 각 분야 사이에 정교한 기술과 지식 공유가 필요하다면, 매트릭스 모델이 가장 적합할 것이다.

기업들은 더 이상 기업 전반에 걸쳐 위에서 아래로 손쉽게 정렬되는 형태의 보편적 조직 구조에 의존할 수 없게 될 것이다. 주문형 기업은 더 뛰어난 적응성을 가지고 자신의 비즈니스를 다양한 조직 모형의 네트워크로 관리해야 한다. 이런 유형의 가변성을 다루기 위해, 기업의 관리 부분과 같은 조직 기구는 훨씬 더 정교해져야 한다. 하지만 더 중요한 사실은 기업이 그와 같은 복잡성 속에서도 업무를 처리할 수 있는 능력을 가진 인재를 길러내야 한다는 것이다. 독특한 비즈니스 요소들이 회사의 내외부에 동시에 위치하고 각 요소들은 자신만의 목적과 목표, 조직 모델, 평가 기준을 가지고 있는 상황에서, 회사가 응집된 형태로 하나의 전체로서 운영될 수 있도록 하기 위해서는 다양한 비즈니스 요소들을 단일화하고 통합하여 강력한 기업 센터를 구축하는 것과 같은 노력과 투자가 있어야 한다(그림 5 참조). 단순히 집중화된 구심점 역할에 그치는 '본사' 개념과는 달리, 기업 센터는 전체로서 기업을 운영하면서 가치를 생성한다. 기업 센터는 기업 동일성, 규제적 협력 및 투자와 같은 감독 기능은 물론 협력업체 관리와 통합 구매, 공동의 IT 환경과 같은 통합 기능을 제공한다. 이런 기능을 통해 기업 센터는 내적 요소는 물론 외적 요소를 포함하여 가치 네트워크 전반에 걸친 비즈니스 요소들 간의 협동을 지원하거나 촉진시킨다.

기업이 좀더 유연한 조직으로 변했을 때, 이사회의 의결 내용도 변하게 된다. 비록 이사회가 지금까지는 항상 자본 수탁자의 의무와 전

그림 5 기업 센터는 기업 요소비즈니스 요소들을 통합 및 집대성한다

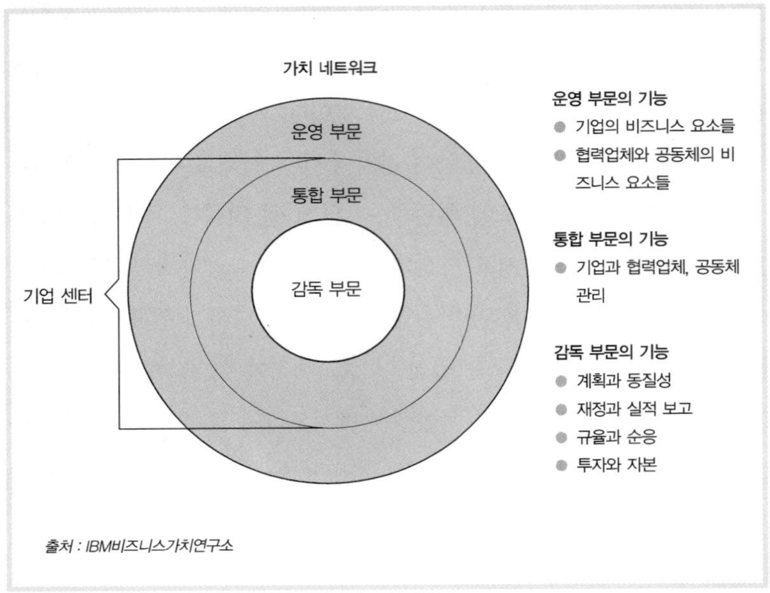

략적 관리 문제를 다루어왔더라도, 주문형 기업의 이사회는 가장 적절한 비즈니스 모델을 결정하는 일에 좀더 적극적으로 개입해 어떤 비즈니스 요소에 집중해야 하는지를 주기적으로 재평가하고, 그 요소에서 요구되는 제휴나 협력관계를 공고히할 수 있는 지원을 제공할 필요가 있다.

유연한 가치 네트워크 구축

그들이 갖고 있는 규모와 깊이 있는 전문성을 통해 분야별 최고 전문가

들은 다음과 같은 이점을 제공할 수 있다.

- 전문화된 비즈니스 요소를 위한 비용 효과가 뛰어난 대안 제공.
- 유동적인 수요에 대응할 수 있도록 가격과 공급상의 가변성 제공.
- 좀더 많은 잉여 인원, 프라이버시 및 보안 보장 강화, 더욱 빨라진 신규 역량 확보 등을 통해 비즈니스의 연속성 개선.

주문형 기업들은 전략적 제휴업체들을 긴밀히 통합함으로써, 더 신축적이고 광범위한 가치 네트워크를 구축할 수 있게 될 것이다. 하지만 이런 네트워크는 복잡성과 상호 의존성이 커지기 때문에, 최적 수준의 수행능력을 발휘하기 위해 추가적인 조직적 지원이 요구될 것이다.

- 공유 환경—네트워크 속에서 각각의 개체가 자기 본연의 임무와 전략, 관리 프로세스의 환경 내에서만 운영된다면, 지속적으로 마찰이 발생하고 반면 협동은 거의 이루어지지 않을 것이다. 주문형 기업은 그들의 가치 네트워크에 참가하는 주체들 사이에 통합된 정체성과 지침, 협동 작업을 위한 표준 절차와 같은 공유 환경을 발전시켜야 한다. 이들 가치 네트워크 운영에 대한 공통된 정의는 예를 들어, 관리와 사업 계획 작성 프로세스, 비즈니스 운영 프로세스, 적용될 기술과 관련된 인력 등에 관한 개략적 내용을 제시할 수 있다.
- 공식화된 관리—공식화된 합의를 통해 네트워크 참가자들은 상대방의 기대치와 요구사항을 이해하고 네트워크의 고객이 중요하게 여기는 사항에 지속적으로 집중할 수 있게 될 것이다. 이들 사이의

합의는 보통 제공될 특정 제품 또는 서비스, 그와 연관된 변화, 성과를 측정하는 방법 등과 같은 측면을 말한다. 그리고 이런 관리상의 합의는 지속적인 효과를 발휘할 수 있도록 규칙적으로 재검토 및 수정되어야 한다. 하나의 예로서, 매매 거래 유형의 관계에 있어서, 당사자들은 기대되는 서비스의 양과 시스템 가용성, 그리고 비용절감 효과의 측정에 관해 합의가 있어야 한다.

● 더욱 안정적인 관계—공식적 합의를 넘어서, 주문형 기업들은 협력업체 관계를 지속하는 데 도움이 되는 가치 네트워크 환경을 조성해야 한다. 협동과 신뢰를 촉진시키기 위해, 장기적 행동은 물론 일상적인 활동에서도 관계가 강화돼야 한다. 예를 들어, 협력업체와 상호 이익이 되는 재무 계약을 체결하고 사교적 모임을 통해 정규적으로 기업 간 상호 교류를 촉진시킨다.[4]

● 조종 메커니즘—특히 다차원적 관계들 속에서, 공식적 조정 메커니즘은 협력업체에게 지침을 제공하고 문제의 해결을 용이하게 한다는 점에서 필수적인 사항이다. 이상적인 메커니즘은 협의회와 위원회 등으로 구성되어 전략과 전술, 운영상 각각의 수준에서 네트워크가 연결을 유지할 수 있도록 하는 것이다. 조종 메커니즘에는 예를 들어, 콘텐츠 관리 그룹이나 제품 관리 그룹, IT 관리 위원회 등이 포함된다. 중요한 것은, 고객을 위해 네트워크 전반에 걸친 어프로치를 확립하고 모든 참가자에게 대등한 위험 보상 계약을 유지하는 활동 등을 통해, 전체 네트워크가 공통적인 기반 위에서 운영되도록 하는 데 있다.

가변적 업무에 적합한 조직의 정비

모두에게 잘 알려진 자명한 환경 속에서 효율성을 이끌어내기 위해서는 한 명의 감독자가 기존에 구성되어 있는 직원 그룹을 관리하는 방식이 적합하다. 하지만 미래 상황을 예측하기 힘든 환경에서는 이 같은 방식이 제대로 작동하지 않는다. 요구에 즉시 대응할 수 있는 능력을 갖춘 기업이 되기 위해, 조직은 유형이나 크기, 기간, 요구되는 기술의 측면에서 잦은 변동이 일어나는 '업무'를 달성하기 위해 유연한 메커니즘을 갖춰야만 한다.

- 작업이 아닌 역할—특정 과업이 어떤 방식으로 성취돼야 하는지 기술하는 고정적인 작업 설명보다, 주문형 기업의 직원들은 다차원적이고 가변적인 역할을 수행하게 될 가능성이 크며, 그 역할들은 비즈니스 수요가 변화함에 따라 갯수와 범위가 달라진다. 예를 들어, 어떤 직원은 '고객 서비스 담당자'로서의 업무를 수행하기보다는 고객 리더의 지위를 맡아서 처음에는 특정 고객의 대변인과 특정 제품에 대한 전문가, 교차 판매 위원회의 회원 역할을 할 것이다. 시간이 흘러서, 고객 리더는 몇 가지 역할을 완수함과 동시에 트레이너 또는 포커스 그룹 리더와 같은 새로운 역할을 수행하게 된다. 이들 주문형 역할 설명서에는 일련의 명확한 책임들을 포함하지만 그 역할을 수행하는 방법에 대한 결정권은 직원들의 몫으로 남겨둔다.
- 자원 관리—순식간에 기회가 찾아오고 사라져버리는 환경에서 현재의 용량은 물론 모든 가능성을 고려해 필요한 곳으로 신속하

게 자원을 할당하는 능력이 결정적인 중요성을 갖는다. 자원 관리 기능은 일종의 정산소와 같아서 능력과 역할에서 요구되는 시간 범위에 근거하여 적절한 자격을 갖춘 직원을 새로운 역할에 할당한다. 이런 유형의 모델에서, 현장 관리자는 직원에 대한 감독권을 자원 관리 기능과 공유함으로써 전반적으로 더욱 큰 역동성을 확보하게 된다.

● 가상의 팀 조직—비록 가상팀이 새로운 개념도 아니고 이미 프로젝트 기반 조직들 사이에서 광범위하게 적용되고 있지만, 그것은 주문형 기업에서 더 일반적으로 나타나는 현상이다. 주로 고정적인 부서 구조에 의지하기 보다, 당면한 문제에 대한 요구에 근거해서 팀을 만들고 과제나 프로젝트가 완료되는 즉시 팀을 해산시킨다(그림 6 참조). 특정 고객 문제 또는 기회를 중심으로 팀들이 결합되고 서로 다른 비즈니스 요소들과 (기업의 내부는 물론 외부 요소들까

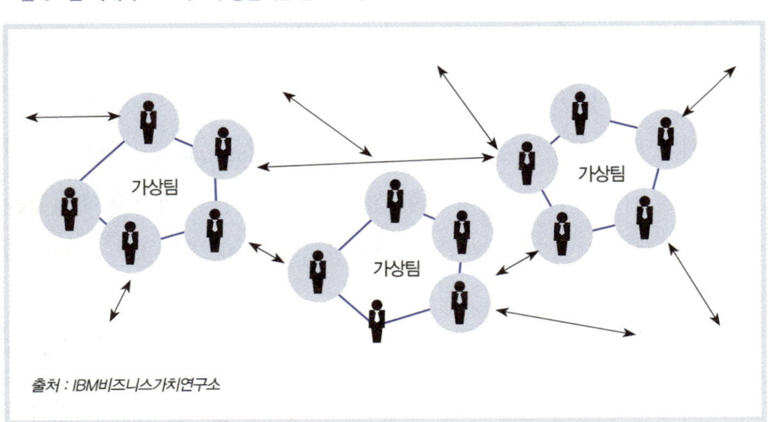

그림 6 한 과제나 프로젝트가 종결되면 팀의 구성원이 다른 가상팀으로 빠져나간다

출처 : IBM비즈니스가치연구소

회전문은 준비된 지식이 필요하다.[5]

베스트 바이(Best Buy)는 직원의 퇴사시 예측하지 못한 지식의 손실을 막는 데
많은 어려움을 겪었다. 제품과 판매에 대한 지식을 보존하고 새로 채용된 직원들
과 공유하기 위해, 회사는 세 개의 사업 공동체(인터넷 서비스, 자동차 오디오 설
비, PC)를 실험적으로 출범시키기로 했다. 공동체 회원들은 공동의 웹 플랫폼을
통해 상호교류함으로써 판매와 제품의 설치에 관련된 아이디어와 제안들을 주고
받았다. 포상 메커니즘을 적용해 회원들의 참여를 유도했고, 우수 사례를 제공한
회원의 이름이 회사 사보에 그가 제안한 내용과 함께 실렸으며, 제안 참여 및 채
택된 제안의 이용을 촉진시키기 위해 마련된 콘테스트 수상자 명단에 실려 발표되
었다. 회원들은 그 밖에도 자신의 업무 능력이 개선된다는 사실에 이끌려 공동체
에 참여했다. 시범적인 운영 결과 판매의 효과가 30% 개선됐고 설치 에러와 그에
따른 클레임이 현저하게 감소됐기 때문에, 그 후로 베스트 바이는 아홉 개의 지식
범주를 포함하도록 공동체를 확대시켰다.

지 포함된) 다양한 지역이 뒤섞여 있는 형태를 취한다. 팀 내에서,
구성원들은 조직상의 지위나 의전이 아니라 자신의 역할에 따라
상호 작용한다.

● 공동체 연계—각 분야의 전문적 지식이 비즈니스 요소들 사이에
흩어져 있기 때문에, 기업들은 지식을 교환해서 특정 전문 분야
에 대해 더 심도 있는 역량을 개발할 수 있는 방법을 찾아야 한
다. 사업상의 공동체는 그런 연계를 제공할 수 있다. 심지어 공동
체들이 처음에는 자신의 목적을 위해 형성됐다 하더라도, 주문형

기업은 구조화되고 대단히 기능적인 공동체를 수립해 특정 주제에 대해 가장 앞선 사고를 촉진시키거나 최적의 업무 관행이 수행될 수 있도록 유도하는 선택을 할 수 있다. 직접 대면하거나 가상 공간을 이용하거나, 아니면 두 가지 방법을 모두 사용해서 공동체의 상호 작용이 규칙적으로 이루어져 회원들이 항상 참여할 수 있어야 한다. 그리고 비록 이런 집단이 자체 관리되는 경향이 있지만, 그들도 어느 정도는 대외 협력 부서와 같은 조직적 지원에 의존한다.

기여도 중심 문화 창조

기회나 위협을 신속하게 발견하고 대응하기 위해, 기업들은 직원들이 스스로 행동 권한을 갖고 있다고 느낄 수 있는 환경을 조성해야 한다. 하지만 기업의 기본 구조를 무시하게 된다면, 회사가 약속을 이행하는 데 주저하거나 실패하는 결과가 초래될 수 있다. 주문형 기업 문화는 기업 활동의 모든 영역에서 두 가지 측면이 균형을 이루어야 한다(그림 7 참조). 예를 들어, 그런 회사는 비용과 품질의 측면에서 회사의 약속을 이행하기 위해 주의 깊게 관리되고 있는 최고의 프로세스를 갖고 있다. 하지만 동시에 그 회사의 직원들은 그 프로세스에 대한 주인의식을 느껴서 변화를 감지하고, 그에 반응해야 할 필요성이 발생할 때 위험을 감수하고, 표준을 과감하게 탈피할 수 있는 자기주도적 근무태도를 보여준다.

주문형 기업 환경에서, 비즈니스 요소들이 그 내부에서는 물론 다른

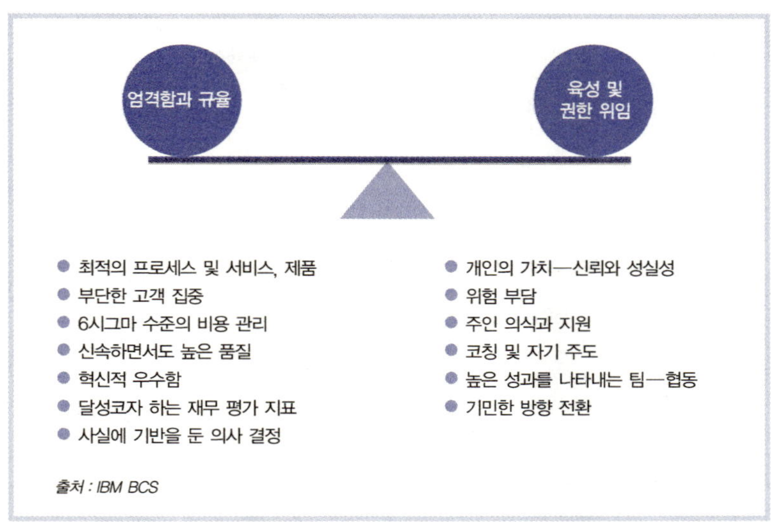

요소들과도 강한 협력 문화를 구성하는 것은 매우 중요하다. 하지만 협력 문화를 기업 내에 자리잡도록 하는 데에는 많은 시간이 소요된다. 그와 같은 전환은 그런 문화적 속성 수용을 촉진하는 활동들로부터 시작되어, 궁극적으로 협력이 자동 반사적으로 이루어졌을 때 비로소 그치게 된다. 이런 전환을 성공시키는 데는 조직의 인위적 요소와 행동, 가치, 인식상의 변화가 포함된다(그림 8 참조). 예를 들어, 조직들은 보상 체계(인위적 요소)를 확립해서 협동과 팀워크(행동)를 촉진하고, 그 결과 공유가 표준(가치)으로 정착되고, 모든 사람이 진심으로 협동하는 것이 덜 위험하며, 항상 개인과 회사에 보상과 이익이 따른다는 (가설) 믿음을 갖고 있어야 한다.

그림 8 기업은 더 높은 역동성을 창조하기 위해 전체적인 시각에서 이들 요소를 모두 고려해야 한다

협동의 특성
인위적 요소
창조된 목표들,
눈에 보이는 구조들과 제품.
강화된 행동들, 가치, 인식
커뮤니케이션 네트워크
역할과 책임
측정 기준
기술 분류
수단
보상
방법론
학습 프로그램
행동
특정한 방식에 의한 행동이나 작용
또는 반응. 그것들은 인위적
요소들에 의해 강화된 인식과
가치에 따라 이루어진다.
창조적/혁신적
최적의 해법 추구(고객
을 위해)
기술의 식별
공동 책임의 인정
다양한 관점의 관리/추구
효과적인 의사소통
결단력(신속한 행동과
반응)
신뢰할 수 있는 방식으
로 행동/다른 사람을 신
뢰하기
협동/팀
협동적 행동을 인정
가치/표준
특정한 행동에 대한 믿음 유지.
가설에 따라 행동하고 행동으로
표현하며, 인위적 요소들에
의해 강화된다.
고객 중심
창조적/혁신적
문제 해결
수행 능력 개선
다양한 관점
협동
공유(개방성)
상반된 가치 사이의 균
형(역동적 긴장)
신뢰/존경/성실
시의적절성
유연성
기본 가설
무의식적이고 당연시되는 믿음과 인식,
사고, 느낌. 가치와 행동을 추구하고
인위적 요소들에 의해 강화될 수 있다.
협동을 통해 단독으로
생각한 것보다 더 나은
해결책 제시
식별 및 이용 가능하고
효과적으로 적용될 수 있
는 기술들을 잠재적으로
다양한 출처에서 확보
협동이 없을 경우 위험
이 따른다
협동은 인정과 보상을
받는다
보상은 위험을 능가해야
한다
다양한 관점이 조화를
이룬다

출처 : Schein, Edgar. 'Organizational Culture and leadership.' January 1997 ; Collaboration analysis by IBM BCS

주문형 기업에서 변화는 일반적이기 때문에, 변화 관리는 핵심 역량이 돼야 한다. 그 분야의 전문성을 키우기 위해, 기업은 비전에서 계획, 실행, 강화로 이어지는 전체 과정을 반복적으로 수행해야 한다(그림 9 참조). 어떤 주문형 문화 속에서도, 변화 관리의 모든 원칙이 여전히 적용되고 있다. 차이점이라면 기업은 더 복잡하고, 내외부의 참여자 수가 더

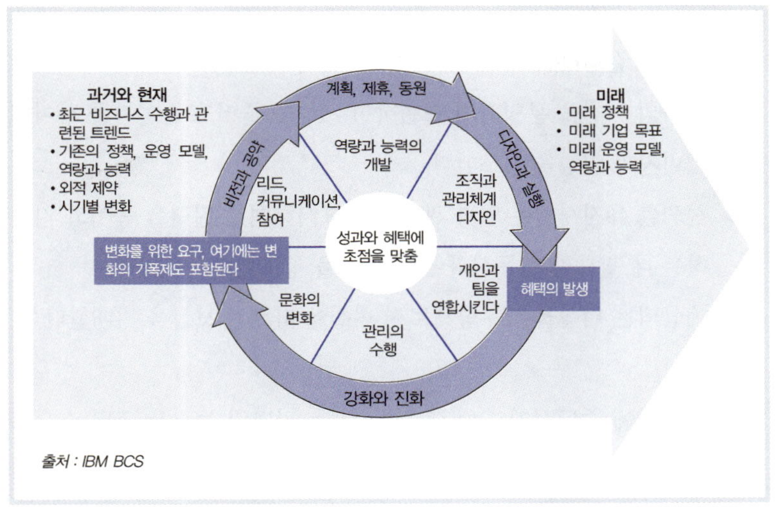

많으며, 변화가 수행될 때 더 많은 변수와 더 큰 속도, 유동성이 필요하다는 것뿐이다. 주문형 환경에서 변화는 우연히 발생할 수 없다. 그것은 정식 프로그램처럼 체계적으로 관리돼야 한다.

변화 관리 공식에서 중요한 부분은 리더십이다. 주문형 조직들은 리더십이 단순히 '최고위층'에만 존재하는 것이 아니라는 사실을 깨달았다. 그것은 조직과 가치 네트워크 전반에 걸쳐 존재한다. 사실, 역동성은 특정 상황에 대한 반응으로 리더가 등장하도록 한다. 주문형 문화에서는 리더의 개념이 지위에 종속되지 않는다. 한 팀의 리더가 다른 팀에서는 단순한 멤버의 역할을 수행할 수도 있다. 거기에서는 다른 사람이 리더의 역할을 담당하기 때문이다. 주문형 리더는 그들이 어느 상황에서 등장하든 상관없이, 일련의 특수한 기술과 능력, 개인적 자질을 통합하여 그들이 전체적이고 가상적이며 유동적인 작업장에서 성공을 거둘 수 있도록 도움을 제공한다. 특히 그들은 다음과 같은 특징을 갖는다.

- 도전을 갈망하며 미래에 대한 비전에 주목한다.
- 변화의 이점을 분명하게 표현하여 저항을 줄이고 참여자들 사이에 에너지와 열정을 창조한다.
- 신뢰를 유지시키는 일과 관계를 중요시하여 추진력을 높이고 지속하는 데 필요한 협동심과 참여 의식을 창조한다.
- 예상되는 위험을 감수함으로써 혁신에 따르는 보상을 기대한다.

기업 문화에 주도적인 요소가 되기 위해, 리더의 능력은 몇몇 소수의 개인들에게 한정돼서는 안 된다. 주문형 조직은 미래의 변화를 위해 리더를 적극적으로 육성해야 한다. 개인적 리더십 개발을 위해 고안된 활동이나 역할들은 기업이 잠재력 높은 후보들을 찾아내는 데 도움을 준다. 일단 리더의 자질을 갖춘 사람이 식별되면, 조직들은 리더 공급 라인을 관리해 현재 점진적 변화의 관리자를 향후 전환의 리더로 키워야할 필요가 있다.

유연성이 요구되는 영역

주문형 기업으로 전환하려는 의사를 가진 회사들은 아마도 자신의 조직을 구조적으로든 문화적으로든 유연하게 만들어야 할 것이다. 그들은 틀에 박힌 어프로치를 버리고 유연한 대안을 찾아야 할 것이다. 요소 기반 비즈니스 모델, 적응성을 가진 기업의 구조와 관리, 유연한 가치 네

W. L 고어(Gore)의 틀에 얽매이지 않는 문화가 비범한 결과를 낳았다. [6, 7, 8]

연간 수입이 12억 달러에 6,000명의 직원을 거느린 W. L 고어 앤 어소시에이츠(Gore & Associates)는 〈포천〉의 비공개 기업 순위 199위에 올라 있다. 하지만 고어의 기업 문화는 그 순위에 올라 있는 대부분의 기업들과는 사뭇 다른 양상을 보인다. 그리고 자신보다 더 규모가 큰 공개 기업들과도 다르다. 처음부터 그 회사는 혁신을 위해 설립됐다. 그 회사의 혁신은 전기, 의료, 방수 제품(유명한 고어텍스 소재를 비롯해), 섬유, 산업용 여과장치, 공업용 실링(sealing), 코팅, 정밀여과(microfiltration) 등 다양한 사업 부분에 걸쳐 있는 제품을 생산하고 있다.

창조성과 혁신은 팀을 지향하는 기업 분위기를 통해 육성되었다. 간부 전용 식당이나 호사스러운 간부 사무실처럼 직위 중심적 요소가 없기 때문에 모든 사람이 똑같이 중요하고 동일한 책임을 갖고 있다고 느낀다. 각각의 직원들이 동료라는 동일한 직책을 갖고 있으며, 회사의 실적에 대한 직원들의 기여도에 따라 모두 똑같은 방식으로 보상받는다. 모두가 서로를 알고 있어서 쉽게 대화를 나눌 수 있는 친근한 환경을 조성하기 위해, 직원 수가 200명이 넘는 부문은 무조건 분리했다. 또한 회사는 윤리적인 비즈니스 관행과 동료들 사이에 신뢰감을 육성하기 위해 직원들에게 공정성과 자유, 헌신, 재량권과 관계된 네 가지 지도적 원칙을 따르라고 요구했다.

이런 문화는 일반적인 수직적 계층 구조가 아니라 '격자' 조직 구조의 지원을 받는다. 이 구조에서는 관리자가 임명되는 것이 아니라 리더가 부상한다. 이런 환경에서, 지도력은 동료 의식에 따라 결정된다. 거기에는 보스가 존재하지 않고 오직 후원자만 있을 뿐이며, 그는 새로운 일이나 보직을 맡은 직원에게 도움을 주고 업무 실적을 평가하며 적절한 보상을 제공한다. 회사가 기업가 정신과 개인의 성장 및 발전을 강조함으로써, W. L 고어는 구조가 정해지지 않은 환경에서 능력을 발휘하는 사람들에게 매력적인 직장이 됐다. 그런 사람들은 타고난 혁신가적 기질이 강해서 기업의 중요한 목표를 더 확장하는 데 도움을 주게 될 것이다.

트워크, 가변적 업무 관행, 기여 문화 등이 그것이다. 여기서 제시하는 몇 가지 질문에 답해 봄으로써 여러분은 자신의 회사에서 실제 요구되는 것보다 역동성이 떨어지는 분야를 찾아보기 바란다.

당신의 조직은 다음과 같은 사항에 해당되는가?

- 신속성과 역동성, 유연성이 요구될 때 적절하게 대응하는가?
- 경쟁 우위를 확보하기 위해 핵심 역량에 집중하고 있는가?
- 기회를 예상하고 그에 반응하는 데 효과적인 메커니즘이 확립되어 있는가?
- 구조화부터 의사결정 과정에 이르기까지 성패를 좌우하는 조직적 제도를 갖고 있는가?
- 이사회에서부터 현장 직원에 이르기까지 협력관계에 의한 어프로치에 따라 충실히 관여하고 있는가?
- 협력업체들과의 가치 네트워크에서 리더의 역할을 담당하고 있는가?
- 모든 자원을 최대한 활용하고 있는가?
- 회사의 주요 사업부와 기능들은 엄격함/규율과 권력 위임/위험 감수 간의 균형을 적절하게 유지하고 있는가?
- 조직 전반에 걸쳐 리더와 리더십을 효과적으로 개발하고 있는가?
- 조직 내외부의 관리에 대한 협력 어프로치를 촉진시키는 기업 문화를 갖고 있는가?
- 변화를 효과적이고 체계적으로 관리하는가? 아니면 우연에 맡기고 있는가?

엄격한 조직 구조와 안정적 기업 문화라는 무거운 짐을 벗어던짐으로써, 조직들은 자신을 둘러싸고 있는 환경을 더 빠르게 느끼고 신속히 대응할 수 있다. 하지만 조직과 문화의 역동성은 결코 우연히 생기지 않는다. 그것은 조직의 변화를 위한 고도의 전략 수행의 결과인 것이다.

저자 소개

● **시몬 스트리트(Simon Street)**
IBM BCS의 전략과 변화(Strategy and Change) 서비스 부문 파트너

● **리처드 호삭(Richard Hossack)**
IBM BCS의 전략과 변화(Strategy and Change) 서비스 부문 파트너

● **스펜서 린(Spencer Lin)**
IBM BCS의 전략과 변화(Strategy and Change) 서비스 부문 선임 컨설턴트

● **닐 맥기(Neil McGee)**
IBM BCS의 전략과 변화(Strategy and Change) 서비스 부문 선임 컨설턴트

● **피터 러턴(Peter Lawton)**
IBM BCS의 전략과 변화(Strategy and Change)서비스 부문 책임 컨설턴트

● **도움을 주신 분**
사라 몰턴 레거(Sara Moulton Leger)
IBM 연구소, 산업 지식 부분 책임 연구원

참고문헌

1 그레이 하멜(Gray Hamel)과 프라할라드 C. K(Prahalad C. K.), '미래를 위한 경쟁(Competing for future),' 하버드 경영대학원 출판부, 1994년 9월.

2 랜달 핸콕(Randall Hancock)과 피터 코르스텐(Peter Korsten), 조지 포레(George Pohle), '주문형 기업 : 가치 창조를 위한 새로운 의제(On demand business : The new agenda for value creation),' 2003년 6월, http://−1.ibm.com/services/strategy/e_strategy/new_ agenda.html.

3 IBM BCS 분석, 2003년.

4 존 C 핸더슨(John C. Handerson), '전략적 제휴관계에 돌입하기 : 결정적 IS 관계(Plugging into strategic partnerships : The critical IS connection),' 슬로안 경영 리뷰(Sloan Man−

agement Review), 1990년 봄.

5   '귀중한 지식의 보존 : 인력 재배치를 다루는 순향적 전략(Retaining Valuable Knowledge : Proactive Strategies to Deal with a Shifting Workplace),' 미국 생산성 및 품질 본부, 2002년 8월.

6   '포브스 최대 비공개 기업들(Forbes Largest Private Companies),' 2002년, http://forbes.com/2002/11/07/privateland.html.

7   아서 A. 톰슨(Arthur A. Thompson)과 A. J 스트릭랜드 3세(A. J. Strickland III), '전략적 경영 : 개념과 사례(Strategic Management : Concepts and Cases),' 어윈/맥그로우힐 출판사(Irwin/McGrowhill Publishing), 10판, 1998년.

8   신디 페인(Cyndy Payne), 'W. L 고어 앤 어소시에이츠(W. L. Gore & Associates),' 리딩 컴파니스(Leading Companies), 1998년, 6월.

CHAPTER 3

성장을 위한 Biz Model 혁신 방안

성숙 시장에서의 성장 비결

01

정보화 기술이 발달해가면 갈수록 시장은 더욱 빠르게 성숙하고 있다. 이주 오래 전 통계이기는 하지만, 전세계 전통적 산업의 75%가 1990년대 중반경 성숙기에 접어들었다는 얘기가 있다. 이것이 오랜 전 통계임을 감안하면, 현재 산업의 약 80%가 이미 성숙기에 접어들었다고 할 수 있을 것이다. 특히 인터넷 경제 시대를 맞아 산업의 성숙 속도는 더욱 빨라지고 있으며 새로운 분야였던 산업들이 순식간에 성숙기로 접어드는 현상을 자주 목격하게 된다.

실례로, 3년 전에 등장한 홈쇼핑 산업은 태동 당시 커다란 관심과 각광을 받았으나, 이미 성숙 단계에 이르렀다. 분야를 가리지 않고 대부분의 사업이 점점 빨리 성숙기에 접어들고 있기 때문에 첨단 분야라는 표현 자체가 무색할 지경이다. 그렇다면 왜 이렇게 시장은 빨리 성숙해지는 것일까? 시장이 성숙하다는 것은 '공급이 수요를 초과' 한다는 것이다. 즉 동일한 고객을 대상으로 동일한 가치(value)를 동일한 방법으로 제공하는 경쟁자들이 쉽게 시장에 진입할 수 있다는 얘기다. 이는 비즈니스의 세상이 점점 세계화(Globalization)되어 지역적 장벽도 약해지고, 경험이나 지식, 노하우 등 IT 발달에 힘입어 기업과 기업 사이를 쉽게 오갈 수 있게 됨에 따라 여타의 이동장벽 또한 약해지기 때문이다. 이제는 '법'으로 특별히 보호받지 않는 한, 모든 성장성이 풍부한 비즈니스는 탄생과 함께 모방되면서 곧 성숙기로 빠져들 것이다.

그러면 이제 산업이 성숙기에 접어들 경우 그 사업은 더 이상의 성장이 불가능한 것인가? 그 대답은 '아니다'다. 성숙 단계라는 것이 이제 더 이상 기업의 성장에 제약 조건이 되지 않는다. 결론부터 말하면, 비즈니스 모델을 혁신하는 것이 그 해답이다.

왜 BMR인가?

지난 1980~90년대, 그리고 지금까지도 수많은 기업이 TQM, BPR, ERP, SCM, CRM 등으로 대표되는 효율 제고형 혁신에 투자해 왔다. 시장이 아직 성숙기에 접어들지 않고, 성장의 여지가 많았던 시기에는 이 효율 제고형 혁신으로 기업은 상대적 경쟁 우위를 가질 수 있었다. 왜냐하면 더 싼 비용으로 더 좋은 품질을 가능케 하는 '효율 제공형 혁신'을 통해 경쟁기업이 도저히 따라올 수 없는 차원으로 자신들의 기업을 올려놓을 수 있었기 때문이다. 하지만 이제는 그렇지 않다. 운영 효율을 바탕으로 경쟁에서 지속적으로 성공한 기업도 별로 없고, 이것을 통해 경쟁 기업보다 앞선다는 것도 점점 어려워지고 있기 때문이다.
왜 그럴까?

그 첫번째 이유는 베스트 프랙티스(Best Practice)의 빠른 확산이다. 앞
에서 잠깐 언급한 것처럼 IT의 발달이 성공적인 혁신 사례를 다른 기업
에게 과거에 비해 아주 쉽게 전달하고 있다. ERP라는 것이 결국은
World Class 기업들의 핵심 프로세스를 software화하여 다른 기업들이
쉽게 활용할 수 있도록 만든 것이지 않던가. 이러한 관점에서 본다면
SCM, CRM 관련 패키지들과 이들을 컨설팅해 주는 컨설팅 회사들이 기
업 경쟁에서 이동장벽을 점점 낮추고 있는 것이다. 따라서 이제는 아무
리 운영 효율을 높여도 이것을 통해 경쟁 업체들에 대한 상대적 우위를
달성하기는 어렵게 됐다. 왜냐하면 경쟁사들도 곧 운영의 효율을 우리
만큼 제고시킬 수 있기 때문이다.

두번째는 전략의 본질에 대한 몰이해와 성숙시장에서의 리스크 회피
성향에 따른 전략 수렴화 현상 때문이다. 많은 기업들이 '전략'에 대한
명확한 이해와 개념을 가지고 있지 않고, 이런 상태에서 시장이 성숙하
게 되면 성장시장에서 더욱 리스크에 민감해져서 다른 경쟁자들과 동일
한 전략을 선택하려는 경향이 강해지게 된다. 따라서 경쟁사와 동일한
고객군을 대상으로 동일한 가치를 동일한 채널을 통해 판매하고, 동일
한 서비스 정책을 채택하게 된다. 그리고 이런 상황에서 기업들이 자신
들의 경쟁 우위를 높이기 위해 할 수 있는 것은 내부의 효율성을 제고하
는 운영 효율 제고형 혁신뿐이기 때문에 경쟁사와 차별화하여 상대적
경쟁 우위 갖추는 것이 더더욱 어려워지는 것이다.

정리하자면 성숙시장에서 기업들은 경쟁자와 동일한 전략을 가지
려고 하기 때문에 운영효율 제고형 혁신을 통해 경쟁력을 향상시키려

고 노력하나, IT 발달로 베스트 프랙티스가 급속하게 전파되어 경쟁사 대비 상대적 경쟁 우위 확보에 실패하게 된다. 그러다 보니 또다시 더욱 강도 높은 운영효율 제고형 혁신에 의존하는 악순환을 반복하는 것이다.

이런 상황에서는 결과적으로 소비자들만 이익을 보고 기업은 아무도 경쟁에서 이길 수 없다. 기업들은 모두가 생존에 필요한 최소한의 이익만 내는 완전 경쟁 체제로 빠져들게 된다. 이렇게 전략이 수렴화된 상태에서 금방 복사될 수 있는 운영효율 제고형 혁신만 추구하다 보면 경쟁자와의 싸움에서 최소한 지지는 않겠지만 역시 확실한 승리를 거둘 수 없다. 더군다나 경쟁사가 추구한 혁신을 끊임없이 따라야만 하는 악순환의 상태에 빠지게 되는 것이다. 이렇게 서로 꼬리를 물고 쳇바퀴 돌 듯 도는 경영 혁신은 의미가 없다. 과거의 기업들이 추구해 왔던, 경쟁사보다 '잘' 하기 위한 효율 제고형 혁신만으로는 이런 상태에서 빠져나올 수 없다. 기업들이 이러한 악순환에서 빠져나오기 위해서는 이제 경쟁자와 나를 차별화하는 진정한 혁신을 추구해야 가능하다. 그렇다면 '경쟁자와 나를 차별화하는 진정한 혁신'이란 무엇인가?

경영의 본질은 선택과 집중이다. 기업이 원하는 것과 원하지 않는 것을 확실히 구분해서 원하지 않는 것은 포기하고, 원하는 것을 선택하는 것이다. 혁신이란 내가 선택한 것을 좀더 새롭게 만들고 경쟁자와 다른 차별성을 갖추도록 노력하는 것이다.

기업 경영은 크게 전략(Strategy)과 운영(Operation)으로 나뉜다. 일단 기업은 가치를 극대화한다는 큰 목표를 세우고, 나아가 그 목적을 달성

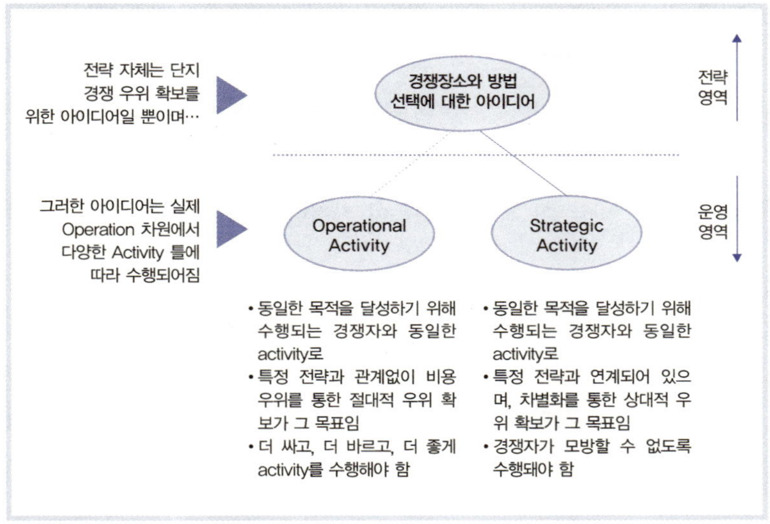

하기 위한 전략을 세우게 된다. 기업 가치 극대화를 위해 경쟁하는 장소 (사업)의 선택과 각 경쟁 장소에서 경쟁 우위를 확보할 수 있는 구체적인 아이디어가 바로 전략이다. 그리고 이러한 전략을 실행하기 위해 수행되는 수많은 업무 활동(Activity)의 집합이 바로 운영이다.

운영에는 두 가지 유형의 활동(Activity)이 있다. 기업이라는 형태의 조직에서 필수적으로 이루어져야 활동들 중에서 경쟁사에 비해 특별히 '잘' 하거나 '다르게' 할 필요가 없는 활동들을 운영 활동(Operational Activity)이라고 하며, 동일한 목표를 위해 경쟁사가 수행하는 활동과 다르거나, 동일한 활동이라도 수행하는 방법이 다른 활동을 전략 활동 (Strategic Activity)이라 부른다.

그러나 문제는 기업들이 기업 내에서 수행되는 활동 중에서 어떤 것들이 전략적 활동이고 어떤 것들이 운영적 활동인지 알지 못하는 경우가 많다는 것이다. 다시 말해, 기업은 기업의 가치를 극대화하기 위해 외부적으로는 성장하고 내부적으로는 생산성을 높이는 데, 이를 위해서 많은 활동이 일어나지만 그 중 어느 것이 경쟁자와 차별되어야 하는 '전략적 활동'인지, 어느 것이 경쟁자 만큼만 하면 되는 '운영적 활동'인지 알지 못한다. 바로 이 점이 기업들이 진정한 혁신을 하지 못하는 근본 원인이다.

기업들이 상대적 경쟁력 강화를 위한 활동이 무엇인지 제대로 이해하지 못한다면 아무리 좋은 혁신 기법을 도입하더라도 이것은 결국 경쟁자를 단순 추종하거나 모방하는 결과가 되기 쉽다. 기업들이 완전 경쟁 체제로 빠지는 함정이 바로 여기에 있다. 따라서 경쟁자와 차별화된

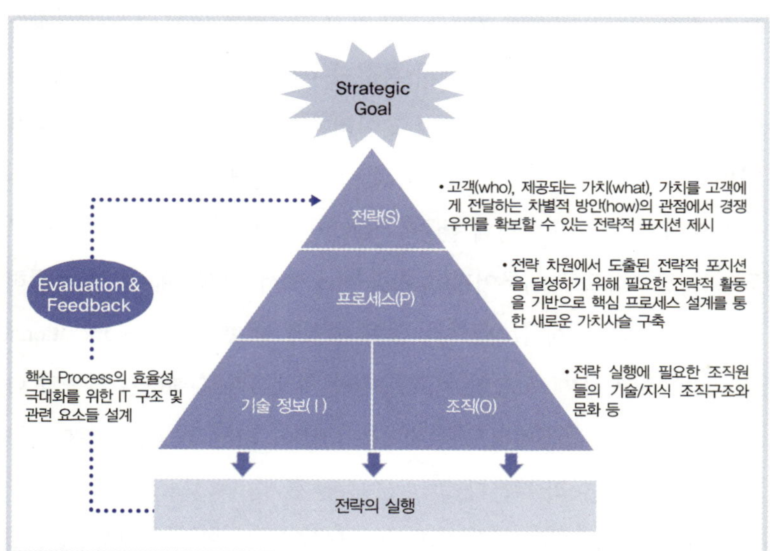

경쟁 요인을 강화하기 위해서는 전략에서 도출된 수많은 활동 중에서 경쟁자와 차별화될 수 있는 전략적 활동을 도출하는 것이 중요하다. 그리고 이렇게 도출된 전략적 활동은 언제나 새롭게 혁신하고 지속되어야 한다.

그러나 혁신은 생각처럼 단순하지 않다. 전략적 활동이라는 것이 기업의 전략 부분에서 도출되고 운영 부분에서 수행되기 때문에 '전략적 활동' 들을 혁신한다는 것은 그와 관련 있는 전략 및 운영 부분을 모두 혁신한다는 의미, 즉 기업의 비즈니스 모델을 혁신한다는 것을 의미한다. 그러므로 진정한 혁신이란, 프로세스 혁신, 조직혁신처럼 비즈니스 모델의 어느 부분을 혁신하는 것이 아니고 strategy, process, IT, organization 등 비즈니스 모델 전반에 걸쳐 정렬되어 혁신이 일어나야만 가능한 것임을 기업들은 반드시 알아야 할 것이다.

어떻게 해야 하는가?

지금까지 BMR이 왜 중요한가에 대해 알아보았다. 이제 실제로 BMR을 어떻게 추진해야 하는지를 포괄적으로 살펴보자.

BMR을 추진하기 위해서는 우선 해당 기업에서 전략적 활동이 무엇인지 도출해 내는 것이 가장 중요하다. 이러한 전략적 활동을 도출해야 경쟁자보다 앞서 나갈 수 있는 혁신이 무엇인지 찾아낼 수 있다. 그 다음 이를 통해 전략과 운영 시스템을 연결할 수 있어야 한다.

전략적 활동을 알려면 우선 전략에 대해 알아야 한다. 전략의 의미는 매우 광범위하다. 여기서는 우선 IBM이 생각하는 전략의 개념을 살펴

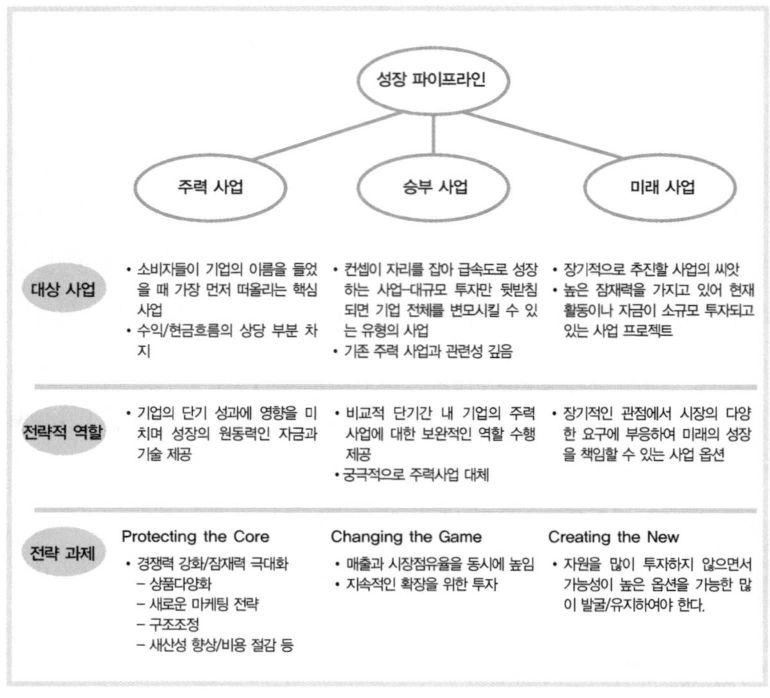

보자. 기업의 전략이란 결국 성장을 기초로 지속적인 수익을 얻기 위하여 어디서, 어떻게 싸우느냐를 결정하는 것이다.

경쟁의 장소를 선택한다는 것은 기업이 지속적으로 성장하기 위한 성장 파이프라인(Growth Pipeline)을 구축한다는 의미다. 이것은 과거의 비즈니스 포트폴리오 전략보다 한층 심화된 개념이다. 비즈니스 포트폴리오는 기업의 비즈니스를 시장 점유율과 성장률이라는 비교적 단순한 기준으로 나누어보았던 반면, 최근에는 기업이 지속적으로 성장한다는 관점에서 현재 주력 사업이 무엇인지, 주력 사업을 뒷받침해 줄 승부 사업, 미래를 책임지는 미래 사업이 무엇인지 등을 따지곤 한다.

전략이 튼실한 기업을 살펴보면 이 세 가지 요소가 확실하게 자리매김하고 있다. 주력 사업이란 소비자들이 기업의 이름을 들었을 때 가장 먼저 떠올리는 핵심 사업이다. 주력 사업은 수익과 현금흐름의 상당한 부분을 차지하며, 이런 주력 사업의 전략은 현재 기업의 핵심 역량을 더욱 강화시키는 데 그 목표가 있다. 승부 사업이란 대개 투자만 뒷받침되면 기업 전체를 변모시킬 가능성을 갖고 있는 유망 사업을 말하며, 미래 사업은 근본적으로 새로운 사업의 씨앗을 뜻한다.

그러나 최근 대부분의 기업들은 현실적으로 이런 파이프라인을 갖추지 못한 상태다. 세계적으로도 사례가 별로 없다. 성장 파이프라인의 균형을 갖추지 못한 기업들은 대개 다섯 가지 유형으로 구분할 수 있다.

첫번째가 진퇴양난인 경우인데, 이는 주력 사업도, 승부, 미래 사업도 없는 경우로서 총체적인 부실 기업의 전형적인 모습이다. 두번째로 성장 여건 미비는 주력 사업이 부실해 현금이 창출될 가능성이 거의 없기 때문에 승부 사업과 미래 사업이 있다 해도 이를 실제로 추진하기가 불가능한 경우다. 세번째로 성장 정체는 주력 사업은 잘 돌아가지만 승부와 미래 사업이 부재한 경우다. 사실 이 성장 정체가 기업에서 가장 흔한 경우다. 전체 기업의 70~80% 정도가 바로 이런 경우에 해당한다.

네번째로 중기 성장 정체는 주력 사업도 있고 미래 사업도 있지만, 승부 사업이 없는 경우다. 다섯번째로 장기 성장 정체는 미래 사업이 부재한 기업들의 경우다. 하지만 현실적으로 보자면 이 다섯번째 경우만 돼도 기업으로서 성장 파이프라인이 상당히 잘 되어 갖추어진 것으로 평가할 수 있다.

어디서 싸울 것인가가 정해지면 다음은 어떻게 싸울 것인가를 정해야 한다. 어떻게 싸울 것인가를 정하는 것은 기업의 전략적 포지션을 정하는 것이다. 특히 주력 사업과 승부 사업에서는 전략적 포지션(strategic position)을 확실히 정해두어야 한다. 전략적 포지션이란 어떤 고객들을 대상으로 사업을 할 것인가(Who), 고객에게 어떤 가치를 제공할 것인가(What), 그 가치를 어떻게 고객들에게 제공할 것인가(How) 등을 의미한다. 이러한 Who, What, How를 정할 때 How에서 전략적 활동이 도출될 수 있다.

전략적 활동은 목표고객(Who)의 니즈를 경쟁사와 다른 방식으로 만족시키기 위해 제공하는 가치(What)를 경쟁사와 어떻게 다르게 설계할 것인가를 정하고, 그러한 가치를 제공하기 위해 How에서 어떤 활동들이 경쟁사와 달라져야 하는가를 검토함으로써 도출될 수 있다. 이렇게 도출된 전략 활동은 수익모델을 통해 확정지을 수 있다. 다시 말해 그 활동이 진정한 전략적 활동이라면 수익 모델상에서 그 활동이 중요한 profit driver와 밀접한 관련을 가지고 있어야 한다. 그러므로 전략적 활동 후보군을 선정한 다음 이를 profit driver들과 매핑시켜 비교함으로써 최종 전략적 활동들을 결정지을 수 있게 된다. 이러한 전략적 활동들이 운영 시스템과 연계되어 혁신될 때 진정한 비즈니스 모델의 혁신이 가능한 것이다.

전략에 따른 BMR의 방향

이처럼 전략적 활동은 'HOW'에서 도출되어 운영 시스템의 프로세스와 연계되어야 한다. 여기에서 관리해야 할 포인트가 달라진다. 나머지는 경쟁자만큼만 해도 되지만, 전략적 중요성을 갖는 부분에서는 경쟁자보다 훨씬 잘 해야 하는 것이다.

비즈니스 모델의 혁신을 위해서는 이러한 전략적 활동을 명확하게 하는 것이 가장 중요하다. 그리고 기업들은 바로 이런 전략적 활동을 지원하기 위한 수단을 갖추는 데 주력해야 한다.

결국 BMR이란, 먼저 전략적 포지션을 명확히하고 이를 운영 시스템

그림 5　비즈니스 모델 혁신 전개도

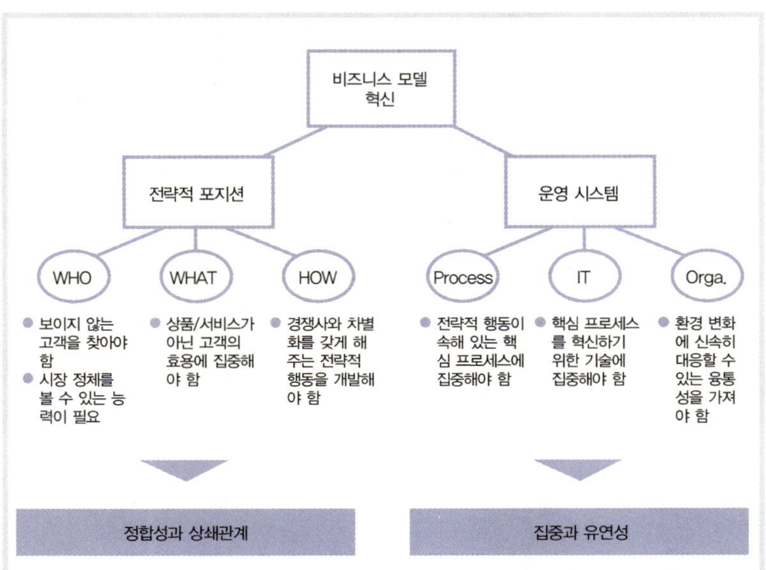

과 연계해 비즈니스 모델 전체를 혁신한다는 개념이다. 이런 점에서 각 단계별로 주목해야 할 혁신 과제를 살펴보자.

우선 'Who'에서 내게 상품을 구입하는 고객뿐 아니라 보이지 않는 고객을 찾을 수 있는 혜안이 필요하다. 'what'은 단순한 상품이 아니고 고객이 이를 통해 느끼고자 하는 효용이며, 'How'는 경쟁사와 차별화될 수 있는 전략적 활동의 개발이다. 이러한 전략 포지션은 정합성(Fitness)과 상쇄관계(trade off)를 내포해야만 경쟁력이 있다고 말할 수 있다.

운영 시스템의 프로세스의 경우 전략적 활동이 속해 있는 핵심 프로세스에 집중해야 한다. 정보 자산(information capital : IC)의 경우 핵심 프로세스를 혁신하기 위한 기술에 우선 투자하며, 조직은 환경 변화에 신속히 대응할 수 있는 유연성을 가져야 한다. 여기서는 집중(Focus)과 유연성(Flexibility)이 키워드다.

위대한 기업들은 언제 어디서나 이 성장 로드맵을 가지고 있다. 명문화의 여부는 별개의 문제다. 중요한 것은 CEO의 머릿속에 주력 사업, 승부 사업, 미래 사업이 무엇인가의 개념이 균형 있게 발달해 있어야 한다는 점이다. 각각의 주력과 승부 사업에는 비즈니스 모델 컨셉이 준비되어 있고, 미래 사업에서는 최소한 전략 포지션이 개념적으로 정의되어 있어야 할 것이다.

전략적 포지션의 사례를 분석해 보면 세 가지 유형이 나타난다. 고객지향성(customer intimacy), 제품 리더십(product leadership), 운영 우수성(operation Excellence) 등이 그것으로, 세 가지 모두 각각 전략적 행동이 있다.

고객 지향의 경우 근본적으로 시장이 원하는 것이 아닌, 고객이 원하

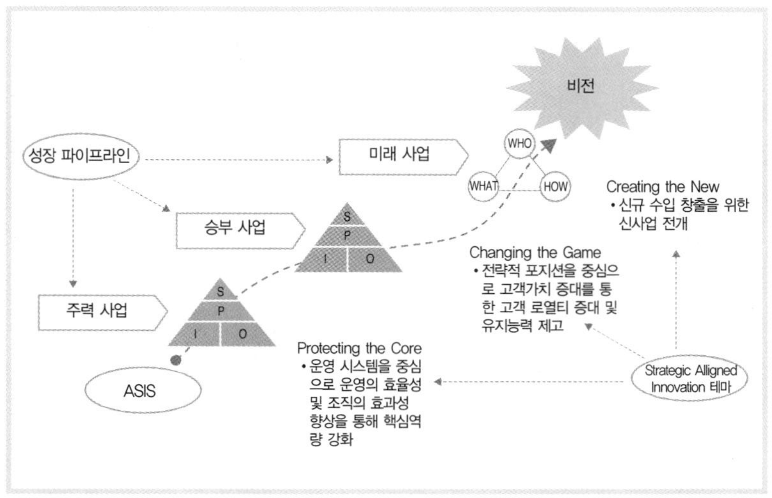

는 것을 제공함으로써 고객에게 최적의 결과를 제공한다는 모토를 갖고 있다. IBM이 이를 강조하는 대표적인 경우다. 제품 리더십은 제품 성취도의 한계를 지속적으로 끌어올리는 데 주안점을 두고 있으며 소니와 인텔이 대표적인 기업이다. 이들 기업은 매년 다양한 히트 상품을 제공함으로써 경쟁 우위를 유지한다.

세번째로 운영 우수성을 선택한 기업은 상품이나 서비스를 목표로 하거나 고객과의 관계에 집중하지 않고, 중간 정도의 상품을 가장 적합한 가격에 불편 없이 제공하는 것을 목표로 한다. 델 컴퓨터, 맥도널드 등이 대표적인 사례다.

이 세 가지 유형은 각각 전략적 포지션 면에서도 뚜렷한 차이를 보인다. 따라서 비즈니스 모델 혁신의 성과를 극대화하기 위해서는 전략 포

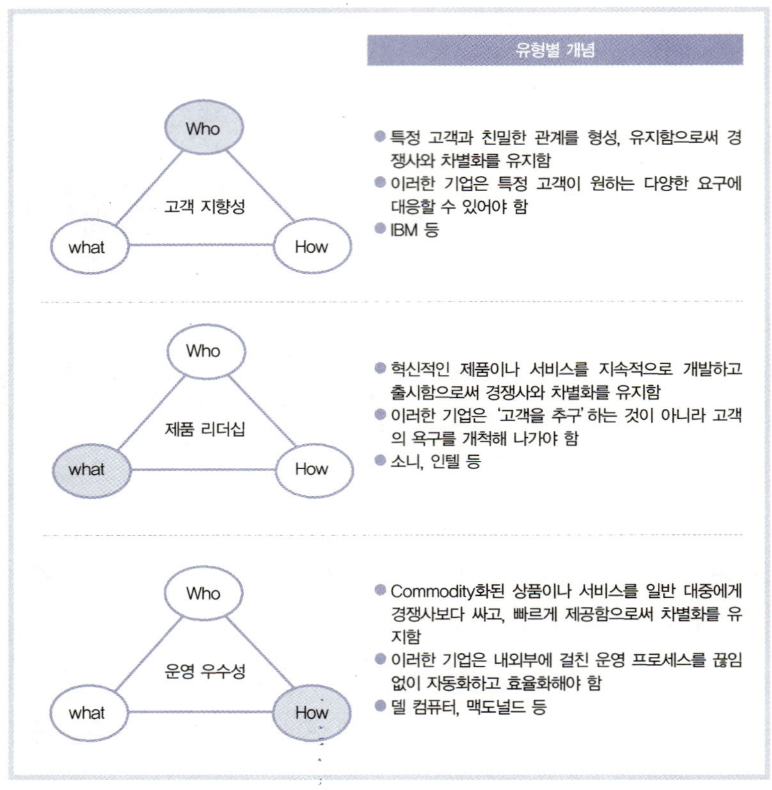

지션의 유형에 따라 혁신의 방향도 달라져야 한다.

고객 지향성(Customer Intimacy)을 중시하는 기업은 고객에게 새로운 가치를 창출해 줄 방식의 발견에 초점을 두며, 제품 리더십 유형의 기업은 혁신적 제품이나 서비스 아이디어의 창출과 이를 타이밍에 맞춰 시장에 출시할 수 있는 유연한 운영을 중시한다. 또한 운영 우수성(operation Excellence)을 강조하는 기업은 제품보다 프로세스 혁신에 초점을 맞취야 한다고 볼 수 있다.

　이제 단순한 프로세스의 혁신, IT 혁신, 조직 혁신과 같은 효율 제고형 혁신만으로는 진정한 경쟁력을 갖추기가 어려워졌다. 전략과 연계하여 비즈니스 모델 전체를 혁신하는Strategy Aligned Innovation만이 기업의 진정한 상대적 우위를 보장할 것이다.

● **이건호**

이건호 이사는 IBM BCS 전략과 변화(Strategy and Change) 분야의 Business Strategy 팀 리더이며, 약 15년 동안 다양한 전략 관련 컨설팅 프로젝트를 수행해 왔음. 특히 최근에는 비지니스 모델 혁신과 관련된 방법론을 정립해 고객사의 혁신에 공헌하고 있음.

비즈니스 모델의 구체화 및 평가

02

서론

비즈니스 모델 평가서는 기존 환경 하에서 비즈니스 모델의 실행 가능
성을 평가하기 위해 어떤 기업에서 현재 사용 중인 비즈니스 모델의 내
부 구조를 설명한다. 지금까지 '비즈니스 모델' 이라는 개념은 매우 간략
하고 비공식적으로 사용되어 왔다. 예컨대 많은 저자들이 야후는 포털,
아마존은 e-유통업자라는 식으로 단순화해 비즈니스 모델을 규정해 왔
다. 이러한 방식은 인터넷 환경에서 어느 업체가 무슨 일을 하는지 설명
할 수 있을지는 모르지만, 전략을 개발하고 개선하며, 지속가능성을 이
해하고자 하는 기업에게 중요한 시사점은 거의 제공하지 못한다. 이 장
에서 우리는 비즈니스 모델을 분석하고 회사의 입장에서 다음과 같은
질문에 대답하는 데 도움이 되는 내부 속성을 확인함으로써 이와 같은

단점을 해결하고자 한다.

- 나의 현재의 차별화 원천이 인터넷 기술에 의해 위협받고 있는가?
- 나의 현재 역량으로 가치를 추가적으로 전달하고 획득할 수 있는 새로운 기회가 있는가?
- 인터넷이나 다른 환경 요인들이 나의 현재 비즈니스 모델의 생존에 어떤 영향을 미치는가?
- 획기적인 구조의 변화 없이 어떠한 비즈니스 모델로의 확장이 가능한가?

비즈니스 모델 평가는 회사에 의해 통제 가능한 일련의 속성들을 사용하여 회사나 사업 단위(business unit)를 모델링(modeling)하는 것에서 출발한다. 그 후 비즈니스 모델은 회사에 의해 통제가 불가능한 내/외부 요소들의 맥락에서 평가된다. 이러한 속성들의 성과를 측정함으로써 평가가 이루어진다. 그림 1은 이 속성들 사이의 관계를 보여준다.

그림 1 비즈니스 모델 평가에 영향을 주는 속성

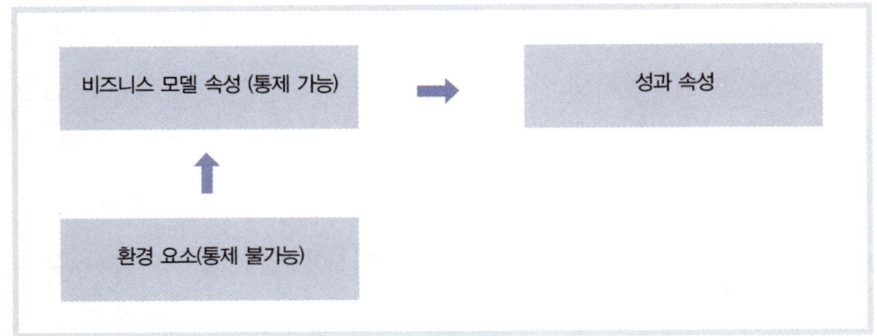

비즈니스 모델 속성

비즈니스 모델은 아래 언급된 속성으로 설명할 수 있다.

1) 비즈니스 모델과 관련된 외부 가치망 (Value net) 참여 세그먼트 : 이 세그먼트는 핵심 기업(클라이언트)의 관점에서 보았을 때 유사한 니즈를 가지는 기업이나 개인들로 구성된다. 예를 들면 고객 세그먼트, 공급자 세그먼트, 또는 보완자 세그먼트 등이 있을 수 있다.

2) 이 참여자 세그먼트에게 제시되는 기업 차원의 가치 제안 : 기업 차원의 가치 제안은 이 제안을 고객에게 전달하는 제품이나 서비스의 독특한 특징보다 더 높은 수준에 있다. 이러한 가치들은 제안을 받는 당사자들의 시각에서 제시되어야 한다. 예를 들어 야후가 방문객에게 제공하는 가치는 웹 디렉터리, 뉴스, 주식 가격, 쇼핑의 관점이 아니라 웹사이트 검색 용이성, 현재 정보 접근성, 판매된 제품에 기초를 둔 온라인 상인의 접근성 등의 관점에서 제시되어야 한다. 대부분 기업들의 경우 기업 차원의 가치 제안은 그들이 제공하는 제품이나 서비스 속성 관점에서의 특정한 실행보다 훨씬 덜 빈번하게 변한다.

3) 가치 제안에 대한 대가로 이 세그먼트들로부터 확보된 가치 : 예를 들면, 야후의 방문객들은 야후로부터 제시된 가치 제안에 대한 대가로 주의를 기울이거나 페이지 뷰(page view)를 제공한다. 회사로부터 가치 제안을 받아들이는 세그먼트는 그에 대한 대가로 회사에 가치 있는 것을 제공함으로써 그 가치 제안으로부터 혜택받는다는 사실을 방증하는 것이다.

획득되는 가치는 다음 두 가지 형태 중 하나에 속한다.

　a. 획득된 가치는 금전적인 것이며, 회사의 수익을 직접적으로 증대시킨다. 제품 판매로부터의 이익이 명백한 사례가 될 수 있다. 또한 현재의 수요 정보와 예측을 통해 재고 보유 비용을 줄이는 것과 같은 비용절감으로부터도 수익을 창출할 수 있다. 매출은 그 매출을 일으키기 위해 발생된 비용을 보여주지 않기 때문에 가치 획득의 예로 고려되어서는 안된다.

　b. 획득된 가치는 회사 역량의 질을 높인다. 이 역량이 직접적이든 간접적이든 외부 세그먼트에 제안되는 가치를 창출하는 책임을 맡아야 한다. 예를 들면 회사의 신제품 개발 역량을 개선시킬 수 있는 고객 니즈에 대한 정보다. 고객 만족이나 충성도는 판매를 증가시킴으로써 회사의 판매 역량을 보다 효율적으로 만드는 사례다. 결국 이러한 형태의 획득된 가치 역시 위에서 언급한 바와 같이 금전적 가치를 제공하는 것이다. 그 동안 실패했던 많은 인터넷 기업들의 비즈니스 모델은 단순히 이익에 대한 대가로 페이지 뷰를 제공하는 것처럼, 획득된 가치로부터 금전적 형태로까지의 연결이 매우 약했다.

4) 회사의 다음과 같은 내부적 속성이 비즈니스 모델에 포함되어야 한다.

　a. 회사에 의해 제공되는 가치 제안을 만들고 전달하는 데 책임이 있는 핵심 역량 :

　핵심 역량(자원[1] 또는 핵심 능력[2])은 어떠한 면에서는 독창적이거나, 그렇지 않으면 희귀하거나, 다른 기업들이 모방하고 대체하기 어려운 능력이나 역량의 집합체다. 예를 들면, 제조 업체가 규모의 경제나 생산 기술 때문에 생산비 절감과 같은 핵심 역량을 가질 수 있다. 규모의 경제는 필요한 생산량을 갖지 못하기 때문에 새로운 진입자는 성취하기 어렵다. 또한 생산 기술은 장기간에 걸쳐 축적되거나 많은 직원들 사이에 부분적으로만 확산되는 특징이 있다. 따라서 회사의 정책과 프로토콜에 의해 지원되는 조직적 학습 없이는 타회사가 쉽게 모방하기가 어렵다.

핵심 역량의 독창성이나 모방 불가성은 다음과 같은 이유 때문에 야기될 수 있다.

- 일부 핵심 역량들은 시간에 기반을 두고 있다. 그래서 능력의 효과는 장기간에 걸쳐서만 개선될 수 있다. 그러므로 장기간 능력을 소유해 온 기업들에게 주어지는 혜택을 모방하기는 어렵다(브랜드 인지, 신뢰).

- 또 다른 핵심 역량은 인과 관계의 모호성의 결과 때문일 수도 있다. 즉 소유 기업은 말할 것도 없고 어떠한 회사도 역량과 경쟁 우위 사이의 연결의 정확성에 확신을 갖고 있지 않다. 예를 들면, 디즈니는 한 사업(예 : 영화 〈라이온 킹〉)에서의 성공을 다른 분야(브로드웨이, 테마 파크, 상품)에서 재활용하는 데 성공했다. 이는 핵심 역량일 수 있다. 그러나 아무도 이것이 정확히 어떻게 작용을 했는지는 모를 것이다. 즉 '어떠한 능력·기술·활동 들이 비즈니스 라인들의 성공적인 주입에 기여했는가?'를 정확히 알 수 없는 것이다. 다른 한편으로, 디즈니는 자사의 인터넷 포탈 Go.com을 성공시키기 위해 핵심 역량에 의존했으나 실패로 끝났다. 이처럼 그 기업의 소유주조차 자

신들의 기업이 왜 또는 어떻게 경쟁 우위를 확보하고 있는지에 대해 확신을 갖지 못하는 상황에서, 경쟁 기업이 그 기업의 경쟁 우위를 사거나, 육성하거나, 모방하는 것은 불가능할 것이다.

b. 회사에 의해 소유되는 독특한 자산(unique assets). 이들 자산은 특허, 위치, 표준, 영업 비밀, 지적 자본, 브랜드 이미지, 기술 등, 경쟁자들이 모방하기 어려운 자산으로서 실행 가능한 재산권이다. 독특한 자산의 반대의 예로는 일용품, 경쟁자와 동일한 비용 구조, 또는 비용 손실 등이 있다.

c. 궁극적으로는 회사의 지배 구조와 관리 시스템, 활동 범위 등도 비즈니스 모델의 성공과 관련이 있을 것이다. 이러한 속성들은 회사에 의해 통제될 수 있을 때까지 비즈니스 모델 내에서 인지되어야 하고 또한 그들이 영향을 미칠 수 있는 속성들과 연계되어야 한다.

환경 요소(context elements)

환경 요소는 비즈니스 모델의 성패에 주요 결정 요소로서 알려져 있다. 이것들은 기업에 의해 관측 가능한 것으로 가정되지만 통제될 수는 없으며, 비즈니스 모델의 다음과 같은 영역에 영향을 준다.

- 회사의 내부 자산이나 역량의 배치를 지원하거나 방해할 수 있다.
- 회사의 내부 자산이나 역량의 개발을 지원하거나 방해할 수 있다.
- 외부 세그먼트에 제공되는 가치 제안의 수요 존재 여부와 수요의

크기에 영향을 줄 수 있다.

- 외부의 세그먼트에 제공된 가치 제안에 대한 대가로 주어지는 가치의 획득 여부와 획득되는 가치의 양에 영향을 줄 수 있다.

다음과 같은 유형의 배경 요소들이 비즈니스 모델을 위해 고려될 수 있다.

1) 외부 요소

- 환경 동인 : 사회, 기술, 환경, 경제, 정치/규율
- 산업 동인 : 포터의 Five Force,[3] 1980 구매자의 협상력, 공급업자의 협상력, 새로운 진입자의 위협, 대체 상품의 위협, (산업 내)경쟁의 강도
- 기업 동인 : 현재의 가치 망(Value Net) 참여자와의 고객 특정적 상호작용에 영향을 미치는 요인들(보통 모두 한 산업 내에 포함되어 있음)

2) 내부 요소

- 내부 기업 문화 : 핵심 역량과 자산의 개발 또는 배치에 영향을 주는 모든 단기 문화적인 현안들
- 특정 가치와 원칙 : 단기적으로 변화될 수 없는 우선시되는 기업 가치와 원칙을 말한다. 예를 들면, 가족 단위로 시작한 많은 기업들이 규모가 커져도 신성 불가침적인 특정 가치와 원칙을 유지하는 경향이 있다. 실제로 대규모로 성장한 금속 산업의 기업들은 모든 전화를 직원들이 받아야 한다는 설립자의 오랜 규칙 때문에 콜센터의 자동 응답기를 이용하는 것이 허용되지 않았다. 이는 회사

의 규모가 커짐에 따라 분명히 문제가 되고 있다.

● 다른 고객 특정적인 요소들 : 단기적으로 회사 중역들에 의해 통제될 수 없는 기업 내의 기타 모든 내적 요소들, 예를 들어 신임 CEO의 이데올로기가 핵심 역량이나 자산의 활용과 집중에 영향을 줄 수 있다.

환경 요소들은 비즈니스 모델의 있는 배후에 가정(assumptions)을 표현하는 것으로 간주될 수 있다. 이 가정에 대한 명확한 표현은 변화하는 미래 시나리오에 대처하는 비즈니스 모델의 생존능력을 더 잘 평가할 수 있도록 할 것이다.

기술적 문제에 관해서는, 매우 방대할 수 있는 환경 요소로부터 시작하여 어떠한 환경 요소가 비즈니스 모델에 영향을 주는지를 결정을 하는 것보다는, 비즈니스 모델의 속성으로부터 시작하여 관련 환경 요소들을 확인하는 것이 더 효과적일 것이다.

그림 2는 비즈니스 모델과 위에서 언급한 환경 요소 사이의 관계를 보여준다. 이 그림에서 보는 바와 같이 비즈니스 모델은 회사와 참여자 세그먼트 사이의 특정한 가치 교환 경로(exchange paths)를 확인해야 한다. 화살 방향은 가치의 흐름을 나타낸다. 각 가치의 흐름에는 하나 이상의 환경 요소가 존재한다. 그림 2는 검은 원과 연결된 선과의 상호작용을 보여준다.

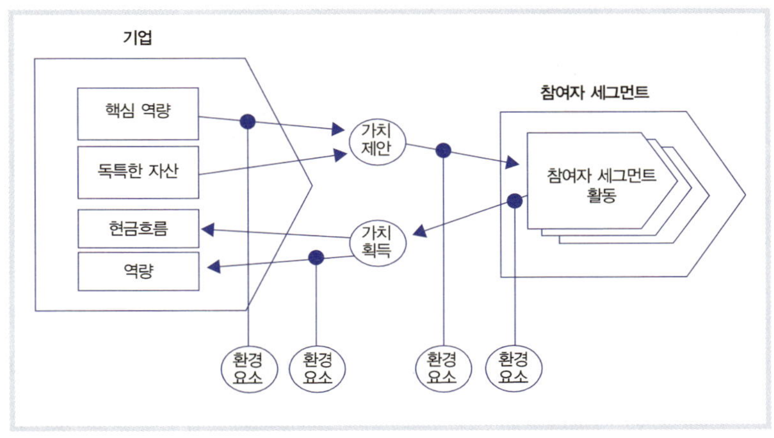

성과(performance) 속성의 평가

모든 주식회사의 목표가 주주의 가치를 증가시키는 것이기 때문에 비즈니스 모델의 성과는 주주 가치(이 가치들은 개인회사의 성과에 대한 척도로서도 사용될 수 있다)에 직접적으로 영향을 주는 속성을 고려하여 평가되어야 한다. 회사가 통제할 수 있거나 영향을 줄 수 있는 주주 가치에 대한 1차적 특성(primary input)은 수익성, 성장성, 지속성이다. 이들 특성에 대한 설명은 다음과 같다.

● 수익성 : 수익성은 세전 영업 이익(EBIT)과 순 비용절감(실현 절감 금액 절감을 달성하기 위해 소요되는 비용)의 형태로 획득되는 모든 가치를 합산해 계산할 수 있다. 획득된 금전적 가치의 성과는 순이익률(EBIT/매출)의 형태뿐 아니라 절대적인 관점에서 경쟁사와 비교될

수 있다.

- 성장성 : 성장성은 위에 설명된 바와 같이 순이익률의 증가뿐 아니라 절대적 이익의 증가로 설명된다. 매출 성장이 하나의 입력 요소이지만 매출 성장이 증가에 따른 비용을 감당하지 못한다면, 그것은 사실상 아무 의미 없는 '손해를 끼치는 성장'인 것이다 (예 : 아마존).

- 지속성 : 비즈니스 모델에 의해 가능해 보이는 수익성은 반드시 지속성과 대비해 평가되어야 한다. 지속성은 항상 시장 점유율을 빼앗으려는 경쟁기업들의 위협을 받고 있다. 경쟁 기업들은 획득된 더 낮은 가치에 대한 대가로 비즈니스 모델의 일부분을 모방함으로써, 또는 가치를 새로운 방법으로 추가함으로써 시장 점유율을 계속해서 빼앗아가려고 한다. 또한 지속성은 가치 제안이 제공된 세그먼트가 다른 산업으로부터의 대용품에 접근할 때에도 위협을 받게 된다. 예를 들면, 코카콜라의 수익성은 펩시와 같이 동일한 비즈니스 모델을 가진 다른 소다(soda) 제조업자뿐 아니라, 주스나 물과 같이 목이 마를 때 찾게 되는 음료들을 만드는 제조업자들로부터도 위협을 받는다. 비즈니스 모델의 수익성 있는 성장은 다음의 원인에 의해 지속될 수 있다.
  - 가치 제안을 창출하는 핵심 역량과 자산의 독특성 또는 희귀성.
  - 가치 제안이 독특하고 다른 가치 제안과 대체될 수 없는 수준.
  - 장기간에 걸쳐 계속해서 역량을 개선시킴으로써 핵심 역량을 높이는 긍정적인 피드백 루프[4]의 존재 : 이는 교환으로부터 획득된 가치가 동일한 교환에서 가치 제안의 전달 역량을 직간접적으로 향상시킬 수 있다는 것을 보여줄 수 있을 때 가능하다.

- 비즈니스 모델에서의 중복성 존재 : 많은 역량들이 각각 독립
  적으로 동일한 가치 제안(유사한 제품과 서비스를 통해)을 전달하
  게 되면, 경쟁자들은 이러한 역량들을 모방하기가 더 어렵게
  된다.[5]

지속성은 가치 제안이나 획득된 가치의 생존 가능성에 영향을 주는
위험 요소들로 상세하게 분해될 수 있다. 비즈니스 모델에서의 위험은
가치의 전달과 획득에 필요한 환경 요소에 달려 있다. 비즈니스 모델에
는 세 가지 위험의 형태가 존재할 수 있다.

● 시장 위험 : 가치 교환이 수행되는 시장의 크기가 감소하는 경우의
  위험. 예를 들어, 미국의 장거리 전화통신 시장은 고객들이 e-메일
  과 휴대전화로 이동하고 있기 때문에 그 수요가 감소하고 있다. 시
  장의 크기가 감소하지 않을 때조차 니즈와 성향의 변화 결과로 (그
  들의 관점으로부터) 그 세그먼트 구성원에 제공된 가치가 축소된다
  면 시장 위험은 여전히 존재하고, 그럼으로써 획득된 가치가 줄어
  든다(또는 제거된다). 예를 들면, 〈브리태니커 백과사전〉은 인쇄물을
  통해 고객에게 전달되는 가치가 줄고 있음을 알게 되었다.
● 경쟁 위험 : 경쟁자와 새로운 진입자에 의해 제공되는 가치가 그
  회사가 제공하는 가치와 비슷하거나 심지어 더 큰 경우의 위험. 이
  경우 그 회사의 가치 교환에 대한 기회를 축소시킨다. 이 위험은
  주로 고객 세그먼트와의 가치 교환에서 나타나지만, 다른 유형의
  세그먼트와의 관계에서도 역시 고려되어야 한다. 예컨대, 공급업
  자는 그 회사 외에 다른 회사와의 거래를 통해 보다 낮은 비용절감

을 달성할 수도 있다. 이 구매자들은 회사의 판매 시장의 전통적인 관점에서 볼 때 경쟁자로 간주되지 않을 수 있다. 그러나 그럼에도 불구하고 동일한 공급 건에 대해서 경쟁을 한다. 이와 유사한 예로 비즈니스 파트너 형태의 보완자(complementor)들이 그들의 제품을 그 회사의 제품이 아니라 경쟁회사의 제품과 제휴하는 것이 더 쉽고 더 수익성이 있다는 것을 알 수 있을 것이다. 예를 들면, 윈도와 OS/2가 경쟁 관계에 있는 동안 애플리케이션 개발자(보완자)들은 윈도를 위해 개발된 소프트웨어가 OS/2에서도 사용될 수 있지만, OS/2 소프트웨어는 윈도에서 사용될 수 없다는 것을 알았다. 그래서 그들은 윈도 플랫폼을 위해 소프트웨어를 개발할 것을 선택한 것이다.

- 내부 위험 : 세그먼트에 의해 회수된 가치가 더 이상 회사에 가치가 없는 경우의 위험. 금전적 수익을 위한 마진이 낮거나 마이너스가 될 수도 있고, 비용절감이 '0' 이거나 마이너스일 수도 있다. 또 다른 세그먼트에 대해 제공해야 하는 보상을 위해 원래 세그멘트가 제공하던 가치는 감소될 수 있다. 예컨대 광고주들이 배너 광고에 대해 기대 이하의 반응이 있음을 알게 된다면, '주의(attention)'의 가치는 축소되는 것이다. 내부 역량을 개선하는 데에 기여하던 (획득된) 가치를 위한 역량 그 자체가 더 이상 회사에 가치가 없거나 필요하지 않을 수 있는 것이다.

각 가치 교환은 위에 언급된 위험의 유형에 따라 평가되어야 한다. 비금전적인(non-monetary) 획득 가치와의 가치 교환에 대한 위험은 (산업에서) 궁극적으로 금전적 가치 획득을 가능하게 하는 하위 단의 가치 교환과 혼합될 것이다.

비즈니스 모델 구체화와 평가의 목적

비즈니스 모델에 대한 기술 및 평가는 회사나 사업 단위에 대한 고객의 내/외연적 비즈니스 전략의 구현이나 실행에 대한 이해를 공유하고자 함이다. 산업 생태계 내에서 주요 참여자 세그먼트들과의 가치 흐름과 교환을 설명함으로써 제품과 서비스를 개발하는 데 책임이 있는 내부의 관련 부서뿐 아니라, 회사에 의해 전달된 제품과 서비스에 대한 높은 수준의 전략 원리를 개발하는 데 도움이 된다. 가정에 대한 분명한 제시는 변화하는 미래 시나리오에 대한 비즈니스 모델의 강화를 더 잘 이해할 수 있도록 한다.

비즈니스 전략을 공유하고 분명하게 이해하게 되면 참여 팀(engagement team)이 준비된 시나리오를 바탕으로 비즈니스 모델의 생존 가능성을 평가할 수 있을 것이다[현재 또는 가까운 미래의 (예측할 수 있는) 시나리오, 또는 시나리오 계획을 통해 개발된 아주 먼 미래의 시나리오]. 이 평가의 결과를 통해 향후 강화, 개발, 제거되어야 할 비즈니스 모델의 특정한 영역을 지적하는 비즈니스 목표가 창출될 것이다. 어쩌면 새로운 비즈니스 모델의 개발이 요구될 수도 있다. 이러한 비즈니스 목표는 클라이언트에게 권장되는 새로운 e-비즈니스 사업 평가 기준으로서의 역할을 할 것이다. 권장된 e-비즈니스 사업은 어떻게 비즈니스 목표를 지원할지를 측정 가능한 방법으로 보여주어야 한다. 즉 NPV 또는 주주 가치 극대화와 같은 재무적 목표에 기여하는 것만을 평가하는 사업보다, 더 쉽고 전략적으로 더 관련이 깊은 방법으로 측정해야 한다.

비즈니스 모델 설명 & 평가서가 없는 경우

이러한 성과물이 전략 수립 시 비즈니스 모델 설명서가 작성되지 않는다면, 추진팀은 빈약하고 실패 가능성이 높은 비즈니스 모델을 지원하는 사업을 개발하는 위험을 무릅쓰게 되는 것이다. 설사 비즈니스 모델이 건전하다고 하더라도, 중역들에게 제안된 사업을 개발하는 전략적인 근거는 제공되지 않으며, 또한 이 사업이 그들의 비즈니스 전략과 어떻게 연계되어 있는지에 대한 설명 역시 제공되지 않는다. 또한, 비즈니스 모델이 없는 경우에는, 각각의 e-비즈니스 기회를 매출 또는 수익률의 증가와 같은 전체 기업에 유효한 최종 재무적 목표와 비교하여 평가되어야 하는데, 이는 항상 어렵고 실수하기가 쉬운 일이다. 비즈니스 모델의 평가를 통해 특정한 가치 제안의 질을 높이고, 주어진 가치 제안을 필요로 하는 추가적인 세그먼트를 찾는 등의 보다 구체적인 비즈니스 목표를 확인할 수 있고, 또한 독창적인 자산의 핵심 역량을 레버리지할 수 있는 새로운 기회를 찾을 수도 있다.

비즈니스 모델 설명 & 평가서가 없는 이유

비즈니스 모델 설명서 및 평가서는 전략적 배경에서 e-비즈니스 사업을 시작할 필요가 없을 때는 필요하지 않을 수 있다. 이 경우는 클라이언트가 한 사업이나 사업들의 포트폴리오에 대한 전략적 근거를 이미 갖추

고 있어서, 그 전략을 디자인하고 개발하고 실행하는 데 도움이 필요한
경우일 수 있다.

비즈니스 모델 평가 표시법

세부 사항의 증가도에 따라 세 가지 차원의 표기법이 가능하다.

가치 망 차원 (Value Net Level)

가치 망 차원에서 회사가 가치를 교환하는 가치 망 참여자 세그먼트
(value net player segments)만을 볼 수 있다. 전통적인 다이아몬드 도표가
사용될 수 있거나 아래 표에서와 같이 특정한 참여자 세그먼트가 각각
의 주요 범주에서 확인될 수 있다. 그들과 함께 특정한 가치 교환이 발
생하지 않으면 경쟁자 세그먼트는 무시될 수 있다.

가치 교환 차원 (Value Exchange Level)

이 차원에서 우리는 가치 망 참여자 세그먼트의 파악하여 목록 작성하

표 1 가치 망 참여자 세그먼트

고객	보완자	공급업자	경쟁자
•고객 세그먼트 1	•보완자 세그먼트 1	•공급업자 세그먼트 1	•경쟁자 세그먼트 1
•고객 세그먼트 2	•보완자 세그먼트 2	•공급업자 세그먼트 2	•경쟁자 세그먼트 2

는 것 이상으로, 각각의 참여자 세그먼트에 대해 어떤 가치 제안이 전달되고 어떤 가치가 보상 차원에서 획득되는지를 보여준다. 회사와 동일한 참여자 세그먼트 사이에 다중 가치 교환이 가능할 수 있다. 예를 들면, 한 회사는 제품과 서비스에 대한 정보를 제공하고 그 대가로 고객의 주목과 고객의 특정 문제에 대한 정보를 획득하게 되는 마케팅 단계에서, 대금을 지급받고 제품을 전달하는 주문 완수 단계에서, 또는 고객 충성도에 대한 보상으로 고객의 질문에 답하고 기회를 확대하는 서비스와 지원 단계의 각각의 차원에서 고객과 가치를 교환할 수 있다. 이 교환은 표 2와 같이 나타낼 수 있다.

이 차원에서 우리는 획득된 가치 유형을 묘사하기를 또한 원할 것이다. 그것이 금전적인 것일 수도 있고 아닐 수도 있다. 비금전적인 가치 획득은 가치 제안에 대한 간접적인 지원 관점에서 보아야 그 의의를 파악할 수 있다.

앞서 언급한 바와 같이, 이것은 획득된 가치가 회사의 역량을 지원하고 그에 대한 보상으로 가치 제안을 제공하기 때문이다. 이 단계에서 우리는 이 역량이 무엇인지 구체적으로 파악하는 데 관심이 있는 것이 아니라, 비금전적인 가치 획득으로부터 금전적인 가치 획득까지의 연계에

표 2 가치 교환

세그먼트 명	상호작용	단계가치	제안가치 획득
고객 세그먼트 1	P1 (마케팅)	VP1, VP2,	VC1, VC2
고객 세그먼트 1	P2 (주문)	VP3, VP4	VC3, VC4
고객 세그먼트 1	P3 (지원)	VP5	VC5
공급업자 세그먼트 1	P4 (제품 문의)	VP6	VC6
공급업자 세그먼트 1	P5 (구매)	VP7	VC7
공급업자 세그먼트 1	P6 (주문 현황)	VP8	VC8

관심이 있는 것이다.

표 3에서 우리는 가치 획득과 가치 제안 사이의 관계를 살펴볼 수 있다. 이 표는 두 가지 유형의 관계를 보여준다. 알파벳 'E'는 표 2에서 볼 수 있는 바와 같이 가치 제안이 가치 획득과 교환될 수 있다는 것을 보여준다. 알파벳 'S'는 가치 획득이 간접적으로 가치 제안을 지원한다는 것을 보여준다. '$' 상징은 가치 획득이 금전적이라는 것을 의미한다.

표 3을 사용하여 가치 획득을 거쳐 금전적 이익에 이르기까지 가치 제안의 흐름을 추적하는 것이 가능하다. 예를 들면, VP1과 VP2는 VC2와 교환될 수 있고, VC2는 VP3를 지원하며, 그 대가로 VP3는 금전적 가치 획득인 VC3와 교환될 수 있다. 그러나 가치 획득 VC1은 (VP6와 VC6) 유사한 금전적 획득으로 끝나지 않는다. 또한 표 3은 긍정적인 피드백 루프를 묘사하는 것이 가능하다. 이 피드백 루프에서는 가치 제안에 대한 교환으로 획득된 가치가 동일한 가치 제안을 간접적으로 지원한다. 예를 들면, VC5는 VP2를 지원한다. VP2는 VC2와 교환될 수 있으며, VC2는 VP5를 지원한다. VP5는 다시 VC5와 교환될

표 3 가치 제안과 가치 획득 사이의 관계

	자금적	VP1	VP2	VP3	VP4	VP5	VP6	VP7
VC1		E	E				S	
VC2		E	E	S		S		
VC3	$			E	E			
VC4	$					E		
VC5			S			E		
VC6							E	

수 있다.

또한 표 3의 정보는 너무 많은 세그먼트와 가치 제안, 가치 획득이 있는 것이 아니라면 그래픽으로 나타낼 수 있다. 만약 가치 제안과 가치 획득의 수가 너무 많아진다면 위와 같은 분석을 수행하기 위해 소프트웨어 툴이 제공될 수 있다.

가치 지속성 차원(Value Sustainability Level)

마지막으로 우리는 이러한 가치 제안과 가치 제안이 실행 가능한 맥락에서 지속성의 바탕이 되는 원천에 대해 좀더 깊이 있게 들어갈 것이다. 첫째, 전달된 가치 제안에서 지속성의 근원이 파악되어야 한다. 이것은 회사에 의해 소유된 핵심 역량이나 다른 독특한 자산일 수 있다. 이것은 다음 표 4에 나타나 있다. 여기에서 'S'는 자산의 핵심 역량 또는 자산이 가치 제안을 지원한다는 것을 의미한다.

표 4 지속성의 근원까지 연결된 가치 제안

		VP1	VP2	VP3	VP4	VP5	VP6	VP7
핵심 역량	CC1	S						
	CC2			S				
	CC3					S		
	CC4				S			
독특한 자산	UA1			S				
	UA2		S					
	UA3					S		
	UA4				S			

다음으로는 참여자 세그먼트와 가치 교환이 가능한 환경(또는 환경하의 가정)이 확인되어야 한다. 표 2에 나타나 있듯 참여자 세그먼트와의 상호작용 단계 동안 가치 교환이 발생한다. 이 각각의 가치 교환은 앞서 언급된 바와 같이 환경적 요소에 의해 영향을 받는다. 이 환경 요소는 참여자 세그먼트가 그들에 의해 제시되는 가치 제안을 가치 평가할 상황을 나타내주고, 만약 그럴 경우에는 특정 보상 가치가 회사에 의해 획득될 수 있도록 해준다.

표 5는 이 가치 교환이 환경 요소 상에 의존하고 있음을 보여준다. 칸 안의 'S'는 해당되는 배경 요소가 상호작용 단계에서 발생하는 가치 교환을 지원한다는 것을 의미한다. 'C'는 환경 요소와 가치 교환 사이의 상충을 의미한다. 빈 공란은 어떠한 영향도 없다는 것을 의미한다. 여기에서 제시된 표들은 비즈니스 모델에 대한 평가를 클라이언트에게 제출하기 위한 양식이라기보다는 데이터 수집을 위한 툴로서 설명된 것이다.

표 5   가치 교환에 대한 배경 요소의 영향

세그먼트 명	상호작용 단계	CE1	CE2	CE3	CE4	CE5	CE6
고객 세그먼트 1	모든 단계	S					C
	P1(마케팅)		S				
	P2(주문)		S				
	P3(지원)			C	S		
공급업자 세그먼트 1	모든 단계					S	
	P4(제품 문의)		C				S
	P5(구매)				S		
	P6(주문 상황)			S		C	

표 6 핵심 역량과 독특한 자산에 대한 배경 요소의 영향

		CE1	CE2	CE3	CE4	CE5	CE6	CE7
핵심 역량	CC1	S					C	
	CC2			S				S
	CC3					C		
	CC4				S			
독특한 자산	UA1					C		
	UA2		S					S
	UA3					S		
	UA4		C		S			

개발 어프로치

1단계 : 핵심 사항 정의(핵심 영역과 이슈)를 명확히 한다.

2단계 : 비즈니스 모델 속성과 연관된 환경 요소를 파악한다.

● 핵심 영역에 대한 가치 망 참여자 세그먼트를 확인한다.

● 각 세그먼트에 대해 세그먼트의 현재 크기, 현재 비즈니스의 규모
및 향후 예측되는 규모 등과 같은 적절한 환경 요소를 파악한다.

● 각 세그먼트에 대해 모든 가치 교환을 파악한다. 회사 차원의 가치
제안과 그 대가로 획득한 가치. 가치 제안은 상위 차원이어야 하며
특정한 특징을 가진 제품이나 서비스 관점에서가 아니라 세그먼트
에 의해 받아들여지는 혜택 관점에서의 가치 제안이어야 한다.
　– 각각의 가치 교환을 위해 교환의 성공을 결정하는 환경 요소를

확인한다. 이 환경 요소들이 가치 제안의 세그먼트의 평가와 그로 인해 획득된 가치의 유형과 크기에 영향을 줄 수 있다.

– 각각의 가치 교환을 위해 교환의 과정에서 가치 제안을 전달하는 책임이 있는 핵심 역량이나 독특한 자산을 파악한다.

  • 각각의 핵심 역량이나 독특한 자산을 위해 실행이나 운영에 영향을 주는 환경 요소들을 파악한다. 또한, 핵심 역량이나 독특한 자산이 교환의 과정에서 가치 제안을 전달하기 위해 그 핵심 역량이나 독특한 자산의 배치에 영향을 주는 환경 요소도 파악한다. 이러한 영향들은 본질상 지원할 수도 있지만 때로는 서로 충돌할 수도 있다.

3단계 : 비즈니스 모델의 성과 평가

● top-down식 재무 평가 : 비즈니스 모델 전체에 대한 재무 자료(매출, 순이익, 순이익률, 연평균 성장률)를 수집한다. 이들 자료는 비즈니스 모델에 대해 거시적 차원에서의 시각을 제공한다.

● bottom-up식 재무 평가 : 각각의 가치 교환을 위해 위와 동일한 재무 자료들을 파악한다. 모든 가치 교환을 위한 이 자료들의 총합은 거시적 차원의 평가와 대략적으로 동일해야 한다. 모형화하지 않은 가치 교환을 밝혀서 톱-다운과 바톰-업 사이의 불일치를 규명한다.

● Bottom-up식 지속성 평가 : 설명 부분에서 언급된 바와 같이 지속성의 근원과 잠재적인 위험을 파악한다. 각각의 가치 교환의 지속성과 그로 인한 각 교환의 재무 성과의 지속성을 평가한다. 이 평가가 이루어지는 환경적 시나리오에서 환경 요소가 생존 가능한지

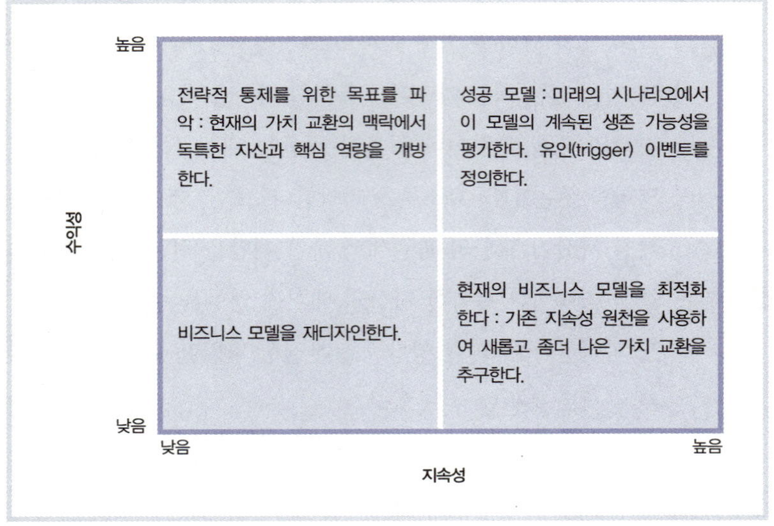

를 평가한다. 이 평가에 기초해 그 시나리오 하에서의 비즈니스 모델의 지속성을 결정한다.

평가에 대한 다음의 요약 내용을 고려하라.

본 문서를 위해 수집된 대부분의 데이터가 원래 정성적인(qualitative) 것이다. 가치, 정황, 성과 등에 관하여 신뢰할 수 있고 정확한 보고서를 작성하기 위해 가능한 많은 자료들이 평가될 수 있도록 해야 한다.

1   J. B. 바니, '풍부한 자원과 지속적인 경쟁 우위,' 저널 오브 매니지먼트, 17:99–120, 1991. 이 인용문에서 사용된 '자원'이라는 용어는 IBM이 능력 동인(enabler)으로 보는 '자원'과 다르다.

2   G. 하멜과 C. K. 프라할라드, 미래를 위한 경쟁, 하버드 비즈니스스쿨 출판부, 1994.

3   M. E. 포터, '경쟁 전략', 1980.

4   C. 샤피로와 H. 배리언, '네트워크와 적극적인 피드백,' 정보 규칙, 제7장, 하버드 비즈니스스쿨 출판부, 1988.

5   M. E. 포터, '전략이란 무엇인가?' 하버드 비즈니스 리뷰, 11월–12월 1996, 61–78페이지.

●

지속적 성장을 위한
비즈니스 모델 혁신전략

●

편저자 / IBM BCS 전략컨설팅 그룹
펴낸이 / 김경태
펴낸곳 / 한국경제신문 한경BP
등록 / 제 2-315(1967. 5. 15)
제1판 1쇄 발행 / 2005년 11월 10일
제1판 2쇄 발행 / 2006년 5월 20일
주소 / 서울특별시 중구 중림동 441
홈페이지 / http://bp.hankyung.com
전자우편 / bp@hankyung.com
기획출판팀 / 3604-553~6
영업마케팅팀 / 3604-561~2, 595
FAX / 3604-599

●

ISBN 89-475-2550-2

●

값 18,000원

파본이나 잘못된 책은 바꿔 드립니다.